权威·前沿·原创

皮书系列为
"十二五""十三五""十四五"时期国家重点出版物出版专项规划项目

B

BLUE BOOK

智库成果出版与传播平台

北京文化产业蓝皮书
BLUE BOOK OF BEIJING CULTURAL INDUSTRY

北京文化产业发展报告（2022~2023）
ANNUAL REPORT OF BEIJING CULTURAL INDUSTRIAL DEVELOPMENT (2022-2023)

研　　创／北京文化产业与出版传媒研究基地
主　　编／王关义
副 主 编／李治堂　付海燕　佟　东

社会科学文献出版社
SOCIAL SCIENCES ACADEMIC PRESS (CHINA)

图书在版编目(CIP)数据

北京文化产业发展报告.2022-2023/王关义主编；北京文化产业与出版传媒研究基地研创；李治堂，付海燕，佟东副主编.--北京：社会科学文献出版社，2023.7
（北京文化产业蓝皮书）
ISBN 978-7-5228-1965-5

Ⅰ.①北… Ⅱ.①王…②北…③李…④付…⑤佟… Ⅲ.①文化产业-产业发展-研究报告-北京-2022-2023 Ⅳ.①G127.1

中国国家版本馆CIP数据核字（2023）第106231号

北京文化产业蓝皮书
北京文化产业发展报告（2022~2023）

研　　创 / 北京文化产业与出版传媒研究基地
主　　编 / 王关义
副 主 编 / 李治堂　付海燕　佟　东

出 版 人 / 王利民
组稿编辑 / 周　丽
责任编辑 / 王玉山
文稿编辑 / 白　银
责任印制 / 王京美

出　　版 / 社会科学文献出版社·城市和绿色发展分社（010）59367143
　　　　　地址：北京市北三环中路甲29号院华龙大厦　邮编：100029
　　　　　网址：www.ssap.com.cn
发　　行 / 社会科学文献出版社（010）59367028
印　　装 / 三河市东方印刷有限公司
规　　格 / 开　本：787mm×1092mm　1/16
　　　　　印　张：18.5　字　数：273千字
版　　次 / 2023年7月第1版　2023年7月第1次印刷
书　　号 / ISBN 978-7-5228-1965-5
定　　价 / 128.00元

读者服务电话：4008918866

▲ 版权所有 翻印必究

学术委员会

学术委员会主任 王关义

学术委员会委员 （以姓氏笔画为序）
　　　　　　　　于殿利　马国仓　王永贵　王国顺　冯宏声
　　　　　　　　刘　益　李治堂　李孟刚　张养志　陈　丹
　　　　　　　　陈昌凤　金元浦　房宏婷　胡正荣　胡百精
　　　　　　　　葛新权　赖德胜　魏玉山

研创单位简介

为了更好地服务北京文化中心建设和国家及北京市出版传媒产业改革发展，支撑学校建设特色鲜明高水平出版传媒大学的发展目标，在北京文化安全研究基地、北京出版产业与文化研究基地的基础上，整合学校在文化产业管理、传媒经济与管理、数字出版与传播等学科领域的研究资源及优势，组建了北京文化产业与出版传媒研究基地。基地致力于成为北京文化产业发展领域的研究中心、咨询服务中心、信息资源中心和学术交流中心。北京印刷学院王关义副校长担任基地负责人和学术委员会主任，中国人民大学副校长胡百精教授担任基地首席专家，学术委员由清华大学、中国人民大学、北京师范大学、对外经济贸易大学、北京交通大学、北京工商大学、北京信息科技大学、国家新闻出版署、中国出版集团、中国新闻出版传媒集团、中国新闻出版研究院等机构的知名专家、教授组成。基地下设文化产业创新发展、出版传媒产业升级与融合发展、数字出版与传播三个研究方向，汇集了来自校内外的50多名中青年为主体的研究人员。学校新闻传播学、工商管理、传媒经济与管理、文化产业管理、出版学以及会计硕士、出版硕士、新闻传播硕士等学科和硕士点对基地研究方向形成坚实支撑。围绕基地三大研究方向，形成了文化创意产业创新发展研究团队、文化产业安全研究团队、出版传媒产业升级与融合发展研究团队、数字出版与传播研究团队、印刷产业发展研究团队等。

《北京文化产业发展报告（2022~2023）》编委会

研　　创　北京文化产业与出版传媒研究基地

主　　编　王关义

副 主 编　李治堂　付海燕　佟　东

成　　员　佟　东　付海燕　李剑锋　韩丽雯　王　蕾
　　　　　范文静　环　梅　曹　宇　刘统霞　蔡春霞
　　　　　张书勤　田子雨　侯燕祥　自愉琳　贾稳桥
　　　　　周胜男　汤　云　孔昊菲　居德馨　刘碧娴
　　　　　宋小雨　王　涛　刘子瑞　李　玉　张浩然
　　　　　张启晗　李鸿毅　徐莹慧　吕梦洁

审　　稿　佟　东

主要编撰者简介

王关义 北京印刷学院党委常委、副校长兼研究生院院长、教授,管理学博士,博士生导师。先后在兰州大学、汕头大学等高校任教;曾被共青团中央和原国家教委选拔为优秀青年教育工作者公派赴日本留学访问、被北京市委组织部派赴内蒙古武川县挂职任县委常委、副县长。曾在《人民日报》《光明日报》《新华文摘》《经济要参》《经济管理》《中国行政管理》《中国出版》《出版发行研究》《现代出版》等报刊上发表学术论文等260余篇。在人民出版社、高等教育出版社、清华大学出版社等出版学术专著和教材50余部,主持国家社科基金项目、原国家教委留学回国人员科研启动项目、国家软科学重大项目、北京市哲学社会科学规划项目、原国家新闻出版广电总局重点项目等国家级及省部级科研项目20余项。获得全国新闻出版行业领军人才、首届北京新闻出版行业领军人才、北京市拔尖创新人才、北京市教学名师、北京市长城学者、北京高校育人标兵、北京市级优秀教学团队带头人、首都教育先锋集体带头人等荣誉,曾被广东省人民政府授予"南粤教书育人优秀教师"称号。兼任教育部新闻传播学类本科教学指导委员会委员、教育部全国新闻出版职业教育教学指导委员会副主任委员、全国高校出版专业教学指导委员会常务副主任委员、中宣部全国出版学科共建专家组成员、中国人文社会科学期刊评价专家委员会委员、中国企业管理研究会副会长等。

李治堂 北京印刷学院经济管理学院院长、教授,管理学博士,硕士生导师。1991年毕业于华中理工大学(现华中科技大学)经济管理学院数量经济学专业，获经济学学士学位；1997年毕业于北京机械工业学院（现北京信息科技大学）工商管理分院管理工程专业，获工学硕士学位；2007年毕业于清华大学经济管理学院工商管理专业，获管理学博士学位。2005年入选北京市中青年骨干教师，2008年被评为北京高校优秀共产党员，先后获得学校教学名师奖、雅昌教育奖。主持5项省部级和校级教学改革项目，获得校级优秀教学成果奖一等奖1项（排名第一），二等奖2项（排名第一），市级优秀教学成果奖二等奖1项（排名第一）。主持国家社科基金项目和教育部、北京市社科基金等省部级项目以及行业协会等委托项目10余项，发表学术论文80多篇，出版著作、教材20余部，其中《中国印刷业发展研究报告》获教育部高等学校科学研究优秀成果奖三等奖。主要研究方向为传媒产业经济、出版印刷产业发展等。

付海燕 北京印刷学院科研处副处长，教授，经济学博士，硕士生导师。曾在《统计研究》《世界经济研究》《出版发行研究》《科技与出版》等刊物上发表学术论文30余篇。在人民出版社、知识产权出版社等出版学术专著和教材10余部，参与或主持国家社科基金项目、北京市哲学社会科学规划项目、原国家新闻出版广电总局重点项目等国家级及省部级科研项目10余项。

佟　东 北京印刷学院经济管理学院讲师，理论经济学博士，传媒经济学与管理、工商管理、会计专业硕士生导师。中国博士后现代管理智库专家、国际创意管理专委会委员。曾在《东北亚论坛》《科学·经济·社会》《产经评论》《兰州学刊》《上海文化》《新华文摘》等核心期刊发表论文20余篇。在经济科学出版社、经济管理出版社、北京交通大学出版社、研究出版社出版专著8部。主持北京市社科联、北京市教委、原国家新闻出版广电总局、北京印刷学院等科研项目10余项。主要研究方向为文化贸易、文化产业发展、文化软实力、创意创新管理等。

摘 要

本书聚焦服务北京文化中心建设和国家及北京市出版传媒产业的转型升级发展，整合学校研究资源，凝练研究方向，针对北京市和相关行业发展重大需求和关键问题开展跨学科研究。

总报告系统阐述了2021年北京文化产业在产业政策、产业细分行业发展、文化企业发展和文化事业发展方面的变化和趋势。

行业篇聚焦北京拍卖企业特别是以中国嘉德、北京保利和北京荣宝为代表的头部企业，探索北京艺术品拍卖行业发展战略，建议推动法律规范、鉴定体系完善，注重人才培养等；发现北京市各主城区文化产业园区发展各具特色，呈现区域性、公益性和文化性等特点；建议房山区霞云岭乡堂上村整合"红""绿"资源，拓展乡村旅游新业态，加强当地生态化建设，打造绿色生态品牌，增加红色体验式场馆，促进产品多元化，打造红色乡村旅游的生态化开发路径；针对北京市目前文化遗产保护与活化利用存在的问题，提出激活IP产业链、加大资金和人才支持力度、推进跨界融合、推动数字化保护等方式。

专题篇利用大数据技术获取北京市文化类企业微观数据，运用Arcgis软件对北京市文化产业的空间分布特征进行分析，得出北京市文化产业存在非常显著的集聚效应，识别出各行政区文化产业当前的热点分布区域；建议北京全国文化中心建设评价体系的建立应当遵循客观性、系统性、动态性、针对性、目标导向性原则，从文化引导力、文化供给力、文化影响力三个维度构建评价体系；基于民俗文化资源的价值已经逐渐获得认同的现状，探索如

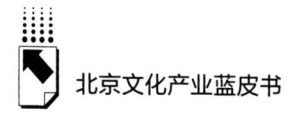

何促使民俗文化资源整合与再生,并使其良性发展;在文化数字化战略背景下,研究一站式公共数字文化服务平台对于消除数字鸿沟、推动公共文化服务均等化等所具有的重要意义。另外,本书从北京市文化产业数字化的现状入手,分析北京文化产业在数字化过程中存在的问题,有针对性地提出符合北京实际情况的促进文化产业与数字技术融合的对策建议。

关键词: 文化产业　红色文化　特色产业　文化中心

目 录

Ⅰ 总报告

B.1 北京文化产业分析报告（2022）
.... 佟　东　田子雨　侯燕祥　付海燕 / 001
　一　北京文化产业政策 ………………………………………… / 002
　二　北京文化产业主要细分行业发展情况 …………………… / 006
　三　北京文化企业发展情况 …………………………………… / 032
　四　北京文化事业发展情况 …………………………………… / 042

Ⅱ 行业篇

B.2 北京市艺术品拍卖行业发展报告（2022）
.... 李剑锋　自愉琳　贾稳桥　周胜男 / 064
B.3 北京文化产业园区发展现状和对策研究……… 韩丽雯　汤　云 / 095
B.4 京郊红色文化与乡村旅游融合发展研究
.... 王　蕾　孔昊菲　居德馨 / 127

001

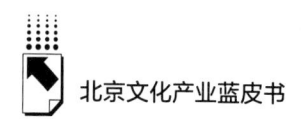

B.5 北京文化遗产保护与活化利用研究
　　………………………………………… 范文静　刘碧娴　宋小雨 / 142

Ⅲ　专题篇

B.6 北京文化产业空间分布特征研究……………………… 环　梅 / 160
B.7 北京全国文化中心建设评价体系研究
　　…………………………………………… 曹　宇　王　涛　刘子瑞 / 188
B.8 北京民俗文化资源整合与再生研究…………… 刘统霞　李　玉 / 204
B.9 北京一站式公共数字文化服务平台建设研究
　　………………………… 蔡春霞　张浩然　张启晗　李鸿毅 / 211
B.10 北京市文化产业数字化发展对策研究
　　……………………………………… 张书勤　徐莹慧　吕梦洁 / 234

Abstract ………………………………………………………………… / 263
Contents ………………………………………………………………… / 265

皮书数据库阅读使用指南

总 报 告
General Report

B.1
北京文化产业分析报告（2022）

佟 东　田子雨　侯燕祥　付海燕*

摘　要： 作为全国文化中心，北京在文化产业政策实施、文化产业发展、文化企业发展和文化事业发展方面不断提升和进步。本报告从文化产业政策、文化产业主要细分行业发展、文化企业发展和文化事业发展四个方面，梳理近年来特别是2020年以来北京文化产业发展的情况。2021年以来，中央相关部委及北京市相关部门出台了十二大类共80项政策，推动了北京文化产业的发展。通过对出版业，广播、电影、电视业，旅游业等重点细分行业的分析，发现文化产业各细分行业发展呈现不同程度的萎缩。通过对广播电视企业、动漫企业、文化娱乐企业等文化企业发展的分析，发现文化企业受新冠病毒疫情影响发展趋缓。通过对文化事

---

* 佟东，理论经济学博士，北京印刷学院经济管理学院讲师，硕士生导师，主要研究方向为文化贸易、文化产业发展、创意创新管理等；田子雨，北京印刷学院经济管理学院硕士研究生，主要研究方向为会计理论与实务；侯燕祥，北京印刷学院经济管理学院硕士研究生，主要研究方向为会计理论与实务；付海燕，经济学博士，北京印刷学院科研处副处长，教授，硕士生导师，主要研究方向为文化产业经济、传媒经济与管理。

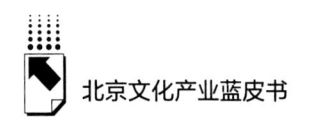

业单位的分析，发现文化事业单位发展趋于缓慢。

关键词： 文化产业　文化企业　文化事业　北京市

一　北京文化产业政策

2021年以来，中央有关部委及北京市有关部门出台了多项推动北京文化产业发展的政策，通过梳理，可以将其分为十二大类共80项。其中，北京市层面发布文化产业政策13项，北京市各区发布文化产业政策3项，涉及出版印刷业政策10项，涉及传统文化政策6项，涉及旅游园区政策7项，涉及数字文化产业政策5项，涉及体育文化产业政策2项，涉及文博产业政策5项，涉及文化企业政策10项，涉及文化消费政策2项，涉及影视传媒产业政策4项，中央部委发布的文化产业政策13项（见表1）。

表1　北京文化产业政策

序号	政策名称	发布部门
	一、北京市	
1	北京市"十四五"时期智慧城市发展行动纲要	北京市大数据工作推进小组
2	进一步完善北京民营和小微企业金融服务体制机制行动方案（2021—2023年）	中国人民银行营业管理部等
3	北京市关于加快建设全球数字经济标杆城市的实施方案	中共北京市委办公厅、北京市人民政府办公厅
4	北京市"十四五"时期高精尖产业发展规划	北京市人民政府
5	北京市"十四五"时期商业服务业发展规划	北京市商务局
6	关于加快推进北京市广播电视媒体深度融合发展的三年行动计划（2021—2023）	北京市广播电视局
7	北京市"十四五"时期优化营商环境规划	北京市人民政府
8	北京市城市更新行动计划（2021—2025年）	中共北京市委办公厅、北京市人民政府办公厅

续表

序号	政策名称	发布部门
一、北京市		
9	北京市"十四五"时期文化和旅游发展规划	北京市文化和旅游局
10	北京市"十四五"时期国际科技创新中心建设规划	中共北京市委、北京市人民政府
11	北京市"十四五"时期广播电视和网络视听发展规划	北京市广播电视局
12	北京市"十四五"时期现代服务业发展规划	北京市发展改革委
13	北京市"十四五"时期文物博物馆事业发展规划	北京市文物局
二、北京市各区		
14	大兴区数字经济创新发展三年行动计划（2021—2023年）	北京市大兴区人民政府办公室
15	朝阳区"十四五"时期人才发展规划	北京市朝阳区人民政府
16	东城区"十四五"时期文化产业发展规划	中共北京市东城区委宣传部
三、出版印刷业		
17	中国出版政府奖评奖章程	国家新闻出版署
18	北京市专利保护和促进条例	北京市第十四届人民代表大会常务委员会（修订）
19	关于促进专利转化实施 助力中小企业创新发展的专项工作方案（2021—2023年）	北京市知识产权局、北京市财政局
20	北京市知识产权资助金管理办法	北京市知识产权局
21	关于推动学术期刊繁荣发展的意见	中宣部、教育部、科技部
22	知识产权公共服务能力提升工程工作方案	国家知识产权局
23	关于深化新闻专业技术人员职称制度改革的指导意见	人力资源和社会保障部、国家新闻出版署
24	北京市知识产权专业职称评价试行办法	北京市人力资源和社会保障局、北京市知识产权局
25	关于强化知识产权保护的行动方案	中共北京市委办公厅、北京市人民政府办公厅
26	在全国范围内推行专利代理机构执业许可审批告知承诺制改革实施方案	国家知识产权局办公室
四、传统文化		
27	关于推动公共文化服务高质量发展的意见	文化和旅游部、国家发展改革委、财政部

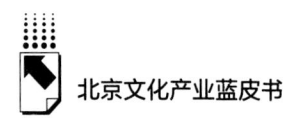

续表

序号	政策名称	发布部门
四、传统文化		
28	北京市深化工艺美术专业人员职称制度改革实施办法	北京市人力资源和社会保障局
29	关于进一步加强非物质文化遗产保护工作的意见	中共中央办公厅、国务院办公厅
30	关于在城乡建设中加强历史文化保护传承的意见	中共中央办公厅、国务院办公厅
31	关于规范演出从业行为加强市场监管促进首都文艺舞台健康繁荣有序发展的通知	北京市文化和旅游局
32	中国非物质文化遗产传承人研修培训计划实施方案（2021—2025）	文化和旅游部、教育部、人力资源和社会保障部
五、旅游园区		
33	关于进一步加强中关村海外人才创业园建设的意见	中关村科技园区管理委员会
34	关于推动国家级文化产业园区高质量发展的意见	文化和旅游部
35	关于加强旅游服务质量监管 提升旅游服务质量的指导意见	文化和旅游部
36	关于加强腾退空间和低效楼宇改造利用促进高精尖产业发展的工作方案（试行）	北京市发展改革委
37	加强导游队伍建设和管理工作行动方案（2021—2023年）	文化和旅游部
38	文化和旅游市场信用管理规定	文化和旅游部
39	国家旅游科技示范园区管理办法（暂行）	文化和旅游部
六、数字文化产业		
40	关于加快推动区块链技术应用和产业发展的指导意见	工业和信息化部、中央网信办
41	北京市关于加快建设全球数字经济标杆城市的实施方案	中共北京市委办公厅、北京市人民政府办公厅
42	北京市关于促进数字贸易高质量发展的若干措施	中共北京市委网信办等
43	提升全民数字素养与技能行动纲要	中央网信办
44	关于推动数字文化产业高质量发展的意见	文化和旅游部
七、体育文化产业		
45	北京市人民政府办公厅关于促进全民健身和体育消费推动体育产业高质量发展的实施意见	北京市人民政府办公厅
46	全民健身计划（2021—2025年）	国务院

续表

序号	政策名称	发布部门
八、文博产业		
47	关于推进博物馆改革发展的指导意见	中宣部等
48	北京市深化文物博物专业人员职称制度改革实施办法	北京市人力资源和社会保障局、北京市文物局
49	关于实施革命文物保护利用工程（2018—2022年）的意见	中共中央办公厅、国务院办公厅
50	关于进一步推动文化文物单位文化创意产品开发的若干措施	文化和旅游部等
51	北京市鼓励社会力量兴办博物馆的若干意见	中共北京市委宣传部等
九、文化企业		
52	文化旅游领域"两区"建设工作方案	北京市"两区"工作领导小组、文化旅游协调工作组办公室
53	北京市促进总部企业高质量发展的相关规定	北京市人民政府
54	关于进一步加大开发性金融支持文化产业和旅游产业高质量发展的意见	文化和旅游部、国家开发银行
55	关于进一步推动提高北京上市公司质量的若干措施	北京市人民政府
56	北京市国有金融资本出资人职责实施规定（暂行）	北京市人民政府办公厅
57	普惠金融发展专项资金管理办法	财政部
58	知识产权质押融资入园惠企行动方案（2021—2023年）	国家知识产权局、银保监会、国家发展改革委
59	北京市地方金融监督管理条例	北京市第十五届人民代表大会常务委员会
60	北京市高精尖产业发展资金管理办法	北京市经济和信息化局、北京市财政局
61	北京市关于应对疫情防控常态化促进中小企业健康发展若干措施	北京市经济和信息化局、北京市发展改革委
十、文化消费		
62	关于营造更好发展环境支持民营文艺表演团体改革发展的实施意见	文化和旅游部等
63	歌舞娱乐场所卡拉OK音乐内容管理暂行规定	文化和旅游部
十一、影视传媒业		
64	关于加强网络直播规范管理工作的指导意见	国家互联网信息办公室等
65	网络直播营销管理办法（试行）	国家互联网信息办公室等
66	网络表演经纪机构管理办法	文化和旅游部

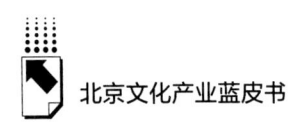

续表

序号	政策名称	发布部门
十一、影视传媒业		
67	关于加强广播电视网络视听公共服务体系建设的实施意见（2021年—2025年）	北京市广播电视局
十二、中央部委		
68	"十四五"文化和旅游发展规划	文化和旅游部
69	"十四五"文化产业发展规划	文化和旅游部
70	"十四五"非物质文化遗产保护规划	文化和旅游部
71	"十四五"文化和旅游科技创新规划	文化和旅游部
72	"十四五"艺术创作规划	文化和旅游部
73	"十四五"社会组织发展规划	民政部
74	"十四五"国家知识产权保护和运用规划	国务院
75	"十四五"促进中小企业发展规划	工业和信息化部等
76	"十四五"旅游业发展规划	国务院
77	"十四五"国家信息化规划	中央网络安全和信息化委员会
78	"十四五"文物保护和科技创新规划	国务院办公厅
79	出版业"十四五"时期发展规划	国家新闻出版署
80	"十四五"数字经济发展规划	国务院

二 北京文化产业主要细分行业发展情况

（一）出版业

根据2014~2020年北京出版业主要出版物的基本情况，图书出版发行、期刊发行、报纸发行、音像制品发行、电子出版物发行等呈现不同的变动趋势。从图书出版发行情况看，2014~2020年，北京出版的图书种数和总印数都呈现波动性变化趋势。2014~2017年，图书出版种数不断增长，由10802种增加到14411种；2017~2019年，图书出版种数不断下降，由14411种下降到12350种；2019~2020年，图书出版种数再次呈现增长趋势，由12350种增加到12803种。2014~2016年，图书总印数不断增长，由16746万册增加到28144万册；2016~2019年，图书总印数不断下降，由28144万册下降到22475万册；2019~2020年，图书总印数再次呈现增长趋势，由22475万册增加到23445万册。

2014~2020年，北京期刊发行种数呈现先增长后下降的趋势，而期刊总印数呈现不断下降的趋势。2014~2017年，期刊发行种数不断增长，由172种增加到175种；2017~2020年，期刊发行种数不断下降，由175种下降到171种。2014~2020年，期刊总印数由3792万册（张）下降到2334万册（张），下降了38.45%。

2014~2020年，北京报纸发行种数和总印数均呈现不断下降的趋势。报纸发行种数由2014年的35种下降到2020年的32种，下降了8.57%；报纸总印数由2014年的94640万份下降到2020年的29418万份，下降了68.92%。

2014~2020年，北京发行的音像制品种数和数量都呈现波动性变化趋势。2014~2015年，音像制品发行种数不断下降，由355种下降到190种；2015~2018年，音像制品发行种数不断增长，由190种增长到414种；2018~2020年，音像制品发行种数再次呈现下降趋势，由414种减少到222种。2014~2016年，音像制品发行数量不断下降，由539.5万盒（张）减少到61.7万盒（张）；2016~2017年，音像制品发行数量不断增长，由61.7万盒（张）增长到155.0万盒（张）；2017~2019年，音像制品发行数量再次呈现下降趋势，由155.0万盒（张）减少到88.5万盒（张）；2019~2020年，音像制品发行数量再次呈现增长趋势，由88.5万盒（张）增加到102.9万盒（张）。

2014~2020年，北京发行的电子出版物种数和数量都呈现波动性变化趋势。2014~2016年，电子出版物发行种数不断下降，由92种下降到51种；2016~2018年，电子出版物发行种数不断增长，由51种增长到141种；2018~2019年，电子出版物发行种数再次呈现下降趋势，由141种减少到

28种；2019~2020年，电子出版物发行种数再次呈现增长趋势，由28种增长到40种。2014~2016年，电子出版物发行数量不断增长，由27.9万张增加到46.8万张；2016~2017年，电子出版物发行数量不断减少，由46.8万张减少到30.0万张；2017~2020年，电子出版物发行数量再次呈现增长趋势，由30.0万张增加到82.4万张（见表2）。

从2014~2020年北京出版业主要出版物的基本情况看，图书出版物发行的种数和数量总体上呈现增长趋势，期刊、报纸、音像制品发行的种数和数量总体上呈现下降趋势，电子出版物发行的种数不断减少，而数量不断增加。

表2 2014~2020年北京出版业主要出版物基本情况

年份	图书 种数（种）	图书 总印数 万册	期刊 种数（种）	期刊 总印数 [万册(张)]	报纸 种数（种）	报纸 总印数（万份）	音像制品 种数（种）	音像制品 发行数量 [万盒(张)]	电子出版物 种数（种）	电子出版物 发行数量（万张）
2014	10802	16746	172	3792	35	94640	355	539.5	92	27.9
2015	11907	22446	172	3673	35	79060	190	129.5	54	29.3
2016	13712	28144	174	3371	35	72308	233	61.7	51	46.8
2017	14411	27407	175	3030	34	57625	362	155.0	79	30.0
2018	13759	26742	174	2751	34	48511	414	154.6	141	44.7
2019	12350	22475	174	2535	33	37738	273	88.5	28	48.3
2020	12803	23445	171	2334	32	29418	222	102.9	40	82.4

资料来源：《中国文化及相关产业统计年鉴》（2015~2021）。

根据2014~2020年北京少年儿童读物和课本出版基本情况，北京少年儿童读物和课本出版种数、总印数和总印张呈现不同的变化趋势。2014~2020年，少年儿童读物出版的种数呈现波动性变化趋势，2014~2016年，少年儿童读物出版种数呈增长趋势，由1906种增加到2947种；2016~2017年，少年儿童读物出版种数呈减少趋势，由2947种减少到2649种；2017~2018年，少年儿童读物出版种数呈增长趋势，由2649种增加到2765种；2018~2020年，少年儿童读物出版种数呈减少趋势，由2765种减少到2395

种。2014~2020年，少年儿童课本出版种数呈现波动性变化趋势，2014~2015年，少年儿童课本出版种数呈减少趋势，由758种减少到730种；2015~2017年，少年儿童课本出版种数呈增加趋势，由730种增加到1050种；2017~2019年，少年儿童课本出版种数呈减少趋势，由1050种减少到723种；2019~2020年，少年儿童课本出版种数呈增加趋势，由723种增加到832种。

2014~2020年，北京少年儿童读物出版总印数呈现波动性变化趋势，2014~2016年，少年儿童读物出版总印数呈增加趋势，由2569万册增加到7310万册；2016~2017年，少年儿童读物出版总印数呈减少趋势，由7310万册减少到5519万册；2017~2018年，少年儿童读物出版总印数呈增加趋势，由5519万册增加到5739万册；2018~2019年，少年儿童读物出版总印数呈减少趋势，由5739万册减少到5304万册；2019~2020年，少年儿童读物出版总印数呈增加趋势，由5304万册增加到5538万册。2014~2020年，少年儿童课本出版总印数呈现波动性变化趋势，2014~2016年，少年儿童课本出版总印数呈增加趋势，由1794万册增加到2059万册；2016~2018年，少年儿童课本出版总印数呈减少趋势，由2059万册减少到1011万册；2018~2020年，少年儿童课本出版总印数呈增加趋势，由1011万册增加到2343万册。

2014~2020年，北京少年儿童读物出版总印张呈现波动性变化趋势，2014~2016年，少年儿童读物出版总印张呈增加趋势，由214314千印张增加到585405千印张；2016~2017年，少年儿童读物出版总印张呈减少趋势，由585405千印张减少到488352千印张；2017~2018年，少年儿童读物出版总印张呈增加趋势，由488352千印张增加到496219千印张；2018~2020年，少年儿童读物出版总印张呈减少趋势，由496219千印张减少到359977千印张。2014~2020年，少年儿童课本出版总印张呈现波动性变化趋势，2014~2015年，少年儿童课本出版总印张呈减少趋势，由156512千印张减少到140680千印张；2015~2016年，少年儿童课本出版总印张呈增加趋势，由140680千印张增加到205094千印张；2016~2018年，少年儿童课本出版总印张呈减少趋势，由 205094 千印张减少到 92213 千印张；2018~2020 年，少年儿童课本出版总印张呈增加趋势，由 92213 千印张增加到 205649 千印张（见表3）。

从 2014~2020 年北京少年儿童读物和课本出版基本情况看，北京少年儿童读物出版的种数、总印数和总印张总体上呈现增长趋势，少年儿童课本出版的种数、总印数和总印张总体上也呈现增长趋势。

表3 2014~2020 年北京少年儿童读物和课本出版基本情况

年份	种数（种）		总印数（万册）		总印张（千印张）	
	少儿读物	课本	少儿读物	课本	少儿读物	课本
2014	1906	758	2569	1794	214314	156512
2015	2271	730	4393	1801	362922	140680
2016	2947	885	7310	2059	585405	205094
2017	2649	1050	5519	1911	488352	166368
2018	2765	872	5739	1011	496219	92213
2019	2514	723	5304	1622	429509	145282
2020	2395	832	5538	2343	359977	205649

资料来源：《中国文化及相关产业统计年鉴》（2015~2021）。

根据 2014~2020 年北京图书出版机构及人员基本情况，2014~2020 年，北京图书出版机构数呈增加趋势，由 18 个增加到 20 个，增长了 11.11%；2014~2020 年，北京图书出版机构职工人数同样呈增加趋势，由 901 人增加到 1068 人，增长了 18.53%（见表4）。

表4 2014~2020 年北京图书出版机构及人员基本情况

单位：个，人

年份	机构数	职工人数
2014	18	901
2015	19	911
2016	19	943
2017	20	978

续表

年份	机构数	职工人数
2018	20	980
2019	20	1032
2020	20	1068

资料来源：《中国文化及相关产业统计年鉴》（2015~2021）。

根据2014~2020年北京出版物发行购、销、存情况，北京出版物购进金额呈波动性变化趋势。2014~2015年，北京出版物购进金额呈减少趋势，由406204万元减少到377704万元；2015~2019年，北京出版物购进金额呈增加趋势，由377704万元增加到679449万元；2019~2020年，北京出版物购进金额呈减少趋势，由679449万元减少到644160万元。

2014~2020年，北京出版物销售金额呈波动性变化趋势。2014~2015年，北京出版物销售金额呈减少趋势，由374645万元减少到350715万元；2015~2019年，北京出版物销售金额呈增加趋势，由350715万元增加到705372万元；2019~2020年，北京出版物销售金额呈减少趋势，由705372万元减少到670636万元。

2014~2020年，北京出版物库存金额呈波动性变化趋势。2014~2015年，北京出版物库存金额呈减少趋势，由256860万元减少到254464万元；2015~2018年，北京出版物库存金额呈增加趋势，由254464万元增加到497723万元；2018~2019年，北京出版物库存金额呈减少趋势，由497723万元减少到479324万元；2019~2020年，北京出版物库存金额呈增加趋势，由479324万元增加到496530万元。

2014~2020年北京出版物发行购进金额、销售金额、库存金额尽管呈现波动性变化趋势，但整体上实现增长。2014~2020年，北京出版物发行购进金额增加了58.58%，销售金额增加了79.01%，库存金额增加了93.31%（见表5）。

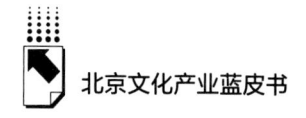

表 5 2014~2020 年北京出版物发行购、销、存情况

单位：万元

年份	购进	销售	库存
2014	406204	374645	256860
2015	377704	350715	254464
2016	393276	366419	269185
2017	415373	389097	290485
2018	659322	644081	497723
2019	679449	705372	479324
2020	644160	670636	496530

资料来源：《中国文化及相关产业统计年鉴》(2015~2021)。

根据 2014~2020 年北京出版物印刷机构情况，北京出版物印刷单位数、职工人数、印刷产量、装订产量呈现不同的变动趋势。

2014~2020 年，北京出版物印刷单位数呈现先增后减的变动趋势。2014~2015 年，印刷单位数呈增加趋势，由 794 个增加到 817 个；2015~2018 年，印刷单位数呈减少趋势，由 817 个减少到 723 个；2018~2020 年，印刷单位数呈增加趋势，由 723 个增加到 881 个。

2014~2020 年，北京出版物印刷机构职工人数呈逐渐减少趋势，由 3.96 万人减少到 2.57 万人，减少了 35.10%。

2014~2020 年，北京出版物印刷机构黑白印刷产量和彩色印刷产量均呈现波动性变化趋势。2014~2017 年，黑白印刷产量呈减少趋势，由 2472 万令减少到 2009 万令；2017~2018 年，黑白印刷产量呈增加趋势，由 2009 万令增加到 2025 万令；2018~2020 年，黑白印刷产量呈减少趋势，由 2025 万令减少到 1536 万令。2014~2015 年，彩色印刷产量呈减少趋势，由 17818 万对开色令减少到 15393 万对开色令；2015~2016 年，彩色印刷产量呈增加趋势，由 15393 万对开色令增加到 16293 万对开色令；2016~2020 年，彩色印刷产量呈减少趋势，由 16293 万对开色令减少到 11923 万对开色令。

2014~2020 年，北京出版物印刷机构装订产量呈波动性变化趋势。

2014~2015年，装订产量呈减少趋势，由3316万令减少到3159万令；
2015~2016年，装订产量呈增加趋势，由3159万令增加到3310万令；
2016~2017年，装订产量呈减少趋势，由3310万令减少到2803万令；
2017~2018年，装订产量呈增加趋势，由2803万令增加到2829万令；
2018~2020年，装订产量呈减少趋势，由2829万令减少到2483万令。

从2014~2020年北京出版物印刷机构情况看，尽管印刷单位数、职工人数、印刷产量、装订产量均呈现波动性变化趋势，但从总体上看，除印刷单位数略有增加（增加了10.96%）以外，其余指标总体上呈现减少趋势，职工人数减少了35.10%，黑白印刷产量减少了37.86%，彩色印刷产量减少了33.08%，装订产量减少了25.12%（见表6）。

表6 2014~2020年北京出版物印刷机构情况

年份	印刷单位数（个）	职工人数（万人）	印刷产量 黑白（万令）	印刷产量 彩色（万对开色令）	装订产量（万令）
2014	794	3.96	2472	17818	3316
2015	817	3.70	2100	15393	3159
2016	780	3.48	2085	16293	3310
2017	780	3.32	2009	14631	2803
2018	723	2.94	2025	13796	2829
2019	808	2.88	1802	13439	2671
2020	881	2.57	1536	11923	2483

资料来源：《中国文化及相关产业统计年鉴》（2015~2021）。

（二）广播、电影、电视业

根据2014~2020年北京广播节目制作情况，北京全年制作广播节目时长及其中的新闻资讯类、专题服务类、综艺类、广播剧类、广告类和其他广播节目制作时长呈现不同的变化趋势。

2014~2020年，北京全年制作广播节目时长呈现先增加后减少趋势。2014~2016年，全年制作广播节目时长呈增加趋势，由139281小时增加到

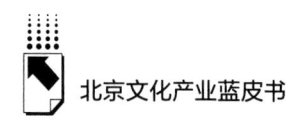

222588小时；2016~2020年，全年制作广播节目时长呈减少趋势，由222588小时减少到112999小时。

2014~2020年，北京新闻资讯类广播节目制作时长呈波动性变化趋势。2014~2016年，北京新闻资讯类广播节目制作时长呈增加趋势，由15611小时增加到21142小时；2016~2019年，北京新闻资讯类广播节目制作时长呈减少趋势，由21142小时减少到11845小时；2019~2020年，北京新闻资讯类广播节目制作时长呈增加趋势，由11845小时增加到12097小时。

2014~2020年，北京专题服务类广播节目制作时长呈波动性变化趋势。2014~2015年，北京专题服务类广播节目制作时长呈减少趋势，由29569小时减少到24800小时；2015~2016年，北京专题服务类广播节目制作时长呈增加趋势，由24800小时增加到29941小时；2016~2018年，北京专题服务类广播节目制作时长呈减少趋势，由29941小时减少到28953小时；2018~2019年，北京专题服务类广播节目制作时长呈增加趋势，由28953小时增加到31387小时；2019~2020年，北京专题服务类广播节目制作时长呈减少趋势，由31387小时减少到29810小时。

2014~2020年，北京综艺类广播节目制作时长呈先增加后减少趋势。2014~2016年，北京综艺类广播节目制作时长呈增加趋势，由39662小时增加到49274小时；2016~2020年，北京综艺类广播节目制作时长呈减少趋势，由49274小时减少到32964小时。

2014~2020年，北京广播剧类广播节目制作时长呈波动性变化趋势。2014~2016年，北京广播剧类广播节目制作时长呈减少趋势，由6939小时减少到4879小时；2016~2019年，北京广播剧类广播节目制作时长呈增加趋势，由4879小时增加到13806小时；2019~2020年，北京广播剧类广播节目制作时长呈减少趋势，由13806小时减少到13346小时。

2014~2020年，北京广告类广播节目制作时长呈逐年下降趋势，由18606小时减少到803小时，减少了95.68%。

2014~2020年，北京其他广播节目制作时长呈波动性变化趋势。2014~2016年，北京其他广播节目制作时长呈增加趋势，由28893小时增加到

101992小时；2016~2019年，北京其他广播节目制作时长呈减少趋势，由101992小时减少到21606小时；2019~2020年，北京其他广播节目制作时长呈增加趋势，由21606小时增加到23980小时。

2014~2020年，北京在全年制作广播节目时长减少的情况下（减少了18.87%），新闻资讯类、综艺类、广告类和其他广播节目制作时长总体上减少，其中新闻资讯类广播节目减少了22.51%，综艺类广播节目减少了16.89%，广告类广播节目减少了95.68%，其他广播节目减少了17.00%；而专题服务类、广播剧类广播节目制作时长总体上增加，其中专题服务类广播节目增加了0.82%，广播剧类广播节目增加了92.33%（见表7）。

表7　2014~2020年北京广播节目制作情况

单位：小时

年份	全年制作广播节目	新闻资讯	专题服务	综艺	广播剧	广告	其他
2014	139281	15611	29569	39662	6939	18606	28893
2015	178853	19489	24800	41382	6011	17260	69911
2016	222588	21142	29941	49274	4879	15360	101992
2017	178834	13698	29058	49015	7521	13977	65565
2018	129392	12199	28953	40120	12121	3490	32510
2019	116410	11845	31387	36820	13806	945	21606
2020	112999	12097	29810	32964	13346	803	23980

资料来源：《中国文化及相关产业统计年鉴》（2015~2021）。

根据2014~2020年北京电视节目制作情况，北京全年制作电视节目时长及其中的新闻资讯类、专题服务类、综艺益智类、影视剧类、广告类和其他电视节目制作时长呈现不同的变化趋势。

2014~2020年，北京全年制作电视节目时长呈现逐年波动变化趋势。2014~2015年，全年制作电视节目时长呈增加趋势，由100528小时增加到179737小时；2015~2016年，全年制作电视节目时长呈减少趋势，由179737小时减少到151490小时；2016~2017年，全年制作电视节目时长呈增加趋势，由151490小时增加到180498小时；2017~2018年，全年制作电

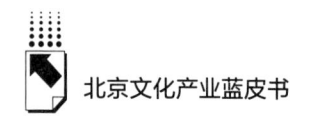

视节目时长呈减少趋势，由180498小时减少到157531小时；2018~2019年，全年制作电视节目时长呈增加趋势，由157531小时增加到188342小时；2019~2020年，全年制作电视节目时长呈减少趋势，由188342小时减少到76341小时。

2014~2020年，北京新闻资讯类电视节目制作时长呈现逐年波动变化趋势。2014~2015年，北京新闻资讯类电视节目制作时长呈增加趋势，由11993小时增加到13801小时；2015~2016年，北京新闻资讯类电视节目制作时长呈减少趋势，由13801小时减少到11215小时；2016~2017年，北京新闻资讯类电视节目制作时长呈增加趋势，由11215小时增加到51022小时；2017~2018年，北京新闻资讯类电视节目制作时长呈减少趋势，由51022小时减少到17056小时；2018~2019年，北京新闻资讯类电视节目制作时长呈增加趋势，由17056小时增加到47497小时；2019~2020年，北京新闻资讯类电视节目制作时长呈减少趋势，由47497小时减少到17756小时。

2014~2020年，北京专题服务类电视节目制作时长呈现先增加后减少的变动趋势。2014~2016年，北京专题服务类电视节目制作时长呈增加趋势，由37634小时增加到65756小时；2016~2020年，北京专题服务类电视节目制作时长呈减少趋势，由65756小时减少到23338小时。

2014~2020年，北京综艺益智类电视节目制作时长呈现波动性变化趋势。2014~2015年，北京综艺益智类电视节目制作时长呈增加趋势，由21104小时增加到33947小时；2015~2018年，北京综艺益智类电视节目制作时长呈减少趋势，由33947小时减少到9637小时；2018~2019年，北京综艺益智类电视节目制作时长呈增加趋势，由9637小时增加到12151小时；2019~2020年，北京综艺益智类电视节目制作时长呈减少趋势，由12151小时减少到4269小时。

2014~2020年，北京影视剧类电视节目制作时长呈现波动性变化趋势。2014~2015年，北京影视剧类电视节目制作时长呈增加趋势，由8024小时增加到17358小时；2015~2016年，北京影视剧类电视节目制作时长呈减少趋势，由17358小时减少到11670小时；2016~2017年，北京影视剧类电视节目制作时长呈增加趋势，由11670小时增加到14446小时；2017~2020年，北京影视剧类电视节目制作时长呈减少趋势，由14446小时减少到5375小时。

2014~2020年，北京广告类电视节目制作时长呈现波动性变化趋势。2014~2016年，北京广告类电视节目制作时长呈增加趋势，由2627小时增加到8476小时；2016~2017年，北京广告类电视节目制作时长呈减少趋势，由8476小时减少到3603小时；2017~2019年，北京广告类电视节目制作时长呈增加趋势，由3603小时增加到5969小时；2019~2020年，北京广告类电视节目制作时长呈减少趋势，由5969小时减少到2444小时。

2014~2020年，北京其他电视节目制作时长呈波动性变化趋势。2014~2015年，北京其他电视节目制作时长呈增加趋势，由19147小时增加到50316小时；2015~2016年，北京其他电视节目制作时长呈减少趋势，由50316小时减少到36785小时；2016~2019年，北京其他电视节目制作时长呈增加趋势，由36785小时增加到76014小时；2019~2020年，北京其他电视节目制作时长呈减少趋势，由76014小时减少到23159小时。

2014~2020年，北京在全年制作电视节目时长减少的情况下（减少了24.06%），专题服务类、综艺益智类、影视剧类和广告类电视节目制作时长总体上减少，其中专题服务类电视节目减少了37.99%，综艺益智类电视节目减少了79.77%，影视剧类电视节目减少了33.01%，广告类电视节目减少了6.97%；而新闻资讯类和其他电视节目制作时长总体上增加，其中新闻资讯类电视节目增加了48.05%，其他电视节目增加了20.95%（见表8）。

表8 2014~2020年北京电视节目制作情况

单位：小时

年份	全年制作电视节目	新闻资讯	专题服务	综艺益智	影视剧	广告	其他
2014	100528	11993	37634	21104	8024	2627	19147
2015	179737	13801	56646	33947	17358	7669	50316
2016	151490	11215	65756	17588	11670	8476	36785
2017	180498	51022	53954	13843	14446	3603	43629

续表

年份	全年制作电视节目	新闻资讯	专题服务	综艺益智	影视剧	广告	其他
2018	157531	17056	48517	9637	9583	3717	69021
2019	188342	47497	41335	12151	5375	5969	76014
2020	76341	17756	23338	4269	5375	2444	23159

资料来源：《中国文化及相关产业统计年鉴》（2015~2021）。

根据2014~2020年北京电视节目交易情况，北京全年电视节目制作投资额和国内销售额均呈现波动性变化趋势。2014~2020年，北京全年电视节目制作投资额呈逐年连续波动变化趋势。2014~2015年，北京全年电视节目制作投资额呈减少趋势，由797247万元减少到727555万元；2015~2016年，北京全年电视节目制作投资额呈增加趋势，由727555万元增加到864901万元；2016~2017年，北京全年电视节目制作投资额呈减少趋势，由864901万元减少到790679万元；2017~2018年，北京全年电视节目制作投资额呈增加趋势，由790679万元增加到819035万元；2018~2019年，北京全年电视节目制作投资额呈减少趋势，由819035万元减少到681500万元；2019~2020年，北京全年电视节目制作投资额呈增加趋势，由681500万元增加到871562万元。

2014~2020年，在全年电视节目制作投资额中，电视剧制作投资额和动漫电视制作投资额均呈现波动性变化趋势。2014~2020年，北京电视剧制作投资额呈波动性变动趋势。2014~2015年，北京电视剧制作投资额呈减少趋势，由505165万元减少到425615万元；2015~2017年，北京电视剧制作投资额呈增加趋势，由425615万元增加到565043万元；2017~2019年，北京电视剧制作投资额呈减少趋势，由565043万元减少到388071万元；2019~2020年，北京电视剧制作投资额呈增加趋势，由388071万元增加到724148万元。2014~2020年，北京动漫电视制作投资额呈波动性变动趋势。2014~2015年，北京动漫电视制作投资额呈减少趋势，由22520万元减少到16320万元；2015~2016年，北京动漫电视制作投资额呈增加趋势，由16320万元增加到28483万元；2016~2017年，北京动漫电视制作投资额呈减少趋势，由28483万元减少到23542万元；2017~2018年，北京动漫电视制作投资额呈增加趋势，由23542万元增加到30066万元；2018~2020年，北京动漫电视制作投资额呈减少趋势，由30066万元减少到10665万元。

2014~2020年，北京全年电视节目国内销售额呈先增加后减少的趋势。2014~2016年，北京全年电视节目国内销售额呈增长趋势，由501358万元增加到710168万元；2016~2020年，北京全年电视节目国内销售额呈减少趋势，由710168万元减少到300696万元。

2014~2020年，在北京全年电视节目国内销售额中，电视剧国内销售额和动漫电视国内销售额均呈现波动性变化趋势。2014~2020年，北京电视剧国内销售额呈波动性变动趋势。2014~2015年，北京电视剧国内销售额呈减少趋势，由365352万元减少到344796万元；2015~2017年，北京电视剧国内销售额呈增加趋势，由344796万元增加到419774万元；2017~2018年，北京电视剧国内销售额呈减少趋势，由419774万元减少到396996万元；2018~2019年，北京电视剧国内销售额呈增加趋势，由396996万元增加到422977万元；2019~2020年，北京电视剧国内销售额呈减少趋势，由422977万元减少到178928万元。2014~2020年，北京动漫电视国内销售额呈波动性变动趋势。2014~2015年，北京动漫电视国内销售额呈增加趋势，由7721万元增加到15368万元；2015~2016年，北京动漫电视国内销售额呈减少趋势，由15368万元减少到8674万元；2016~2017年，北京动漫电视国内销售额呈增加趋势，由8674万元增加到10002万元；2017~2018年，北京动漫电视国内销售额呈减少趋势，由10002万元减少到7059万元；2018~2019年，北京动漫电视国内销售额呈增加趋势，由7059万元增加到9793万元；2019~2020年，北京动漫电视国内销售额呈减少趋势，由9793万元减少到6614万元。

2014~2020年，北京全年电视节目制作投资额总体上呈增加趋势，增加了9.32%，其中电视剧制作投资额增加了43.35%，动漫电视制作投资额减少了52.64%。2014~2020年，北京全年电视节目国内销售额总体上呈减少

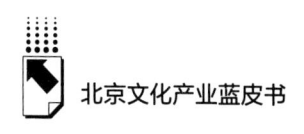

趋势，减少了40.02%，其中电视剧国内销售额减少了51.03%，动漫电视国内销售额减少了14.34%（见表9）。

表9 2014~2020年北京电视节目交易情况

单位：万元

年份	全年电视节目制作投资额	电视剧	动漫电视	全年电视节目国内销售额	电视剧	动漫电视
2014	797247	505165	22520	501358	365352	7721
2015	727555	425615	16320	662575	344796	15368
2016	864901	490016	28483	710168	395071	8674
2017	790679	565043	23542	602333	419774	10002
2018	819035	444403	30066	561877	396996	7059
2019	681500	388071	28659	543185	422977	9793
2020	871562	724148	10665	300696	178928	6614

资料来源：《中国文化及相关产业统计年鉴》（2015~2021）。

根据2014~2020年北京广播电视业从业人员情况，北京广播电视业从业人员总数持续增加，其中编辑、记者从业人数不断增加，播音员、主持人从业人数波动性变化，但总体上呈现增加趋势，工程技术人员从业人数同样波动性变化，总体上也呈现增加趋势。

2014~2020年，北京广播电视业从业人员总数呈不断增加趋势，由46028人增加到108545人，增加了135.82%。其中，编辑、记者从业人数同样呈现逐年增加趋势，由2014年的5586人增加到2020年的11556人，增加了106.87%；播音员、主持人从业人数呈波动性变化趋势。2014~2015年，播音员、主持人从业人数呈减少趋势，由785人减少到764人；2015~2017年，播音员、主持人从业人数呈增加趋势，由764人增加到1328人；2017~2018年，播音员、主持人从业人数呈减少趋势，由1328人减少到1272人；2018~2019年，播音员、主持人从业人数呈增加趋势，由1272人增加到1892人；2019~2020年，播音员、主持人从业人数呈减少趋势，由1892人减少到1705人。工程技术人员从业人数也呈波动性变化趋势，

2014~2018年，工程技术人员从业人数呈增加趋势，由4768人增加到10730人；2018~2019年，工程技术人员从业人数呈减少趋势，由10730人减少到10568人；2019~2020年，工程技术人员从业人数呈增加趋势，由10568人增加到10616人。

2014~2020年，无论是北京广播电视业从业人员总数，还是其中的编辑、记者，播音员、主持人，工程技术人员从业人数，均呈现增加趋势。2014~2020年，从业人员总数增加了135.82%，其中编辑、记者从业人数增加了106.87%，播音员、主持人从业人数增加了117.20%，工程技术人员从业人数增加了122.65%（见表10）。

表10 2014~2020年北京广播电视业从业人员情况

单位：人

年份	从业人员总数	编辑、记者	播音员、主持人	工程技术人员
2014	46028	5586	785	4768
2015	57243	6712	764	6917
2016	67953	7151	891	8392
2017	82869	8120	1328	9599
2018	89122	9661	1272	10730
2019	94223	10387	1892	10568
2020	108545	11556	1705	10616

资料来源：《中国文化及相关产业统计年鉴》（2015~2021）。

根据2014~2020年北京电视节目进口情况，北京电视节目进口额和进口量均呈现波动性变动趋势。2014~2020年，北京电视节目进口额呈波动性变化趋势。2014~2015年，北京电视节目进口额呈减少趋势，由145519万元减少到49230万元；2015~2016年，北京电视节目进口额呈增加趋势，由49230万元增加到151135万元；2016~2017年，北京电视节目进口额呈减少趋势，由151135万元减少到146468万元；2017~2018年，北京电视节目进口额呈增加趋势，由146468万元增加到330280万

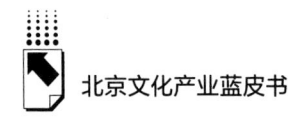

元；2018~2020年，北京电视节目进口额呈减少趋势，由330280万元减少到68808万元。

在电视节目进口额中，电视剧进口额和动画电视进口额与电视节目进口额呈现相同的变动趋势。2014~2020年，北京电视剧进口额呈波动性变化趋势。2014~2015年，北京电视剧进口额呈减少趋势，由134848万元减少到9916万元；2015~2018年，北京电视剧进口额呈增加趋势，由9916万元增加到79102万元；2018~2019年，北京电视剧进口额呈减少趋势，由79102万元减少到31236万元；2019~2020年，北京电视剧进口额呈增加趋势，由31236万元增加到32988万元。2014~2020年，北京动画电视进口额呈波动性变化趋势。2014~2016年，北京动画电视进口额呈增加趋势，由10168万元增加到102030万元；2016~2017年，北京动画电视进口额呈减少趋势，由102030万元减少到76609万元；2017~2018年，北京动画电视进口额呈增加趋势，由76609万元增加到247974万元；2018~2020年，北京动画电视进口额呈减少趋势，由247974万元减少到33709万元。

2014~2020年，北京电视节目进口量呈波动性变化趋势。2014~2015年，北京电视节目进口量呈增加趋势，由12774小时增加到18211小时；2015~2016年，北京电视节目进口量呈减少趋势，由18211小时减少到9262小时；2016~2018年，北京电视节目进口量呈增加趋势，由9262小时增加到23506小时；2018~2020年，北京电视节目进口量呈减少趋势，由23506小时减少到5210小时。

2014~2020年，北京电视剧进口部数呈波动性变化趋势。2014~2015年，北京电视剧进口部数呈减少趋势，由529部减少到65部；2015~2018年，北京电视剧进口部数呈增加趋势，由65部增加到319部；2018~2019年，北京电视剧进口部数呈减少趋势，由319部减少到107部；2019~2020年，北京电视剧进口部数呈增加趋势，由107部增加到142部。

2014~2020年，北京电视剧进口集数也呈波动性变化趋势。2014~2015年，北京电视剧进口集数呈减少趋势，由10782集减少到788集；2015~2016年，北京电视剧进口集数呈增加趋势，由788集增加到1947集；2016~2017年，北京电视剧进口集数呈减少趋势，由1947集减少到1344集；2017~2018年，北京电视剧进口集数呈增加趋势，由1344集增加到6179集；2018~2019年，北京电视剧进口集数呈减少趋势，由6179集减少到1631集；2019~2020年，北京电视剧进口集数呈增加趋势，由1631集增加到2598集。

2014~2020年，北京电视节目进口额总体上呈减少趋势，减少了52.72%，其中，电视剧进口额减少了75.54%，而动画电视进口额增加了231.52%。2014~2020年，北京电视节目进口量减少了59.21%，进口电视剧的部数减少了73.16%，进口电视剧的集数减少了75.90%（见表11）。

表11 2014~2020年北京电视节目进口情况

年份	电视节目进口额（万元）			电视节目进口量（小时）	进口电视剧	
	总额	电视剧	动画电视		部	集
2014	145519	134848	10168	12774	529	10782
2015	49230	9916	38610	18211	65	788
2016	151135	48117	102030	9262	150	1947
2017	146468	67849	76609	13166	239	1344
2018	330280	79102	247974	23506	319	6179
2019	129422	31236	95281	8375	107	1631
2020	68808	32988	33709	5210	142	2598

资料来源：《中国文化及相关产业统计年鉴》（2015~2021）。

（三）旅游业

根据2010~2019年北京国际旅游基本情况，北京国际旅游入境过夜游客数、外国人数、国际旅游（外汇）收入呈现不同的变化趋势。由于受新冠疫情影响，未对2020年的国际旅游情况做分析。

2010~2019年，北京国际旅游入境过夜游客数呈波动性变化趋势。2010~2011年，北京国际旅游入境过夜游客数呈增加趋势，由490.1万人次增加到520.4万人次；2011~2017年，北京国际旅游入境过夜游客数呈减少趋势，由520.4万人次减少到392.6万人次；2017~2018年，北京国际旅游入境过夜游客数呈增加趋势，由392.6万人次增加到400.4万人次；2018~2019年，北京国际旅游入境过夜游客数呈减少趋势，由400.4万人次减少到376.9万人次。2010~2019年，北京国际旅游入境过夜游客中外国人数与总体入境过夜人数的变动趋势相同，呈现波动性变化趋势。2010~2011年，入境过夜游客中外国人数呈增加趋势，由421.6万人次增加到447.4万人次；2011~2017年，入境过夜游客中外国人数呈减少趋势，由447.4万人次减少到332.0万人次；2017~2018年，入境过夜游客中外国人数呈增加趋势，由332.0万人次增加到339.8万人次；2018~2019年，入境过夜游客中外国人数呈减少趋势，由339.8万人次减少到320.7万人次。

2010~2019年，北京国际旅游（外汇）收入呈波动性变化趋势。2010~2011年，北京国际旅游（外汇）收入呈增加趋势，由5044.6百万美元增加到5416.0百万美元；2011~2015年，北京国际旅游（外汇）收入呈减少趋势，由5416.0百万美元减少到4605.0百万美元；2015~2018年，北京国际旅游（外汇）收入呈增加趋势，由4605.0百万美元增加到5516.4百万美元；2018~2019年，北京国际旅游（外汇）收入呈减少趋势，由5516.4百万美元减少到5192.5百万美元。

2010~2019年，北京国际旅游入境过夜游客数及其中外国人数总体上呈减少趋势，而国际旅游（外汇）收入总体上呈增加趋势。2010~2019年，北京国际旅游入境过夜游客数减少了23.10%，其中外国人数减少了23.93%，而北京国际旅游（外汇）收入增加了2.93%（见表12）。

表12 2010~2019年北京国际旅游基本情况

单位：万人次，百万美元

年份	入境过夜游客		国际旅游（外汇）收入
	总计	外国人	
2010	490.1	421.6	5044.6
2011	520.4	447.4	5416.0
2012	500.9	434.4	5149.0

续表

年份	入境过夜游客 总计	入境过夜游客 外国人	国际旅游(外汇)收入
2013	450.1	387.6	4794.7
2014	427.5	365.5	4608.0
2015	420.0	357.6	4605.0
2016	416.5	354.8	5070.0
2017	392.6	332.0	5129.8
2018	400.4	339.8	5516.4
2019	376.9	320.7	5192.5

资料来源：《中国文化及相关产业统计年鉴》(2015~2021)。

根据1994~2020年北京国际、国内旅游基本情况，国际/国内来京旅游人数，来京旅游入境游客人数、国内游客人数，北京国际旅游收入、国内旅游收入呈现不同的变化趋势。

1994~2020年，国际/国内来京旅游人数呈波动性变化趋势。1994~1995年，国际/国内来京旅游人数呈减少趋势，由6913.0万人次减少到6527.0万人次；1995~2002年，国际/国内来京旅游人数呈增加趋势，由6527.0万人次增加到11810.4万人次；2002~2003年，国际/国内来京旅游人数呈减少趋势，由11810.4万人次减少到8885.1万人次；2003~2007年，国际/国内来京旅游人数呈增加趋势，由8885.1万人次增加到14715.5万人次；2007~2008年，国际/国内来京旅游人数呈减少趋势，由14715.5万人次减少到14560.0万人次；2008~2019年，国际/国内来京旅游人数呈增加趋势，由14560.0万人次增加到32209.9万人次；2019~2020年，国际/国内来京旅游人数呈减少趋势，由32209.9万人次减少到18386.5万人次。

1994~2020年，来京旅游入境游客数呈波动性变化趋势。1994~1997年，来京旅游入境游客数呈增加趋势，由203.0万人次增加到229.8万人次；1997~1998年，来京旅游入境游客数呈减少趋势，由229.8万人次减少到220.1万人次；1998~2002年，来京旅游入境游客数呈增加趋势，由

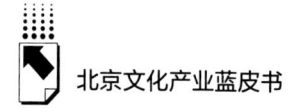

220.1万人次增加到310.4万人次；2002~2003年，来京旅游入境游客数呈减少趋势，由310.4万人次减少到185.1万人次；2003~2007年，来京旅游入境游客数呈增加趋势，由185.1万人次增加到435.5万人次；2007~2008年，来京旅游入境游客数呈减少趋势，由435.5万人次减少到379.0万人次；2008~2011年，来京旅游入境游客数呈增加趋势，由379.0万人次增加到520.4万人次；2011~2017年，来京旅游入境游客数呈减少趋势，由520.4万人次减少到392.6万人次；2017~2018年，来京旅游入境游客数呈增加趋势，由392.6万人次增加到400.4万人次；2018~2020年，来京旅游入境游客数呈急剧减少趋势，由400.4万人次减少到34.1万人次。

1994~2020年，来京旅游国内游客数呈波动性变化趋势。1994~1995年，来京旅游国内游客数呈减少趋势，由6710.0万人次减少到6320.0万人次；1995~2002年，来京旅游国内游客数呈增加趋势，由6320.0万人次增加到11500.0万人次；2002~2003年，来京旅游国内游客数呈减少趋势，由11500.0万人次减少到8700.0万人次；2003~2007年，来京旅游国内游客数呈增加趋势，由8700.0万人次增加到14280.0万人次；2007~2008年，来京旅游国内游客数呈减少趋势，由14280.0万人次减少到14181.0万人次；2008~2019年，来京旅游国内游客数呈增加趋势，由14181.0万人次增加到31833.0万人次；2019~2020年，来京旅游国内游客数呈减少趋势，由31833.0万人次减少到18352.4万人次。

1994~2020年，北京国际旅游收入呈波动性变化趋势。1994~2002年，北京国际旅游收入呈增加趋势，由20.1亿美元增加到31.1亿美元；2002~2003年，北京国际旅游收入呈减少趋势，由31.1亿美元减少到19.0亿美元；2003~2007年，北京国际旅游收入呈增加趋势，由19.0亿美元增加到45.8亿美元；2007~2009年，北京国际旅游收入呈减少趋势，由45.8亿美元减少到43.6亿美元；2009~2011年，北京国际旅游收入呈增加趋势，由43.6亿美元增加到54.2亿美元；2011~2015年，北京国际旅游收入呈减少趋势，由54.2亿美元减少到46.1亿美元；2015~2018年，北京国际旅游收入呈增加趋势，由46.1亿美元增加到55.2亿美元；2018~2020年，北京国际旅游收入呈减少趋势，由55.2亿美元减少到4.8亿美元，其中2019~2020年由51.9亿美元骤减至4.8亿美元。

1994~2020年，北京国内旅游收入呈波动性变化趋势。1994~2002年，北京国内旅游收入呈增加趋势，由298.0亿元增加到930.0亿元；2002~2003年，北京国内旅游收入呈减少趋势，由930.0亿元减少到706.0亿元；2003~2019年，北京国内旅游收入呈增加趋势，由706.0亿元增加到5866.2亿元；2019~2020年，北京国内旅游收入呈减少趋势，由5866.2亿元减少到2880.9亿元。

从北京国际、国内旅游基本情况看，除2020年新冠疫情对旅游业造成冲击以外，1994~2019年，国际/国内来京旅游人数，来京旅游入境游客数、国内游客数，北京国际旅游收入、国内旅游收入总体上均呈现增加趋势。1994~2019年，国际/国内来京旅游人数增加了3.66倍，来京旅游入境游客数增加了85.67%，来京旅游国内游客数增加了3.74倍，北京国际旅游收入增加了1.58倍，北京国内旅游收入增加了18.69倍（见表13）。

表13　1994~2020年北京国际、国内旅游基本情况

年份	国际/国内来京旅游人数（万人次）	入境游客	国内游客	国际旅游收入（亿美元）	国内旅游收入（亿元）
1994	6913.0	203.0	6710.0	20.1	298.0
1995	6527.0	207.0	6320.0	21.8	352.6
1996	7901.9	218.9	7683.0	22.5	359.6
1997	8450.8	229.8	8221.0	22.5	391.3
1998	8951.5	220.1	8731.4	23.8	424.5
1999	9512.4	252.4	9260.0	25.0	530.0
2000	10468.1	282.1	10186.0	27.7	683.0
2001	11292.8	285.8	11007.0	29.5	887.7
2002	11810.4	310.4	11500.0	31.1	930.0
2003	8885.1	185.1	8700.0	19.0	706.0
2004	12265.5	315.5	11950.0	31.7	1145.0
2005	12862.9	362.9	12500.0	36.2	1300.0

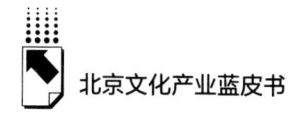

续表

年份	国际/国内来京旅游人数（万人次）	入境游客	国内游客	国际旅游收入（亿美元）	国内旅游收入（亿元）
2006	13590.3	390.3	13200.0	40.3	1482.7
2007	14715.5	435.5	14280.0	45.8	1753.6
2008	14560.0	379.0	14181.0	44.6	1907.0
2009	16669.5	412.5	16257.0	43.6	2144.5
2010	18390.1	490.1	17900.0	50.4	2425.1
2011	21404.4	520.4	20884.0	54.2	2864.3
2012	23134.6	500.9	22633.7	51.5	3301.3
2013	25189.0	450.1	24738.8	47.9	3666.3
2014	26149.7	427.5	25722.2	46.1	3997.0
2015	27279.0	420.0	26859.0	46.1	4320.0
2016	28531.5	416.5	28115.0	50.7	4683.5
2017	29746.2	392.6	29353.6	51.3	5122.4
2018	31093.6	400.4	30693.2	55.2	5556.2
2019	32209.9	376.9	31833.0	51.9	5866.2
2020	18386.5	34.1	18352.4	4.8	2880.9

资料来源：《北京统计年鉴2021》。

根据1991~2020年北京按客源地分入境游客基本情况，来京入境游客人数和其中的港澳台同胞人数、外国人数，以及来自各国的游客数呈现不同的变化趋势。

1991~2020年，来京入境游客数呈波动性变化趋势。1991~1997年，来京入境游客数呈增加趋势，由132.0万人次增加到229.8万人次；1997~1998年，来京入境游客数呈减少趋势，由229.8万人次减少到220.1万人次；1998~2002年，来京入境游客数呈增加趋势，由220.1万人次增加到310.4万人次；2002~2003年，来京入境游客数呈减少趋势，由310.4万人次减少到185.1万人次；2003~2007年，来京入境游客数呈增加趋势，由185.1万人次增加到435.5万人次；2007~2008年，来京入境游客数呈减少趋势，由435.5万人次减少到379.0万人次；2008~2011年，来京入境游客数呈增加趋势，由379.0万人次增加到520.4万人次；2011~2017年，来京入境游客数呈减少趋势，由520.4万人次减少到392.6万人次；2017~2018年，来京入境游客数呈增加趋势，由392.6万人次增加到400.4万人次；2018~2020年，来京入境游客数呈减少趋势，由400.4万人次减少到34.1万人次。

1991~2020年，来京港澳台同胞人数呈波动性变化趋势。1991~1993年，来京港澳台同胞人数呈增加趋势，由38.2万人次增加到52.8万人次；1993~1995年，来京港澳台同胞人数呈减少趋势，由52.8万人次减少到36.3万人次；1995~1997年，来京港澳台同胞人数呈增加趋势，由36.3万人次增加到40.3万人次；1997~1998年，来京港澳台同胞人数呈减少趋势，由40.3万人次减少到39.1万人次；1998~2001年，来京港澳台同胞人数呈增加趋势，由39.1万人次增加到45.9万人次；2001~2003年，来京港澳台同胞人数呈减少趋势，由45.9万人次减少到32.4万人次；2003~2007年，来京港澳台同胞人数呈增加趋势，由32.4万人次增加到52.9万人次；2007~2008年，来京港澳台同胞人数呈减少趋势，由52.9万人次减少到43.3万人次；2008~2009年，来京港澳台同胞人数呈增加趋势，由43.3万人次增加到69.6万人次；2009~2010年，来京港澳台同胞人数呈减少趋势，由69.6万人次减少到68.4万人次；2010~2011年，来京港澳台同胞人数呈增加趋势，由68.4万人次增加到73.0万人次；2011~2014年，来京港澳台同胞人数呈减少趋势，由73.0万人次减少到62.0万人次；2014~2015年，来京港澳台同胞人数呈增加趋势，由62.0万人次增加到62.4万人次；2015~2020年，来京港澳台同胞人数呈减少趋势，由62.4万人次减少到7.7万人次。

1991~2020年，来京香港游客数呈波动性变化趋势。1991~1993年，来京香港游客数呈增加趋势，由17.6万人次增加到29.4万人次；1993~1995年，来京香港游客数呈减少趋势，由29.4万人次减少到25.4万人次；1995~1997年，来京香港游客数呈增加趋势，由25.4万人次增加到26.3万人次；1997~1998年，来京香港游客数呈减少趋势，由26.3万人次减少到

25.0万人次；1998～1999年，来京香港游客数呈增加趋势，由25.0万人次增加到26.5万人次；1999～2000年，来京香港游客数呈减少趋势，由26.5万人次减少到25.0万人次；2000～2001年，来京香港游客数呈增加趋势，由25.0万人次增加到26.9万人次；2001～2003年，来京香港游客数呈减少趋势，由26.9万人次减少到21.7万人次；2003～2005年，来京香港游客数呈增加趋势，由21.7万人次增加到31.4万人次；2005～2006年，来京香港游客数呈减少趋势，由31.4万人次减少到30.3万人次；2006～2007年，来京香港游客数呈增加趋势，由30.3万人次增加到31.3万人次；2007～2008年，来京香港游客数呈减少趋势，由31.3万人次减少到28.1万人次；2008～2009年，来京香港游客数呈增加趋势，由28.1万人次增加到44.4万人次；2009～2010年，来京香港游客数呈减少趋势，由44.4万人次减少到40.3万人次；2010～2011年，来京香港游客数呈增加趋势，由40.3万人次增加到43.4万人次；2011～2014年，来京香港游客数呈减少趋势，由43.4万人次减少到34.2万人次；2014～2016年，来京香港游客数呈增加趋势，由34.2万人次增加到35.3万人次；2016～2017年，来京香港游客数呈减少趋势，由35.3万人次减少到34.4万人次；2017～2018年，来京香港游客数呈增加趋势，由34.4万人次增加到34.8万人次；2018～2020年，来京香港游客数呈减少趋势，由34.8万人次减少到4.8万人次。

1991～2020年，来京入境外国游客数呈波动性变化趋势。1991～1997年，来京入境外国游客数呈增加趋势，由91.4万人次增加到186.9万人次；1997～1998年，来京入境外国游客数呈减少趋势，由186.9万人次减少到178.2万人次；1998～2002年，来京入境外国游客数呈增加趋势，由178.2万人次增加到266.5万人次；2002～2003年，来京入境外国游客数呈减少趋势，由266.5万人次减少到152.7万人次；2003～2007年，来京入境外国游客数呈增加趋势，由152.7万人次增加到382.6万人次；2007～2008年，来京入境外国游客数呈减少趋势，由382.6万人次减少到335.7万人次；2008～2011年，来京入境外国游客数呈增加趋势，由335.7万人次增加到447.4万人次；2011～2017年，来京入境外国游客数呈减少趋势，由447.4

万人次减少到332.0万人次；2017~2018年，来京入境外国游客数呈增加趋势，由332.0万人次增加到339.8万人次；2018~2020年，来京入境外国游客数呈减少趋势，由339.8万人次减少到26.4万人次。

根据1991~2020年北京按客源地分入境游客的基本情况，除2020年受新冠疫情影响入境游客数减少外，1991~2019年来京入境游客人数和其中的港澳台同胞人数、外国人数总体上均呈现增加趋势。1991~2019年，来京入境游客人数增加了1.86倍，来京港澳台同胞人数增加了47.12%，其中来京香港游客数增加了82.95%。来京入境外国游客数增加了2.51倍，其中，来京日本游客数减少了10.51%，来京韩国游客数增加了4.63倍，来京美国游客数增加了5.62倍，来京英国游客数增加了2.56倍；来京法国游客数增加了2.24倍；来京德国游客数增加了2.30倍，来京俄罗斯游客数增加了1.74倍（见表14）。

表14 1991~2020年北京按客源地分入境游客基本情况

单位：万人次

年份	入境游客人数	港澳台同胞	香港	外国人	日本	韩国	美国	英国	法国	德国	俄罗斯
1991	132.0	38.2	17.6	91.4	27.6	4.3	9.5	4.3	3.7	6.0	3.5
1992	174.8	51.2	24.6	120.5	37.6	5.6	12.3	4.4	6.6	9.4	5.1
1993	202.8	52.8	29.4	145.0	39.3	7.3	14.3	5.3	6.9	12.0	7.7
1994	203.0	39.4	25.7	160.0	41.1	12.7	15.4	5.4	6.7	9.7	4.9
1995	207.0	36.3	25.4	166.5	42.4	17.3	17.4	5.8	6.2	8.8	6.2
1996	218.9	38.6	25.5	176.2	43.0	18.0	18.5	7.5	6.6	10.0	6.9
1997	229.8	40.3	26.3	186.9	43.0	19.4	21.7	9.0	6.5	9.1	6.5
1998	220.1	39.1	25.0	178.2	43.5	8.2	23.2	8.8	6.9	11.3	6.2
1999	252.4	44.1	26.5	205.0	45.6	19.2	24.1	8.8	7.9	10.5	4.6
2000	282.1	44.1	25.0	238.0	54.3	27.8	31.1	9.7	9.6	12.1	3.9
2001	285.8	45.9	26.9	239.9	50.7	32.7	33.1	11.1	10.2	12.3	4.9
2002	310.4	43.9	25.5	266.5	56.5	38.0	37.4	12.9	11.3	12.2	5.2
2003	185.1	32.4	21.7	152.7	29.2	24.5	19.4	8.1	5.5	6.3	5.2

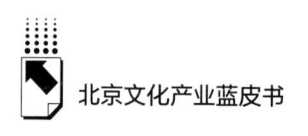

续表

年份	入境游客人数	港澳台同胞	香港	外国人	日本	韩国	美国	英国	法国	德国	俄罗斯
2004	315.5	47.4	27.7	268.1	52.3	42.4	37.4	11.8	11.1	11.5	8.2
2005	362.9	51.3	31.4	311.6	45.0	45.3	46.5	13.9	13.6	14.6	9.7
2006	390.3	52.0	30.3	338.3	50.6	42.4	49.8	14.8	14.2	15.3	15.0
2007	435.5	52.9	31.3	382.6	58.8	44.4	60.3	17.0	16.4	17.5	18.3
2008	379.0	43.3	28.1	335.7	40.0	35.3	53.8	17.5	14.5	16.0	17.9
2009	412.5	69.6	44.4	342.9	46.2	35.2	57.9	16.3	12.9	16.8	15.0
2010	490.1	68.4	40.3	421.6	52.6	50.6	70.0	16.8	14.3	20.1	19.0
2011	520.4	73.0	43.4	447.4	51.0	53.4	78.9	18.8	15.0	22.2	20.5
2012	500.9	66.5	37.6	434.4	43.7	44.2	75.1	18.5	15.1	24.5	20.0
2013	450.1	62.5	35.4	387.6	24.9	37.7	74.7	17.5	13.4	23.0	16.7
2014	427.5	62.0	34.2	365.5	24.9	38.7	71.5	16.9	13.4	22.6	13.7
2015	420.0	62.4	34.9	357.6	25.8	41.6	69.4	17.2	15.3	21.2	10.3
2016	416.5	61.8	35.3	354.8	24.8	37.9	70.3	18.3	13.2	20.6	9.5
2017	392.6	60.6	34.4	332.0	24.2	23.5	67.3	16.5	12.3	19.4	9.3
2018	400.4	60.6	34.8	339.8	24.9	24.8	72.0	15.9	12.7	19.4	8.7
2019	376.9	56.2	32.2	320.7	24.7	24.2	62.9	15.3	12.0	19.8	9.6
2020	34.1	7.7	4.8	26.4	1.9	2.5	5.8	1.1	0.9	1.7	0.9

资料来源：《北京统计年鉴2021》。

三 北京文化企业发展情况

（一）广播电视企业

2014~2020年，北京广播电视企业总收入，营业收入、应缴税金、新增固定资产呈现不同的变化趋势。

2014~2020年，北京广播电视企业总收入呈持续增长趋势，由4279236万元增加到31681421万元，增加了6.40倍。其中，营业收入也呈持续增长趋势，由2014年的4091100万元增加到2020年的31389006万元，增加了6.67倍。

2014~2020年，北京广播电视企业应缴税金呈先增长后减少趋势。2014~2019年，北京广播电视企业应缴税金呈增长趋势，由236211万元增加到1570305万元；2019~2020年，北京广播电视企业应缴税金呈减少趋势，由1570305万元减少到592542万元。

2014~2020年，北京广播电视企业新增固定资产呈波动性增长趋势。2014~2015年，北京广播电视企业新增固定资产呈增长趋势，由337688万元增加到339804万元；2015~2016年，北京广播电视企业新增固定资产呈减少趋势，由339804万元减少到241504万元；2016~2018年，北京广播电视企业新增固定资产呈增长趋势，由241504万元增加到394849万元；2018~2019年，北京广播电视企业新增固定资产呈减少趋势，由394849万元减少到176179万元；2019~2020年，北京广播电视企业新增固定资产呈增加趋势，由176179万元增加到358480万元。

2014~2020年，北京广播电视企业总收入、营业收入、应缴税金、新增固定资产总体上均呈现增长趋势。2014~2020年，北京广播电视企业总收入增长了6.40倍，营业收入增长了6.67倍，应缴税金增长了1.51倍，新增固定资产增长了6.16%（见表15）。

表15 2014~2020年北京广播电视企业单位经营情况

单位：万元

年份	总收入	营业收入	应缴税金	新增固定资产
2014	4279236	4091100	236211	337688
2015	5025358	4785027	268832	339804
2016	6979565	6737667	434147	241504
2017	11019858	9753020	688100	389654
2018	17195715	17002824	744734	394849
2019	22955773	22752154	1570305	176179
2020	31681421	31389006	592542	358480

资料来源：《中国文化及相关产业统计年鉴》（2015~2021）。

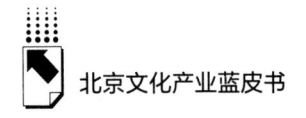

根据2014~2020年北京广播电视企业创收情况，北京广播电视企业实际收入、广告收入、有线电视网络收入、广播电视节目销售收入呈现不同的变化趋势。

2014~2020年，北京广播电视企业实际收入呈持续增长的趋势，由2014年的3716587万元增加到2020年的28832032万元，增加了6.76倍。

2014~2020年，北京广播电视企业广告收入呈持续增长的趋势，由2014年的1468882万元增加到2020年的6856729万元，增加了3.67倍。

2014~2020年，北京广播电视企业有线电视网络收入呈波动性减少趋势。2014~2015年，北京广播电视企业有线电视网络收入呈减少趋势，由383274万元减少到261703万元；2015~2016年，北京广播电视企业有线电视网络收入呈增加趋势，由261703万元增加到346539万元；2016~2019年，北京广播电视企业有线电视网络收入呈减少趋势，由346539万元减少到239948万元；2019~2020年，北京广播电视企业有线电视网络收入呈增加趋势，由239948万元增加到274107万元。

2014~2020年，北京广播电视企业广播电视节目销售收入呈波动性增加趋势。2014~2016年，北京广播电视企业广播电视节目销售收入呈增加趋势，由528092万元增加到1013300万元；2016~2018年，北京广播电视企业广播电视节目销售收入呈减少趋势，由1013300万元减少到783760万元；2018~2019年，北京广播电视企业广播电视节目销售收入呈增加趋势，由783760万元增加到827744万元；2019~2020年，北京广播电视企业广播电视节目销售收入呈减少趋势，由827744万元减少到542541万元。

2014~2020年，北京广播电视企业实际收入、广告收入、广播电视节目销售收入总体上呈增长趋势，有线电视网络收入总体上呈减少趋势。2014~2020年，北京广播电视企业实际创收收入增加了6.76倍，广告收入增加了3.67倍，有线电视网络收入减少了28.48%，广播电视节目销售收入增加了2.74%（见表16）。

表16　2014~2020年北京广播电视企业创收情况

单位：万元

年份	实际收入	广告收入	有线电视网络收入	广播电视节目销售收入
2014	3716587	1468882	383274	528092
2015	4573167	1825236	261703	671681
2016	6611349	2288703	346539	1013300
2017	9556332	3504446	279196	882392
2018	14399584	5428909	262090	783760
2019	20809222	6660057	239948	827744
2020	28832032	6856729	274107	542541

资料来源：《中国文化及相关产业统计年鉴》（2015~2021）。

根据2014~2020年北京广播电视企业资产负债情况，北京广播电视企业资产总额、固定资产净值、负债总额、所有者权益呈现不同的变化趋势。

2014~2020年，北京广播电视企业资产总额呈增长趋势，由9268231万元增加到54837639万元，增加了4.92倍。其中，固定资产净值呈现先增长后减少趋势，2014~2018年，北京广播电视企业固定资产净值呈增长趋势，由999401万元增长到1577770万元；2018~2020年，北京广播电视企业固定资产净值呈减少趋势，由1577770万元减少到1357917万元。

2014~2020年，北京广播电视企业负债总额呈增长趋势，由5495001万元增长到42057438万元，增加了6.65倍。

2014~2020年，北京广播电视企业所有者权益呈波动性增加趋势。2014~2017年，北京广播电视企业所有者权益呈增加趋势，由3773230万元增加到16013002万元；2017~2018年，北京广播电视企业所有者权益呈减少趋势，由16013002万元减少到9819711万元；2018~2020年，北京广播电视企业所有者权益呈增加趋势，由9819711万元增加到12780201万元。

2014~2020年，北京广播电视企业资产总额、固定资产净值、负债总额、所有者权益总体上呈现增长趋势。2014~2020年，北京广播电视企业资

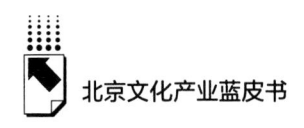

产总额增长了4.92倍,固定资产净值增长了35.87%,负债总额增长了6.65倍,所有者权益增长了2.39倍(见表17)。

表17 2014~2020年北京广播电视企业资产负债情况

单位:万元

年份	资产总额	固定资产净值	负债总额	所有者权益
2014	9268231	999401	5495001	3773230
2015	14403740	1095719	8410511	5993229
2016	19676567	1332667	11447666	8228900
2017	30960881	1437091	16243691	16013002
2018	33639445	1577770	23819734	9819711
2019	46222919	1442897	34574122	11648797
2020	54837639	1357917	42057438	12780201

资料来源:《中国文化及相关产业统计年鉴》(2015~2021)。

(二)动漫企业

根据2014~2020年北京动漫企业基本情况,北京动漫企业机构数、从业人员数、资产总额、营业收入、营业成本、营业利润、利润总额和发放工资呈现不同的变化趋势。

2014~2020年,北京动漫企业机构数呈先增加后减少趋势,但变化幅度不大。2014~2019年,北京动漫企业机构数呈增长趋势,由66家增长到67家;2019~2020年,北京动漫企业机构数呈减少趋势,由67家减少到65家。

2014~2020年,北京动漫企业从业人员数呈波动性变化趋势。2014~2018年,北京动漫企业从业人员数呈减少趋势,由2465人减少到1390人;2018~2019年,北京动漫企业从业人员数呈增加趋势,由1390人增加到1582人;2019~2020年,北京动漫企业从业人员数呈减少趋势,由1582人减少到687人。

2014~2020年，北京动漫企业资产总额呈波动性变化趋势。2014~2016年，北京动漫企业资产总额呈增加趋势，由173502万元增加到210420万元；2016~2018年，北京动漫企业资产总额呈减少趋势，由210420万元减少到113478万元；2018~2019年，北京动漫企业资产总额呈增加趋势，由113478万元增加到151828万元；2019~2020年，北京动漫企业资产总额呈减少趋势，由151828万元减少到49816万元。

2014~2020年，北京动漫企业营业收入呈波动性变化趋势。2014~2016年，北京动漫企业营业收入呈增加趋势，由43743万元增加到68045万元；2016~2018年，北京动漫企业营业收入呈减少趋势，由68045万元减少到43019万元；2018~2019年，北京动漫企业营业收入呈增加趋势，有43019万元增加到61967万元；2019~2020年，北京动漫企业营业收入呈减少趋势，由61967万元减少到21615万元。

2014~2020年，北京动漫企业营业成本呈波动性变化趋势。2014~2016年，北京动漫企业营业成本呈增加趋势，由46373万元增加到66211万元；2016~2017年，北京动漫企业营业成本呈减少趋势，由66211万元减少到49261万元；2017~2019年，北京动漫企业营业成本呈增加趋势，由49261万元增加到74067万元；2019~2020年，北京动漫企业营业成本呈减少趋势，由74067万元减少到20260万元。

2014~2020年，北京动漫企业营业利润呈波动性变化趋势。2014~2015年，北京动漫企业营业利润呈增加趋势，由-2630万元增加到6113万元；2015~2018年，北京动漫企业营业利润呈减少趋势，由6113万元减少到-26290万元；2018~2020年，北京动漫企业营业利润呈增加趋势，由-26290万元增加到1355万元。

2014~2020年，北京动漫企业利润总额呈波动性变化趋势。2014~2015年，北京动漫企业利润总额呈增加趋势，由539万元增加到8460万元；2015~2018年，北京动漫企业利润总额呈减少趋势，由8460万元减少到-25717万元；2018~2020年，北京动漫企业利润总额呈增加趋势，由-25717万元增加到1607万元。

2014~2020年，北京动漫企业发放工资呈波动性变化趋势。2014~2016年，北京动漫企业发放工资呈减少趋势，由16698万元减少到15492万元；2016~2019年，北京动漫企业发放工资呈增加趋势，由15492万元增加到19441万元；2019~2020年，北京动漫企业发放工资呈减少趋势，由19441万元减少到8108万元。

2014~2020年，北京动漫企业机构数、从业人员数、资产总额、营业收入、营业成本、发放工资总体上呈减少趋势，而营业利润和利润总额呈增加趋势。2014~2020年，北京动漫企业机构数减少了1.52%，从业人员数减少了72.13%，资产总额减少了71.29%，营业收入减少了50.59%，营业成本减少了56.31%，营业利润增加了1.52倍，利润总额增加了1.98倍，发放工资减少了51.44%（见表18）。

表18 2014~2020年北京动漫企业基本情况

年份	机构数（家）	从业人员数（人）	资产总额（万元）	营业收入（万元）	营业成本（万元）	营业利润（万元）	利润总额（万元）	发放工资（万元）
2014	66	2465	173502	43743	46373	-2630	539	16698
2015	66	2389	196168	67935	61823	6113	8460	15582
2016	66	2323	210420	68045	66211	1835	4987	15492
2017	66	1661	160136	49740	49261	479	116	15866
2018	67	1390	113478	43019	69309	-26290	-25717	16924
2019	67	1582	151828	61967	74067	-12100	-10770	19441
2020	65	687	49816	21615	20260	1355	1607	8108

资料来源：《中国文化及相关产业统计年鉴》（2015~2021）。

（三）文化娱乐企业

根据2014~2020年北京娱乐场所基本情况，北京娱乐机构数、从业人员数、资产总额、营业收入、营业成本、营业利润呈现不同的变化趋势。

2014~2020年，北京娱乐机构数呈波动性变化趋势。2014~2015年，北京娱乐机构数呈减少趋势，由995家减少到987家；2015~2016年，北京娱乐机构数呈增加趋势，由987家增加到1023家；2016~2020年，北京娱乐机构数呈减少趋势，由1023家减少到449家。

2014~2020年，北京娱乐机构从业人员数呈先增加后减少的变化趋势。2014~2016年，北京娱乐机构从业人员数呈增加趋势，由10055人增加到15120人；2016~2020年，北京娱乐机构从业人员数呈减少趋势，由15120人减少到5326人。

2014~2020年，北京娱乐机构资产总额呈波动性变化趋势。2014~2015年，北京娱乐机构资产总额呈减少趋势，由1677237万元减少到279051万元；2015~2016年，北京娱乐机构资产总额呈增加趋势，由279051万元增加到411973万元；2016~2018年，北京娱乐机构资产总额呈减少趋势，由411973万元减少到137955万元；2018~2019年，北京娱乐机构资产总额呈增加趋势，由137955万元增加到391398万元；2019~2020年，北京娱乐机构资产总额呈减少趋势，由391398万元减少到120710万元。

2014~2020年，北京娱乐机构营业收入呈波动性变化趋势。2014~2015年，北京娱乐机构营业收入呈减少趋势，由575031万元减少到112557万元；2015~2016年，北京娱乐机构营业收入呈增加趋势，由112557万元增加到119886万元；2016~2020年，北京娱乐机构营业收入呈减少趋势，由119886万元减少到46944万元。

2014~2020年，北京娱乐机构营业成本呈波动性变化趋势。2014~2015年，北京娱乐机构营业成本呈减少趋势，由548375万元减少到83035万元；2015~2016年，北京娱乐机构营业成本呈增加趋势，由83035万元增加到105725万元；2016~2017年，北京娱乐机构营业成本呈减少趋势，由105725万元减少到68906万元；2017~2018年，北京娱乐机构营业成本呈增加趋势，由68906万元增加到69474万元；2018~2020年，北京娱乐机构营业成本呈减少趋势，由69474万元减少到52584万元。

2014~2020年，北京娱乐机构营业利润呈波动性变化趋势。2014~2015年，北京娱乐机构营业利润呈增加趋势，由26656万元增加到29522万元；2015~2016年，北京娱乐机构营业利润呈减少趋势，由29522万元减少到14161万元；2016~2017年，北京娱乐机构营业利润呈增加趋势，由14161万元增加到28474万元；2017~2020年，北京娱乐机构营业利润呈减少趋势，由28474万元减少到-5639万元。

2014~2020年，北京娱乐机构数、从业人员数、资产总额、营业收入、营业成本、营业利润总体上均呈现减少趋势。2014~2020年，北京娱乐机构数减少了54.87%，从业人员数减少了47.03%，资产总额减少了92.80%，营业收入减少了91.84%，营业成本减少了90.41%，营业利润减少了121.15%（见表19）。

表19 2014~2020年北京娱乐场所基本情况

年份	机构数（家）	从业人员数（人）	资产总额（万元）	营业收入（万元）	营业成本（万元）	营业利润（万元）
2014	995	10055	1677237	575031	548375	26656
2015	987	13035	279051	112557	83035	29522
2016	1023	15120	411973	119886	105725	14161
2017	792	9318	254891	97379	68906	28474
2018	700	7718	137955	90936	69474	21462
2019	520	6220	391398	69711	61896	7815
2020	449	5326	120710	46944	52584	-5639

资料来源：《中国文化及相关产业统计年鉴》（2015~2021）。

根据2014~2020年北京网吧基本情况，北京网吧总数、从业人员数、资产总额、营业收入、营业成本、营业利润呈现不同的变化趋势。

2014~2020年，北京网吧总数呈波动性变化趋势。2014~2015年，北京网吧总数呈减少趋势，由939个减少到836个；2015~2016年，北京网吧总数呈增加趋势，由836个增加到910个；2016~2020年，北京网吧总数呈减少趋势，由910个减少到386个。

2014~2020年，北京网吧从业人员数呈波动性变化趋势。2014~2015年，北京网吧从业人员数呈减少趋势，由3940人减少到3877人；2015~2016年，北京网吧从业人员数呈增加趋势，由3877人增加到4230人；2016~2020年，北京网吧从业人员数呈减少趋势，由4230人减少到1723人。

2014~2020年，北京网吧资产总额呈持续减少趋势，由126999万元减少到22412万元，减少了82.35%。

2014~2020年，北京网吧营业收入呈持续减少趋势，由76852万元减少到7750万元，减少了89.92%。

2014~2020年，北京网吧营业成本呈先减少后增加趋势。2014~2019年，北京网吧营业成本呈减少趋势，由50432万元减少到10649万元；2019~2020年，北京网吧营业成本呈增加趋势，由10649万元增加到16836万元。

2014~2020年，北京网吧营业利润呈波动性变化趋势。2014~2016年，北京网吧营业利润呈减少趋势，由26419万元减少到4649万元；2016~2017年，北京网吧营业利润呈增加趋势，由4649万元增加到5222万元；2017~2020年，北京网吧营业利润呈减少趋势，由5222万元减少到-9086万元。

2014~2020年，北京网吧总数、从业人员数、资产总额、营业收入、营业成本、营业利润总体上均呈现减少趋势。2014~2020年，北京网吧总数减少了58.89%，从业人员数减少了56.27%，资产总额减少了82.35%，营业收入减少了89.92%，营业成本减少了66.62%，营业利润减少了134.39%（见表20）。

表20 2014~2020年北京网吧基本情况

年份	网吧总数（个）	从业人员数（人）	资产总额（万元）	营业收入（万元）	营业成本（万元）	营业利润（万元）
2014	939	3940	126999	76852	50432	26419
2015	836	3877	92109	31944	26098	5846
2016	910	4230	62572	23817	19168	4649

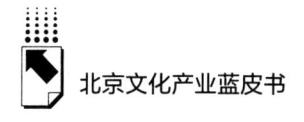

续表

年份	网吧总数（个）	从业人员数（人）	资产总额（万元）	营业收入（万元）	营业成本（万元）	营业利润（万元）
2017	753	3227	42429	20529	15307	5222
2018	634	2507	29566	12010	10692	1318
2019	445	1995	25755	10802	10649	182
2020	386	1723	22412	7750	16836	-9086

资料来源：《中国文化及相关产业统计年鉴》（2015~2021）。

四 北京文化事业发展情况

（一）文化事业单位

根据1995~2020年北京文化事业费基本情况，北京文化事业费、文化事业费占财政支出比重、人均文化事业费均呈现波动性增加趋势。1995~1999年，北京文化事业费呈增加趋势，由8427万元增加到27105万元；1999~2000年，北京文化事业费有小幅减少，由27105万元减少到24008万元；2000~2005年，北京文化事业费继续呈现增加趋势，由24008万元增加到64587万元；2005~2006年，北京文化事业费有小幅减少，由64587万元减少到63817万元；2006~2017年，北京文化事业费继续呈现增加趋势，由63817万元增加到361972万元；2017~2020年，北京文化事业费呈逐年波动性变化趋势，由2017年的361972万元减少到2018年的348420万元，此后增加到2019年的474695万元，2020年再次减少，减少到463029万元。

1995~2020年，北京文化事业费占财政支出比重介于0.47%~0.77%之间，呈波动性变化趋势。其中，占比最高的3个年份是2007年、2008年和2020年，占比分别为0.77%、0.76%和0.65%；占比最低的3个年份是2006年、2015年和2018年，占比分别为0.49%、0.48%和0.47%。

1995~2020年，北京人均文化事业费呈波动性增长趋势。其中，人均文化事业费最高的3个年份是2019年、2020年和2017年，人均文化事业费分别为216.75元、211.53元和166.73元；人均文化事业费最低的3个年份是1997年、1996年和1995年，人均文化事业费分别为11.98元、9.08元和8.74元。

1995~2020年，北京文化事业费、文化事业费占财政支出比重、人均文化事业费均明显增加。其中，文化事业费由8427万元增加到463029万元，增加了近54倍；文化事业费占财政支出比重由0.55%增加到0.65%；人均文化事业费由8.74元增加到211.53元，增加了23倍多（见表21）。

表21 1995~2020年北京文化事业费基本情况

年份	文化事业费（万元）	文化事业费占财政支出比重		人均文化事业费	
		占比(%)	在全国位次	经费(元)	在全国位次
1995	8427	0.55	28	8.74	2
1996	11435	0.54	12	9.08	3
1997	14855	0.55	23	11.98	3
1998	18435	0.54	16	14.80	2
1999	27105	0.50	18	21.56	2
2000	24008	0.54	14	17.37	2
2001	34489	0.50	11	24.90	2
2002	35359	0.56	7	30.94	2
2003	41813	0.57	6	28.71	2
2004	51113	0.57	6	34.24	2
2005	64587	0.61	4	41.99	2
2006	63817	0.49	10	40.36	2
2007	126965	0.77	2	77.75	1
2008	128139	0.76	2	87.40	1
2009	139070	0.60	4	79.24	2
2010	161693	0.60	2	82.44	1
2011	179115	0.55	3	88.71	2
2012	228738	0.62	4	110.55	2
2013	244620	0.59	4	115.66	2

续表

年份	文化事业费（万元）	文化事业费占财政支出比重		人均文化事业费	
		占比(%)	在全国位次	经费(元)	在全国位次
2014	249386	0.55	3	115.91	3
2015	275832	0.48	8	127.08	3
2016	352798	0.55		160.70	
2017	361972	0.53	10	166.73	3
2018	348420	0.47	16	161.75	3
2019	474695	0.64	6	216.75	
2020	463029	0.65		211.53	

资料来源：《中国文化文物统计年鉴》（2015~2021）。

（二）广播电视行政事业单位

根据2014~2020年北京广播电视行政事业单位财政收支情况，北京广播电视行政事业单位财政总收入和总支出均呈现波动性减少趋势，其中事业收入和其他收入总体上呈减少趋势，而财政补助收入和经营收入呈波动性增长趋势。

2014~2020年，北京广播电视行政事业单位财政总收入呈波动性减少趋势。2014~2015年，北京广播电视行政事业单位财政总收入呈增加趋势，由643460万元增加到689010万元；2015~2016年，北京广播电视行政事业单位财政总收入呈减少趋势，由689010万元减少到633912万元；2016~2018年，北京广播电视行政事业单位财政总收入呈增加趋势，由633912万元增加到664159万元；2018~2020年，北京广播电视行政事业单位财政总收入呈减少趋势，由664159万元减少到569153万元。

2014~2020年，在财政总收入中，北京广播电视行政事业单位财政补助收入呈波动性增长趋势。2014~2016年，北京广播电视行政事业单位财政补助收入呈增加趋势，由226584万元增加到292303万元；2016~2017年，北京广播电视行政事业单位财政补助收入呈减少趋势，由292303万元减少到

273783万元；2017~2018年，北京广播电视行政事业单位财政补助收入呈增加趋势，由273783万元增加到353734万元；2018~2020年，北京广播电视行政事业单位财政补助收入呈减少趋势，由353734万元减少到314366万元。

2014~2020年，在财政总收入中，北京广播电视行政事业单位事业收入呈波动性减少趋势。2014~2015年，北京广播电视行政事业单位事业收入呈增加趋势，由331186万元增加到381871万元；2015~2016年，北京广播电视行政事业单位事业收入呈减少趋势，由381871万元减少到291228万元；2016~2017年，北京广播电视行政事业单位事业收入呈增加趋势，由291228万元增加到358641万元；2017~2020年，北京广播电视行政事业单位事业收入呈减少趋势，由358641万元减少到227276万元。

2014~2020年，在财政总收入中，北京广播电视行政事业单位经营收入呈波动性增加趋势。2014~2019年，北京广播电视行政事业单位经营收入呈增加趋势，由-988万元增加到17830万元；2019~2020年，北京广播电视行政事业单位经营收入呈减少趋势，由17830万元减少到15506万元。

2014~2020年，在财政总收入中，北京广播电视行政事业单位其他收入呈波动性减少趋势。2014~2017年，北京广播电视行政事业单位其他收入呈减少趋势，由86678万元减少到12287万元；2017~2019年，北京广播电视行政事业单位其他收入呈增加趋势，由12287万元增加到15921万元；2019~2020年，北京广播电视行政事业单位其他收入呈减少趋势，由15921万元减少到12005万元。

2014~2020年，北京广播电视行政事业单位财政总支出呈波动性减少趋势。2014~2015年，北京广播电视行政事业单位财政总支出呈增加趋势，由681589万元增加到782936万元；2015~2016年，北京广播电视行政事业单位财政总支出呈减少趋势，由782936万元减少到657375万元；2016~2018年，北京广播电视行政事业单位财政总支出呈增加趋势，由657375万元增加到699017万元；2018~2020年，北京广播电视行政事业单位财政总支出呈减少趋势，由699017万元减少到567628万元。

2014~2020年，北京广播电视行政事业单位财政总收入总体上呈减少趋势，减少了11.55%。其中，财政补助收入总体上呈增加趋势，增加了38.74%；事业收入总体上呈减少趋势，减少了31.38%；经营收入总体上呈增加趋势，增加了16.54倍，并且在2015~2016年实现了扭亏为盈；其他收入总体上呈减少趋势，减少了86.15%。2014~2020年，北京广播电视行政事业单位财政总支出减少了16.72%（见表22）。

表22 2014~2020年北京广播电视行政事业单位财政收支情况

单位：万元

年份	财政总收入	财政补助收入	事业收入	经营收入	其他收入	财政总支出
2014	643460	226584	331186	-988	86678	681589
2015	689010	240565	381871	-1996	68570	782936
2016	633912	292303	291228	701	49680	657375
2017	647299	273783	358641	2588	12287	673024
2018	664159	353734	285840	10361	14224	699017
2019	628191	322166	272274	17830	15921	686280
2020	569153	314366	227276	15506	12005	567628

资料来源：《中国文化及相关产业统计年鉴》（2015~2021）。

（三）博物馆、图书馆、文物保护管理机构

根据2014~2020年北京博物馆基本情况，北京博物馆机构数、从业人员数、藏品数、基本陈列展览数、参观人数、门票销售总额、总收入、总支出、总资产、实际使用房屋面积等呈现不同的变化趋势。

2014~2020年，北京博物馆机构数呈波动性增长趋势。2014~2015年，北京博物馆机构数略有减少，由41个减少到40个；2015~2018年，北京博物馆机构数呈增加趋势，由40个增加到82个；2018~2020年，北京博物馆机构数呈减少趋势，由82个减少到80个。

2014~2020年，北京博物馆从业人员数呈波动性增长趋势。2014~2015

年，北京博物馆从业人员数呈增加趋势，由1222人增加到1260人；2015~2016年，北京博物馆从业人员数呈减少趋势，由1260人减少到1196人；2016~2018年，北京博物馆从业人员数呈增加趋势，由1196人增加到4433人；2018~2019年，北京博物馆从业人员数呈减少趋势，由4433人减少到3786人；2019~2020年，北京博物馆从业人员数呈增加趋势，由3786人增加到4323人。

2014~2020年，北京博物馆藏品数呈先减少后增加趋势。2014~2015年，北京博物馆藏品数呈减少趋势，由1251584件（套）减少到1229829件（套）；2015~2020年，北京博物馆藏品数呈增加趋势，由1229829件（套）增加到2192500件（套）。

2014~2020年，北京博物馆基本陈列展览数呈波动性增长趋势。2014~2015年，北京博物馆基本陈列展览数呈增加趋势，由236个增加到269个；2015~2016年，北京博物馆基本陈列展览数呈减少趋势，由269个减少到249个；2016~2018年，北京博物馆基本陈列展览数呈增加趋势，由249个增加到516个；2018~2020年，北京博物馆基本陈列展览数呈减少趋势，由516个减少到360个。

2014~2020年，北京博物馆参观人数呈先增加后减少趋势。2014~2019年，北京博物馆参观人数呈增加趋势，由498万人次增加到2489万人次；2020年受新冠疫情影响，参观人数下降到819万人次。

2014~2020年，北京博物馆门票销售总额呈波动性增长趋势。2014~2015年，北京博物馆门票销售总额呈增长趋势，由2113万元增加到2739万元；2015~2016年，北京博物馆门票销售总额呈减少趋势，由2739万元减少到1241万元；2016~2017年，北京博物馆门票销售总额呈增长趋势，由1241万元增加到81378万元；2017~2018年，北京博物馆门票销售总额呈减少趋势，由81378万元减少到6431万元；2018~2019年，北京博物馆门票销售总额呈增长趋势，由6431万元增加到17499万元；2019~2020年，北京博物馆门票销售总额呈减少趋势，由17499万元减少到5627万元。

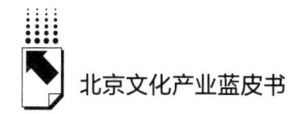

2014~2020年，北京博物馆总收入呈先减少后增加趋势。2014~2015年，北京博物馆总收入呈减少趋势，由69262万元减少到61007万元；2015~2020年，北京博物馆总收入呈增加趋势，由61007万元增加到313842万元。

2014~2020年，北京博物馆总支出呈波动性变化趋势。2014~2015年，北京博物馆总支出呈减少趋势，由72980万元减少到66252万元；2015~2019年，北京博物馆总支出呈增加趋势，由66252万元增加到192359万元；2019~2020年，北京博物馆总支出呈减少趋势，由192359万元减少到164718万元。

2014~2020年，北京博物馆总资产呈波动性变化趋势。2014~2018年，北京博物馆总资产呈增加趋势，由178698万元增加到671682万元；2018~2019年，北京博物馆总资产呈减少趋势，由671682万元减少到612993万元；2019~2020年，北京博物馆总资产呈增加趋势，由612993万元增加到760858万元。

2014~2020年，北京博物馆实际使用房屋面积呈波动性增长趋势。2014~2015年，北京博物馆实际使用房屋面积呈减少趋势，由28.25万平方米减少到28.07万平方米；2015~2018年，北京博物馆实际使用房屋面积呈增加趋势，由28.07万平方米增加到99.44万平方米；2018~2020年，北京博物馆实际使用房屋面积呈减少趋势，由99.44万平方米减少到91.74万平方米。

2014~2020年，北京博物馆机构数、从业人员数、藏品数、基本陈列展览数、参观人数、门票销售总额、总收入、总支出、总资产、实际使用房屋面积等总体上均呈现增长趋势。其中，博物馆机构数增长了95.12%，从业人员数增长了253.76%，藏品数增长了75.18%，基本陈列展览数增长了52.54%，参观人数增长了64.46%，门票销售总额增长了166.30%，总收入增加了353.12%，总支出增加了125.70%，总资产增加了325.78%，实际使用房屋面积增加了224.74%（见表23）。

表23 2014~2020年北京博物馆基本情况

年份	机构数（个）	从业人员数（人）	藏品数［件（套）］	基本陈列展览数（个）	参观人数（万人次）	门票销售总额（万元）	总收入（万元）	总支出（万元）	总资产（万元）	实际使用房屋面积（万平方米）
2014	41	1222	1251584	236	498	2113	69262	72980	178698	28.25
2015	40	1260	1229829	269	579	2739	61007	66252	188793	28.07
2016	41	1196	1235102	249	649	1241	78498	77912	192323	50.14
2017	71	4000	1940011	415	1833	81378	142494	141107	509184	70.51
2018	82	4433	2020881	516	2375	6431	176203	177073	671682	99.44
2019	81	3786	2033344	501	2489	17499	191308	192359	612993	92.83
2020	80	4323	2192500	360	819	5627	313842	164718	760858	91.74

资料来源：《中国文化及相关产业统计年鉴》（2015~2021）。

根据2014~2020年公共图书馆基本情况，北京公共图书馆机构数、从业人员数、总藏量、总流通人次、阅览室座席数、总收入、总支出、总资产实际使用公用房屋面积等呈现不同的变动趋势。

2014~2020年，北京公共图书馆机构数呈现减少趋势，但仅减少1个，其中，2014~2016年北京有公共图书馆24个，2017~2020年北京有公共图书馆23个。

2014~2020年，北京公共图书馆从业人员数呈现先减少后增加的趋势。2014~2019年，北京公共图书馆从业人员数呈减少趋势，由1278人小幅减少到1218人；2019~2020年，北京公共图书馆从业人员数略有增加，由1218人增加到1228人。其中，2014~2020年，北京公共图书馆专业技术人员数呈波动性减少趋势。2014~2015年，北京公共图书馆专业技术人员数呈增加趋势，由1026人增加到1054人；2015~2017年，北京公共图书馆专业技术人员数呈减少趋势，由1054人减少到1014人；2017~2018年，北京公共图书馆专业技术人员数呈增加趋势，由1014人增加到1018人；2018~2020年，北京公共图书馆专业技术人员数呈减少趋势，由1018人减少到997人。

2014~2020年，北京公共图书馆总藏量呈增长趋势，由2223.3万册

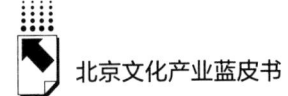

（件）增加到3133.1万册（件），增加了40.92%。从公共图书馆图书藏量看，2014~2020年，北京公共图书馆图书藏量呈增长趋势，由1973.0万册（件）增加到2901.3万册（件），增加了47.05%。从当年新购藏量看，2014~2020年，北京公共图书馆当年新购藏量呈波动性变化趋势。2014~2016年，北京公共图书馆当年新购藏量呈增加趋势，由114.0万册（件）增加到226.1万册（件）；2016~2017年，北京公共图书馆当年新购藏量呈减少趋势，由226.1万册（件）减少到134.8万册（件）；2017~2018年，北京公共图书馆当年新购藏量呈增加趋势，由134.8万册（件）增加到191.9万册（件）；2018~2020年，北京公共图书馆当年新购藏量呈减少趋势，由191.9万册（件）减少到119.1万册（件）。

2014~2020年，北京公共图书馆有效借书证数量呈先增加后减少趋势。2014~2019年，北京公共图书馆有效借书证数量呈增加趋势，由980000个增加到1833010个；2019~2020年，北京公共图书馆有效借书证数量略有减少，由1833010个减少到1802744个。

2014~2020年，北京公共图书馆总流通人次呈先增加后减少趋势。2014~2019年，北京公共图书馆总流通人次呈增加趋势，由1145.83万人次增加到1968.70万人次；2019~2020年，北京公共图书馆总流通人次呈减少趋势，由1968.70万人次减少到412.80万人次。从公共图书馆书刊文献外借人次看，2014~2020年，北京公共图书馆书刊文献外借人次呈波动性变化趋势。2014~2016年，北京公共图书馆书刊文献外借人次呈增加趋势，由394.9万人次增加到510.5万人次；2016~2017年，北京公共图书馆书刊文献外借人次呈减少趋势，由510.5万人次减少到390.8万人次；2017~2018年，北京公共图书馆书刊文献外借人次呈增加趋势，由390.8万人次增加到466.3万人次；2018~2020年，北京公共图书馆书刊文献外借人次呈减少趋势，由466.3万人次减少到82.1万人次。从公共图书馆书刊文献外借册次数看，2014~2020年，北京公共图书馆书刊文献外借册次数呈波动性变化趋势。2014~2015年，北京公共图书馆书刊文献外借册次数呈减少趋势，由953.1万册次减少到940.4万册次；2015~2019年，北京公共图书馆书刊文献外借册次数呈增加趋势，由940.4万册次增加到1266.1万册次；2019~2020年，北京公共图书馆书刊文献外借册次数呈减少趋势，由1266.1万册次减少到308.6万册次。

2014~2020年，北京公共图书馆阅览室座席数呈波动性变化趋势。2014~2015年，北京公共图书馆阅览室座席数呈减少趋势，由15908个减少到15469个；2015~2017年，北京公共图书馆阅览室座席数呈增加趋势，由15469个增加到17637个；2017~2019年，北京公共图书馆阅览室座席数呈减少趋势，由17637个减少到15510个；2019~2020年，北京公共图书馆阅览室座席数呈增加趋势，由15510个增加到16275个。

2014~2020年，北京公共图书馆总收入呈现先增加后减少趋势。2014~2018年，北京公共图书馆总收入呈增加趋势，由50519.0万元增加到77802.0万元；2018~2020年，北京公共图书馆总收入呈减少趋势，由77802.0万元减少到74140.0万元。

2014~2020年，北京公共图书馆总支出呈现先增加后减少趋势。2014~2019年，北京公共图书馆总支出呈增加趋势，由51956.9万元增加到74400.0万元；2019~2020年，北京公共图书馆总支出呈减少趋势，由74400.0万元减少到71609.2万元。

2014~2020年，北京公共图书馆总资产呈现波动性增加趋势。2014~2017年，北京公共图书馆总资产呈增加趋势，由219628.0万元增加到273070.4万元；2017~2019年，北京公共图书馆总资产呈减少趋势，由273070.4万元减少到233198.0万元；2019~2020年，北京公共图书馆总资产呈增加趋势，由233198.0万元增加到238573.6万元。从固定资产原值看，2014~2020年北京公共图书馆固定资产原值呈现波动性增加趋势。2014~2017年，北京公共图书馆固定资产原值呈增加趋势，由147206.3万元增加到195818.6万元；2017~2018年，北京公共图书馆固定资产原值呈减少趋势，由195818.6万元减少到192574.0万元；2018~2019年，北京公共图书馆固定资产原值呈增加趋势，由192574.0万元增加到197237.5万元；2019~2020年，北京公共图书馆固定资产原值呈减少趋势，由

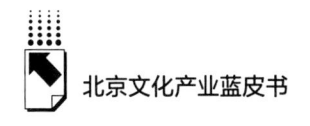

197237.5万元减少到156519.4万元。

2014~2020年，北京公共图书馆实际使用公用房屋面积呈现波动性增加趋势。2014~2015年，北京公共图书馆实际使用公用房屋面积呈减少趋势，由24.90万平方米减少到24.70万平方米；2015~2017年，北京公共图书馆实际使用公用房屋面积呈增加趋势，由24.70万平方米增加到30.00万平方米；2017~2018年，北京公共图书馆实际使用公用房屋面积呈减少趋势，由30.00万平方米减少到29.80万平方米；2018~2020年，北京公共图书馆实际使用公用房屋面积呈增加趋势，由29.80万平方米增加到29.90万平方米。从公共图书馆书库面积看，2014~2020年，北京公共图书馆书库面积呈现波动性增加趋势。2014~2015年，北京公共图书馆书库面积呈减少趋势，由4.70万平方米减少到4.60万平方米；2015~2017年，北京公共图书馆书库面积呈增加趋势，由4.60万平方米增加到6.00万平方米；2017~2018年，北京公共图书馆书库面积呈减少趋势，由6.00万平方米减少到5.80万平方米；2018~2020年，北京公共图书馆书库面积呈增加趋势，由5.80万平方米增加到6.32万平方米。从公共图书馆阅览室面积看，2014~2020年，北京公共图书馆阅览室面积呈现波动性增加趋势。2014~2015年，北京公共图书馆阅览室面积呈减少趋势，由6.50万平方米减少到6.40万平方米；2015~2018年，北京公共图书馆阅览室面积呈增加趋势，由6.40万平方米增加到7.60万平方米；2018~2020年，北京公共图书馆阅览室面积呈减少趋势，由7.60万平方米减少到7.12万平方米。

根据2014~2020年北京公共图书馆基本情况，除公共图书馆机构数、从业人员数及其中专业技术人员数总体上呈减少趋势，以及受新冠疫情影响于2020年呈减少趋势的总流通人次及书刊文献外借人次、书刊文献外借册数外，公共图书馆总藏量及其中图书藏量、当年新购藏量、有效借书证数量、阅览室座席数、总收入、总支出、总资产及其中固定资产原值、实际使用公用房屋面积及其中书库面积和阅览室面积总体上均呈现增加趋势。2014~2020年，北京公共图书馆机构数减少了4.17%，从业人员数减少了3.91%，专业技术人员数减少了2.83%，总藏量增加了40.92%，图书藏量增加了47.05%，当年新购藏量增加了4.47%，有效借书证数量增加了83.95%。2014~2019年，北京公共图书馆总流通人次增加了71.81%，书刊文献外借人次增加了12.71%，书刊文献外借册次数增加了32.84%。2014~2020年，北京公共图书馆阅览室座席数增加了2.31%，总收入增加了46.76%，总支出增加了37.82%，总资产增加了8.63%，固定资产原值增加了6.33%，实际使用公用房屋面积增加了20.08%，书库面积增加了34.47%，阅览室面积增加了9.54%（见表24~表26）。

表24　2014~2020年北京公共图书馆基本情况（A）

年份	机构数（个）	从业人员数（人）	专业技术人员数	总藏量［万册(件)］	图书	当年新购藏量［万册(件)］
2014	24	1278	1026	2223.3	1973.0	114.0
2015	24	1263	1054	2424.5	2134.8	196.2
2016	24	1249	1050	2594.4	2324.5	226.1
2017	23	1239	1014	2759.1	2448.5	134.8
2018	23	1229	1018	2876.4	2640.0	191.9
2019	23	1218	1009	3012.3	2805.9	171.1
2020	23	1228	997	3133.1	2901.3	119.1

资料来源：《中国文化及相关产业统计年鉴》（2015~2021）。

表25　2014~2020年北京公共图书馆基本情况（B）

年份	有效借书证（个）	总流通人次（万）	书刊文献外借人次	书刊文献外借册次数（万）	阅览室座席数（个）
2014	980000	1145.83	394.9	953.1	15908
2015	1036550	1263.94	394.3	940.4	15469
2016	1052788	1401.90	510.5	1025.7	17316
2017	1387129	1555.30	390.8	1047.2	17637
2018	1700638	1903.30	466.3	1202.8	16433
2019	1833010	1968.70	445.1	1266.1	15510
2020	1802744	412.80	82.1	308.6	16275

资料来源：《中国文化及相关产业统计年鉴》（2015~2021）。

表26 2014~2020年北京公共图书馆基本情况（C）

年份	总收入（万元）	总支出（万元）	总资产（万元）	固定资产原值	实际使用公用房屋面积（万平方米）	书库面积	阅览室面积
2014	50519.0	51956.9	219628.0	147206.3	24.90	4.70	6.50
2015	60690.6	59615.8	235327.5	159408.7	24.70	4.60	6.40
2016	61089.9	61590.3	266432.3	189871.0	27.50	5.60	7.20
2017	66724.0	65118.3	273070.4	195818.6	30.00	6.00	7.60
2018	77802.0	74258.8	270177.7	192574.0	29.80	5.80	7.60
2019	77215.4	74400.0	233198.0	197237.5	29.81	5.82	7.32
2020	74140.0	71609.2	238573.6	156519.4	29.90	6.32	7.12

资料来源：《中国文化及相关产业统计年鉴》（2015~2021）。

根据2014~2020年北京文物保护管理机构基本情况，北京文物保护管理机构数、从业人员数、专业技术人员数、藏品数、基本陈列展览数、参观人数、门票总额、总收入、总支出、总资产、固定资产原值、实际使用公用房屋面积、展览用房面积、文物库房面积等呈现不同的变化趋势。

2014~2020年，北京文物保护管理机构数保持不变，始终为26个。2014~2020年，北京文物保护管理机构从业人员数呈波动性减少趋势。2014~2016年，北京文物保护管理机构从业人员数呈减少趋势，由2787人减少到2546人；2016~2017年，北京文物保护管理机构从业人员数呈增加趋势，由2546人增加到2814人；2017~2019年，北京文物保护管理机构从业人员数呈减少趋势，由2814人减少到1717人；2019~2020年，北京文物保护管理机构从业人员数呈增加趋势，由1717人增加到1805人。其中，从文物保护管理机构专业技术人员数看，2014~2020年，北京文物保护管理机构专业技术人员数呈波动性增加趋势。2014~2016年，北京文物保护管理机构专业技术人员数呈减少趋势，由239人减少到195人；2016~2017年，北京文物保护管理机构专业技术人员数呈增加趋势，由195人增加到206人；2017~2018年，北京文物保护管理机构专业技术人员数呈减少趋势，由206人减少到191人；2018~2020年，北京文物保护管理机构专业技术人员数呈增加趋势，由191人增加到290人。

2014~2020年，北京文物保护管理机构藏品数呈波动性减少趋势。2014~2015年，北京文物保护管理机构藏品数呈减少趋势，由32406件（套）减少到25687件（套）；2015~2017年，北京文物保护管理机构藏品数呈增加趋势，由25687件（套）增加到30162件（套）；2017~2019年，北京文物保护管理机构藏品数呈减少趋势，由30162件（套）减少到21949件（套）；2019~2020年，北京文物保护管理机构藏品数呈增加趋势，由21949件（套）增加到23384件（套）。

2014~2020年，北京文物保护管理机构基本陈列展览数呈波动性减少趋势。2014~2015年，北京文物保护管理机构基本陈列展览数呈减少趋势，由47个减少到44个；2015~2016年，北京文物保护管理机构基本陈列展览数呈增加趋势，由44个增加到49个；2016~2020年，北京文物保护管理机构基本陈列展览数呈减少趋势，由49个减少到28个。

2014~2020年，北京文物保护管理机构参观人数呈波动性变化趋势。2014~2015年，北京文物保护管理机构参观人数呈增加趋势，由1350.1万人次增加到1489.8万人次；2015~2017年，北京文物保护管理机构参观人数呈减少趋势，由1489.8万人次减少到1341.0万人次；2017~2019年，北京文物保护管理机构参观人数呈增加趋势，由1341.0万人次增加到1475.2万人次；2019~2020年，北京文物保护管理机构参观人数呈减少趋势，由1475.2万人次减少到322.6万人次。

2014~2020年，北京文物保护管理机构门票总额呈波动性变化趋势。2014~2016年，北京文物保护管理机构门票总额呈减少趋势，由42421万元减少到40796万元；2016~2017年，北京文物保护管理机构门票总额呈增加趋势，由40796万元增加到43232万元；2017~2018年，北京文物保护管理机构门票总额呈减少趋势，由43232万元减少到43101万元；2018~2019年，北京文物保护管理机构门票总额呈增加趋势，由43101万元增加到44421万元；2019~2020年，北京文物保护管理机构门票总额呈减少趋势，由44421万元减少到9246万元。

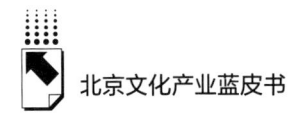

2014~2020年，北京文物保护管理机构总收入呈波动性变化趋势。2014~2015年，北京文物保护管理机构总收入呈增加趋势，由102997万元增加到159922万元；2015~2016年，北京文物保护管理机构总收入呈减少趋势，由159922万元减少到104612万元；2016~2017年，北京文物保护管理机构总收入呈增加趋势，由104612万元增加到155220万元；2017~2018年，北京文物保护管理机构总收入呈减少趋势，由155220万元减少到99990万元；2018~2019年，北京文物保护管理机构总收入呈增加趋势，由99990万元增加到119940万元；2019~2020年，北京文物保护管理机构总收入呈减少趋势，由119940万元减少到112687万元。

2014~2020年，北京文物保护管理机构总支出呈波动性增加趋势。2014~2015年，北京文物保护管理机构总支出呈增加趋势，由95552万元增加到151979万元；2015~2016年，北京文物保护管理机构总支出呈减少趋势，由151979万元减少到113198万元；2016~2017年，北京文物保护管理机构总支出呈增加趋势，由113198万元增加到168896万元；2017~2018年，北京文物保护管理机构总支出呈减少趋势，由168896万元减少到99867万元；2018~2020年，北京文物保护管理机构总支出呈增加趋势，由99867万元增加到115517万元。

2014~2020年，北京文物保护管理机构总资产呈波动性减少趋势。2014~2016年，北京文物保护管理机构总资产呈增加趋势，由117859万元增加到183073万元；2016~2019年，北京文物保护管理机构总资产呈减少趋势，由183073万元减少到100043万元；2019~2020年，北京文物保护管理机构总资产呈增加趋势，由100043万元增加到104590万元。其中，从文物保护管理机构固定资产原值看，2014~2020年，北京文物保护管理机构固定资产原值呈先增加后减少趋势。2014~2016年，北京文物保护管理机构固定资产原值呈增加趋势，由23081万元增加到33482万元；2016~2020年，北京文物保护管理机构固定资产原值呈减少趋势，由33482万元减少到22208万元。

2014~2020年，北京文物保护管理机构实际使用公用房屋面积呈波动性减少趋势。2014~2016年，北京文物保护管理机构实际使用公用房屋面积呈减少趋势，由11.91万平方米减少到11.63万平方米；2016~2017年，北京文物保护管理机构实际使用公用房屋面积呈增加趋势，由11.63万平方米增加到11.70万平方米；2017~2020年，北京文物保护管理机构实际使用公用房屋面积呈减少趋势，由11.70万平方米减少到9.67万平方米。其中，从文物保护管理机构展览用房面积看，2014~2020年，北京文物保护管理机构展览用房面积呈波动性减少趋势。2014~2017年，北京文物保护管理机构展览用房面积呈增加趋势，由2.08万平方米增加到2.31万平方米；2017~2019年，北京文物保护管理机构展览用房面积呈减少趋势，由2.31万平方米减少到1.31万平方米；2019~2020年，北京文物保护管理机构展览用房面积呈增加趋势，由1.31万平方米增加到1.56万平方米。从文物保护管理机构文物库房面积看，2014~2020年，北京文物保护管理机构文物库房面积呈波动性增加趋势。2014~2018年，北京文物保护管理机构文物库房面积呈增加趋势，由0.13万平方米增加到0.23万平方米；2018~2019年，北京文物保护管理机构文物库房面积呈减少趋势，由0.23万平方米减少到0.14万平方米；2019~2020年，北京文物保护管理机构文物库房面积呈增加趋势，由0.14万平方米增加到0.17万平方米。

2014~2020年，北京文物保护管理机构数、从业人员数、专业技术人员数、藏品数、基本陈列展览数、参观人数、门票总额、总收入、总支出、总资产、固定资产原值、实际使用公用房屋面积、展览用房面积、文物库房面积等呈现不同的变化趋势。2014~2020年，北京文物保护管理机构数没有发生变化，从业人员数减少了35.24%，专业技术人员数增加了21.34%，藏品数减少了27.84%，基本陈列展览数减少了40.43%。2014~2019年，文物保护管理机构参观人数增加了9.27%，门票总额增加了4.71%。2014~2020年，文物保护管理机构总收入增加了9.41%，总支出增加了20.89%，总资产减少了11.26%，固定资产原值减少了3.78%，实际使用公用房屋面积减少了18.81%，展览用房面积减少了25.00%，文物库房面积增加了30.77%（见表27、表28）。

表27 2014~2020年北京文物保护管理机构基本情况（A）

年份	机构数（个）	从业人员数（人）	专业技术人员数	藏品数[件（套）]	基本陈列展览数（个）	参观人数（万人次）	门票总额（万元）
2014	26	2787	239	32406	47	1350.1	42421
2015	26	2651	205	25687	44	1489.8	40967
2016	26	2546	195	26210	49	1345.4	40796
2017	26	2814	206	30162	40	1341.0	43232
2018	26	2580	191	22701	31	1407.1	43101
2019	26	1717	193	21949	31	1475.2	44421
2020	26	1805	290	23384	28	322.6	9246

资料来源：《中国文化及相关产业统计年鉴》（2015~2021）。

表28 2014~2020年北京文物保护管理机构基本情况（B）

年份	总收入（万元）	总支出（万元）	总资产（万元）	固定资产原值	实际使用公用房屋面积（万平方米）	展览用房面积	文物库房面积
2014	102997	95552	117859	23081	11.91	2.08	0.13
2015	159922	151979	122857	31473	11.74	2.09	0.13
2016	104612	113198	183073	33482	11.63	2.29	0.19
2017	155220	168896	115972	32124	11.70	2.31	0.19
2018	99990	99867	107876	32002	10.01	1.51	0.23
2019	119940	113245	100043	31494	9.75	1.31	0.14
2020	112687	115517	104590	22208	9.67	1.56	0.17

资料来源：《中国文化及相关产业统计年鉴》（2015~2021）。

根据2015~2020年北京文物科研机构基本情况，北京文物科研机构数、从业人员数、专业技术人员数、藏品数、总收入、总支出、总资产、固定资产原值、实际使用公用房屋面积等呈现不同的变化趋势。

2015~2020年，北京文物科研机构数始终为2个，保持不变。2015~2020年，北京文物科研机构从业人员数呈现波动性增长趋势。2015~2016年，北京文物科研机构从业人员数呈减少趋势，由97人减少到94人；2016~2019年，北京文物科研机构从业人员数呈增加趋势，由94人增加到140人；2019~2020年，北京文物科研机构从业人员数略有减少，由140人减少到139人。其中，从文物科研机构专业技术人员数看，2015~2020年，北京文物科研机构专业技术人员数呈现波动性增长趋势。2015~2016年，北京文物科研机构专业技术人员数呈减少趋势，由51人减少到50人；2016~2018年，北京文物科研机构专业技术人员数呈增加趋势，由50人增加到70人；2018~2020年，北京文物科研机构专业技术人员数略有减少，由70人减少到68人。

2015~2020年，北京文物科研机构藏品数呈现持续增长趋势，由2053件（套）增加到27754件（套），增加了12.52倍。

2015~2020年，北京文物科研机构总收入呈先增长后减少趋势。2015~2019年，北京文物科研机构总收入呈增长趋势，由20428万元增加到51372万元；2019~2020年，北京文物科研机构总收入呈减少趋势，由51372万元减少到34697万元。

2015~2020年，北京文物科研机构总支出呈波动性增加趋势。2015~2016年，北京文物科研机构总支出呈减少趋势，由21967万元减少到17123万元；2016~2019年，北京文物科研机构总支出呈增加趋势，由17123万元增加到52098万元；2019~2020年，北京文物科研机构总支出呈减少趋势，由52098万元减少到44978万元。

2015~2020年，北京文物科研机构总资产呈先增长后减少趋势。2015~2018年，北京文物科研机构总资产呈增长趋势，由32164万元增加到81259万元；2018~2020年，北京文物科研机构总资产呈减少趋势，由81259万元减少到75581万元。其中，从文物科研机构固定资产原值看，2015~2020年，北京文物科研机构固定资产原值呈先增长后减少趋势。2015~2018年，北京文物科研机构固定资产原值呈增长趋势，由1038万元增加到3048万元；2018~2020年，北京文物科研机构固定资产原值呈减少趋势，由3048万元减少到1806万元。

2015~2020年，北京文物科研机构实际使用公用房屋面积始终为0.31万平方米，保持不变。

根据2015~2020年北京文物科研机构的基本情况，除文物科研机构数和实际使用公用房屋面积始终未发生变化外，从业人员数及其中专业技术人员数、藏品数、总收入、总支出、总资产及其中固定资产原值总体上均呈现增长趋势。2015~2020年，北京文物科研机构从业人员数增加了43.30%，专业技术人员数增加了33.33%，藏品数增加了12.52倍，总收入增加了69.85%，总支出增加了104.75%，总资产增加了134.99%，固定资产原值增加了73.99%（见表29）。

表29　2015~2020年北京文物科研机构基本情况

年份	机构数（个）	从业人员数（人）	专业技术人员数	藏品数[件（套）]	总收入（万元）	总支出（万元）	总资产（万元）	固定资产原值	实际使用公用房屋面积（万平方米）
2015	2	97	51	2053	20428	21967	32164	1038	0.31
2016	2	94	50	12341	36225	17123	51208	1066	0.31
2017	2	96	65	12341	44400	25279	70287	1163	0.31
2018	2	102	70	12341	46535	36676	81259	3048	0.31
2019	2	140	69	12341	51372	52098	77542	2847	0.31
2020	2	139	68	27754	34697	44978	75581	1806	0.31

资料来源：《中国文化及相关产业统计年鉴》（2016~2021）。

（四）群众文化机构

根据2014~2020年北京群众文化机构基本情况，北京群众文化机构数、从业人员数、组织文艺活动次数、组织文艺活动观众人数、举办训练班班次和培训人数、举办展览个数和参观人数、总收入、总支出、总资产、实际使用房屋建筑面积呈现不同的变化趋势。

2014~2020年，北京群众文化机构数呈现波动性变化趋势。2014~2016年，北京群众文化机构数呈增加趋势，由346个增加到352个；2016~2018年，北京群众文化机构数呈减少趋势，由352个减少到350个；2018~2020年，北京群众文化机构数呈增加趋势，由350个增加到356个。

2014~2020年，北京群众文化机构从业人员数呈增加趋势，由2500人增加到3692人，增加了47.68%。

2014~2020年，北京群众文化机构组织文艺活动次数呈先增加后减少的趋势。2014~2019年，北京群众文化机构组织文艺活动次数呈增加趋势，由

26297次增加到47132次；2019~2020年，北京群众文化机构组织文艺活动次数呈减少趋势，由47132次减少到27418次。

2014~2020年，北京群众文化机构组织文艺活动观众人数呈先增加后减少趋势。2014~2019年，北京群众文化机构组织文艺活动观众人数呈增加趋势，由570.3万人次增加到1338.3万人次；2019~2020年，北京群众文化机构组织文艺活动观众人数呈减少趋势，由1338.3万人次减少到727.5万人次。

2014~2020年，北京群众文化机构举办训练班班次呈波动性变化趋势。2014~2015年，北京群众文化机构举办训练班班次呈增加趋势，由27707次增加到37433次；2015~2016年，北京群众文化机构举办训练班班次呈减少趋势，由37433次减少到35682次；2016~2019年，北京群众文化机构举办训练班班次呈增加趋势，由35682次增加到49603次；2019~2020年，北京群众文化机构举办训练班班次呈减少趋势，由49603次减少到26421次。

2014~2020年，北京群众文化机构举办训练班培训人数呈先增加后减少趋势。2014~2019年，北京群众文化机构举办训练班的培训人数呈增加趋势，由156.9万人次增加到302.2万人次；2019~2020年，北京群众文化机构举办训练班的培训人数呈减少趋势，由302.2万人次减少到129.2万人次。

2014~2020年，北京群众文化机构举办展览个数呈先增加后减少趋势。2014~2016年，北京群众文化机构举办展览个数呈增加趋势，由1804个增加到2017个；2016~2020年，北京群众文化机构举办展览个数呈减少趋势，由2017个减少到1350个。

2014~2020年，北京群众文化机构举办展览参观人数呈波动性变化趋势。2014~2016年，北京群众文化机构举办展览参观人数呈增加趋势，由91.4万人次增加到116.5万人次；2016~2017年，北京群众文化机构举办展览参观人数呈减少趋势，由116.5万人次减少到93.2万人次；2017~2019年，北京群众文化机构举办展览参观人数呈增加趋势，由93.2万人次增加到126.0万人次；2019~2020年，北京群众文化机构举办展览参观人数呈减少趋势，由126.0万人次减少到78.0万人次。

2014~2020年，北京群众文化机构总收入呈波动性变化趋势。2014~

2015年，北京群众文化机构总收入呈增加趋势，由62330万元增加到80929万元；2015~2016年，北京群众文化机构总收入呈减少趋势，由80929万元减少到73557万元；2016~2019年，北京群众文化机构总收入呈增加趋势，由73557万元增加到108281万元；2019~2020年，北京群众文化机构总收入呈减少趋势，由108281万元减少到93104万元。

2014~2020年，北京群众文化机构总支出呈波动性变化趋势。2014~2015年，北京群众文化机构总支出呈增加趋势，由52793万元增加到87751万元；2015~2016年，北京群众文化机构总支出呈减少趋势，由87751万元减少到68604万元；2016~2020年，北京群众文化机构总支出呈增加趋势，由68604万元增加到122250万元。

2014~2020年，北京群众文化机构总资产呈先增加后减少趋势。2014~2018年，北京群众文化机构总资产呈增加趋势，由93831万元增加到147298万元；2018~2020年，北京群众文化机构总资产呈减少趋势，由147298万元减少到123308万元。

2014~2020年，北京群众文化机构实际使用房屋建筑面积总体上呈增长趋势。2014~2018年，北京群众文化机构实际使用房屋建筑面积呈增加趋势，由71.00万平方米增加到92.48万平方米；2018~2019年，北京群众文化机构实际使用房屋建筑面积小幅减少，由92.48万平方米减少到92.20万平方米；2019~2020年，北京群众文化机构实际使用房屋建筑面积呈增加趋势，由92.20万平方米增加到98.03万平方米。

2014~2020年，北京群众文化机构数、从业人员数、组织文艺活动次数、组织文艺活动观众人数、总收入、总支出、总资产、实际使用房屋建筑面积总体上呈增加趋势，举办训练班班次和培训人数、举办展览个数和参观人数总体上呈减少趋势。2014~2020年，北京群众文化机构数增加了2.89%，从业人员数增加了47.68%，组织文艺活动次数增加了4.26%，组织文艺活动观众人数增加了27.56%，总收入增加了49.37%，总支出增加了1.32倍，总资产增加了31.41%，实际使用房屋建筑面积增加了38.07%；2014~2020年，北京群众文化机构举办训练班班次减少了4.64%，举办训练班培训人数减少了17.65%，举办展览个数减少了25.17%，举办展览参观人数减少了14.66%（见表30、表31）。

表30　2014~2020年北京群众文化机构基本情况（A）

年份	机构数（个）	从业人员数（人）	组织文艺活动次数（次）	组织文艺活动观众人数（万人次）	举办训练班 班次（次）	举办训练班 培训人数（万人次）	举办展览 个数（个）	举办展览 参观人数（万人次）
2014	346	2500	26297	570.3	27707	156.9	1804	91.4
2015	349	2602	27175	582.3	37433	170.1	1992	114.2
2016	352	2748	30725	637.7	35682	202.7	2017	116.5
2017	350	2763	33083	812.0	39807	203.2	1955	93.2
2018	350	3134	44864	976.9	48353	228.8	1875	108.5
2019	354	3437	47132	1338.3	49603	302.2	1826	126.0
2020	356	3692	27418	727.5	26421	129.2	1350	78.0

资料来源：《中国文化及相关产业统计年鉴》（2015~2021）。

表31　2014~2020年北京群众文化机构基本情况（B）

年份	总收入（万元）	总支出（万元）	总资产（万元）	实际使用房屋建筑面积（万平方米）
2014	62330	52793	93831	71.00
2015	80929	87751	96258	71.45
2016	73557	68604	113621	73.35
2017	81502	77206	126850	86.00
2018	97432	98586	147298	92.48
2019	108281	113897	141421	92.20
2020	93104	122250	123308	98.03

资料来源：《中国文化及相关产业统计年鉴》（2015~2021）。

参考文献

《北京统计年鉴2021》。
《中国文化及相关产业统计年鉴》（2015~2021）。

行业篇
Industrial Analysis

B.2 北京市艺术品拍卖行业发展报告（2022）

李剑锋 自愉琳 贾稳桥 周胜男*

摘　要： 2022年，国内外艺术品拍卖市场线上交易活跃，疫情影响逐渐消退，艺术品市场回温。北京地区新增艺术品拍卖企业的市场潜力得到释放，其中朝阳区和东城区的艺术品交易活动最为活跃。此外，北京市艺术品交易呈现下沉趋势，成交单价逐渐下探，基础市场活力显现，数字艺术品实践初露端倪。在未来发展战略上，宏观层面推动相关法律规范、艺术品鉴定体系的完善，加强艺术知识普及与人才培养；中观层面创新运营思维模式，升级传统业务，健全诚信体系；微观层面做好产品线细分，塑造良好企业文化。

---

* 李剑锋，博士，北京印刷学院经济管理学院讲师，硕士生导师，主要研究方向为文化产业经济、传媒经济与管理；自愉琳，北京印刷学院新闻传播学院硕士研究生，主要研究方向为文化产业管理；贾稳桥，北京印刷学院新闻传播学院硕士研究生，主要研究方向为文化产业管理；周胜男，北京印刷学院新闻传播学院硕士研究生，主要研究方向为文化产业管理。

关键词： 艺术品 拍卖 北京市

一 国内外艺术品拍卖市场发展概况

随着疫情防控形势的转好，2021年全球艺术品市场强劲反弹，总销售额较2020年增长29.94%，达到651亿美元，超过2019年水平。2021年全球纯艺术拍卖成交额171亿美元，同比增长60%，这让2021年成为近20年来拍卖市场成绩较为优异的年份之一。[①]

2021年全球艺术市场国家成交额TOP10榜单显示：中国艺术市场继续保持对美国的优势，两国成交额分别为59亿美元和57亿美元，分别占全球的34.5%和33.3%，中国领先美国，稳居全球第一位。中国艺术市场的成交率较低，2021年中国艺术市场的成交率仅为57.71%，低于全球前十其他国家。

（一）国外艺术品拍卖概况

2021年，国外艺术品拍卖整体上表现良好，主要国家的拍卖成交额都取得了较为优异的成绩。比如，英国艺术品成交额为19亿美元，占全球艺术品成交额的11.1%；法国则首次过10亿美元，占比5.8%。2021年韩国艺术市场表现比较亮眼，艺术品成交额达2.37亿美元，占比1.4%。[②]

从成交量来看，2021年全球艺术品拍卖成交总量为663887件（套），流拍率31%。其中，美国艺术品拍卖成交量为138662件（套），占全球总成交量的20.89%；法国艺术品拍卖成交量为91692件（套），占全球总成交量的13.81%；英国艺术品拍卖成交量为84660件（套），占全球总成交

[①] 雅昌艺术市场监测中心（AMMA）、Artprice：《2021年度艺术市场报告》，2022。
[②] 雅昌艺术市场监测中心（AMMA）、Artprice：《2021年度艺术市场报告》，2022。

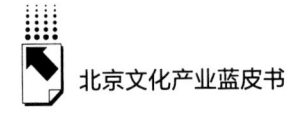

量的12.75%；意大利艺术品拍卖成交量为39353件（套），占全球总成交量的5.93%。[1]

1. 主要艺术品拍卖国的相关政策

（1）美国的相关规定

美国属于英美法系国家，所以未制定统一的拍卖法典。有关拍卖制度和拍卖市场竞争制度的规定主要分散在一般法律规定和一般商业法规中。美国艺术品拍卖在很大程度上依赖当事人之间的合同协议，符合合同的现有法律规定，贯彻市场自由竞争的原则，将艺术品市场的竞争融入一般市场竞争。同时，一些州也会为拍卖行为设立一些特别的规定，如伊利诺伊州的《伊利诺伊艺术品拍卖行法案》（*Illinois Art Auction House Act*）等。有些州的法律甚至规定一旦任何拍卖行被证实出现一次涉嫌故意拍卖虚假古董的行为，就会被逐出此行业并永远无法获得"复活"的机会。除此之外，还有由美国经济学家威廉·维克里（William Vickrey）提出的"维克里竞投法"（我国称为二级密封价格拍卖制度），该方法是将各竞投人的竞投价以密封形式出示，然后由出价最高的竞投人以出价第二高的竞投人的出价将拍品拍下，在一定程度上减少拍卖过程中串通竞拍行为的竞价方式。总体来讲，美国的拍卖市场竞争制度以《统一商法典》（*Uniform Commercial Code*）中的民事法律规定为基础并辅以各州判例，倾向于最大限度尊重市场参与者意愿。[2]

（2）英国的相关规定

英国的成文法中没有关于拍卖或拍卖管理的法律。但是在1845年英国通过了现今最早的关于拍卖商的法律《拍卖师法》（*Auctioneers Act*），并且该法至今有效。[3] 次年，英国又通过了《艺术联盟法》（*Art Unions Act*），对艺术品的买卖做出了一系列规定，并承认艺术协会在买卖艺术品方面的主体合法性。1961年，英国通过了《虚假拍卖法案》（*Mock Auction Act*），对拍卖行中的个体员工在被拍卖行默许或无视的情况下执行了有关违规操作行为

---

[1] 雅昌艺术市场监测中心（AMMA）、Artprice：《2021年度艺术市场报告》，2022。
[2] 杨冀承：《艺术品拍卖市场竞争法律问题研究》，硕士学位论文，中国政法大学，2013。
[3] 杨冀承：《艺术品拍卖市场竞争法律问题研究》，硕士学位论文，中国政法大学，2013。

的处理做出了连带责任认定，同时对竞投人在竞投时与拍卖人之间的串通行为也做出了相应的处理规定。英国的政府机构中也没有主管拍卖活动的部门。在文物行业内部，英国设有经纪人自律组织——英国古董经纪人协会（British Antique Dealers Association，BADA），另外英国类似的组织还有伦敦及地方古董经纪人协会（London and Provincial Antiques Dealers Association，LAPADA）和科茨沃尔德古董经纪人协会（Cotswolds Antique Dealers Association，CADA）等。

（3）法国的相关规定

目前，法国也没有专门针对艺术品拍卖活动的法典，但《法国商法典》（French Commercial Code）中有些条款针对拍卖活动的秩序做出了一些规定。一些与诉讼相关的法律职业，比如司法执达员（Huissiers de Justice）和书记员（Greffiers）等行政性诉讼角色在拍卖中十分重要。《法国商法典》第L.321-2条规定："立法者对公证人和执达员主持拍卖附加了两个限制：其一，该拍卖行为必须是公证人或执达员固有职能的附带部分；其二，公证人和执达员只能接受直接来自拍卖标的所有权人的委托。"[1] 第二项限制是为了防止某些未取得拍卖公司资格的公司借公证人或执达员之手主持拍卖。关于拍卖的保真度，法国要求拍卖师申报拍品的全部瑕疵，即拍卖师必须尽最大努力履行识别并申报拍卖品真实性以及瑕疵证明（解释）的所有义务，之后才能用不能保真等理由来撇清自己的责任。拍卖师不能在没有通过评估测试的情况下以"拍品不保真"为由来逃避责任。这一规定不仅有助于保护买受人的利益，而且有助于树立整个拍卖市场的诚信意识，从而防止某些竞争者通过不正当竞争获利。

2. 西方主要艺术品拍卖市场[2]

2021年，西方艺术品拍卖市场回暖，总成交额达109亿美元，西方主要艺术品拍卖国家如美国、英国、法国等的拍卖市场无论是从成交额还是从

---

[1] 杨冀承：《艺术品拍卖市场竞争法律问题研究》，硕士学位论文，中国政法大学，2013。
[2] 本部分数据资料均来自雅昌艺术市场监测中心（AMMA）、Artprice《2021年度艺术市场报告》，2022。

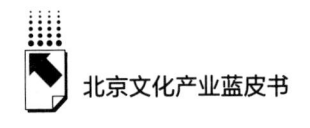

成交量来看都表现良好。

(1) 美国

2021年,美国的艺术品成交量超过13.8万件(套),再创新高。2021年,美国艺术品成交量占全球总成交量的20%以上。2021年,美国市场成交额在西方主流拍卖行年度总成交额中的占比依旧超过50%:佳士得56%的成交额源自纽约拍卖行,苏富比58%的成交额源自纽约拍卖行,而富艺斯在纽约的业务收入占其总收入的54%。

作为艺术市场第一目的地、最负盛名的西方拍卖中心,2021年纽约艺术品拍卖总成交额为52.7亿美元,同比增长一倍,更是比2019年多10亿美元。取得这一超凡业绩得益于高端市场的强势复苏。正是在纽约,佳士得和苏富比拍出了2021年最贵10件艺术品中的9件,单价均超过6000万美元。

(2) 英国

作为一个竞争异常激烈、不断发展变化的市场,2021年英国以19亿美元的成交额保住了全球第三名的位置,这一成绩与2019年相比减少了2.1亿美元,即使成交量较2019年有所上升(总成交量上涨15%)。伦敦同样是佳士得和苏富比的重点交易平台,2021年双方在伦敦的成交额分别占各自年度成交额的21%和18%。面对美国市场的主导地位,法国市场的竞争,英国市场表现呈现疲软之势。

(3) 法国

2021年,全球排名第四的法国市场表现稳健,成交额首次超过10亿美元。2015~2019年,法国市场增长的步调平稳向上,2020年由于疫情增长有所放缓,2021年强势复苏,创下历史新高。超过9.1万件(套)艺术品成交使得法国成为仅次于美国的全球成交活跃、多样化的市场,总成交量是邻居德国的两倍多。

3. 国际主要拍卖行成交情况

2021年,面对疫情相关的限制措施,国际主要拍卖行展现出强大的创新能力。2021年,苏富比、佳士得两大拍卖行共取得84亿美元的拍卖总成交额，占全球总成交额的一半。其中，苏富比以26%的增长率、44亿美元的总成交额位居全球拍卖行第一；佳士得以24%的增长率、40亿美元的总成交额，位居第二。

2021年，中国有两家拍卖行位居全球前五。保利拍卖以8.24亿美元的总成交额、5%的增长率，位居全球拍卖行第三；位居其后的是中国嘉德，总成交额6.78亿美元。

此外，佳士得、苏富比和富艺斯在亚洲的业务发展迅速。2021年，在中国的成交额占佳士得全球总成交额的17%，大幅领先其在欧洲6%的业绩。

（二）国内艺术品拍卖市场发展概况

1. 国家政策解读

艺术品有其经济价值和文化价值，在中国的艺术品拍卖市场中，艺术品一方面作为文化的重要载体，另一方面显示了投资属性。中国加入世贸组织（WTO）以来，经济水平和文化自信不断提高，艺术品交易行业随之得到了迅猛发展。但在艺术品交易行业野蛮生长期，一度产生诸多问题，如赝品泛滥、市场秩序混乱、管理不规范等。基于这种情况，国家出台了相关法律法规、行业规范等，以规范行业行为。

2011年底，文化部发布的《文化部关于加强艺术品市场管理工作的通知》提出，要推动艺术品行业协会建设，推进艺术品市场立法进程，并对艺术品经营单位的经营权限和所应承担的责任做出明确规定。2016年，文化部下发《艺术品经营管理办法》。该办法的出台有利于促进艺术品的公开透明交易，规范艺术品的经营秩序。从事艺术品的销售、租赁、进出口、鉴定、评估、商业展览，包括艺术品电子商务等业务都需要按照规定进行备案，且经营需要符合《艺术品经营管理办法》以及《美术品进出口管理暂行规定》的要求。此外，还有《中华人民共和国拍卖法》《中华人民共和国文物保护法》《中华人民共和国文物保护法实施条例》《拍卖管理办法》《文物艺术品拍卖规程》等法律法规和行业规范，共同规范监督与艺术品交易有关的市场行为。

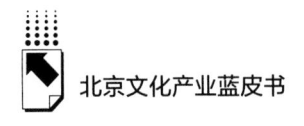

2. 行业发展总体趋势

2022年上半年，新冠疫情对国内艺术品拍卖市场的影响仍在继续，2022年上半年国内艺术品拍卖市场成交额为167.55亿元，同比缩水41.59%。雅昌艺术市场监测中心（AMMA）公布的数据显示，2021年下半年中国艺术品拍卖市场共有212家企业举办了拍卖会322场次，拍卖专场共计1239场次。虽然总体交易额同比出现小幅下跌，但在近10年（2012~2021）的半年度市场成交数据中，2021年下半年中国艺术品拍卖市场成交额排名第三。

国内外艺术品拍卖机构都将目光转向了线上平台，开展线上拍卖交易。如2020年，中国嘉德从线下拍卖会转向线上拍卖会，推出"至诚——中国嘉德网络公益拍卖"，目前其网络拍卖业务已形成大拍、四季、E-BIDDING全方位的拍卖交易体系。原本作为拍卖行的辅助形式的线上拍卖，在疫情的影响下挑起了重担，成为艺术品拍卖的重要环节。2018年9月中国嘉德开启网络直播拍卖业务以来，先后进行了20多场线上拍卖。2020年，中国嘉德同步拍和纯网拍的成交额达到了7.6亿元，实现同比增长936%；同年，其策划了11场网上拍卖，成交额达1.85亿元。AMMA发布的《中国艺术品拍卖市场调查报告（2021下）》显示，佳士得一直在扩大网上拍卖在其拍卖业务中的占比，在网上拍卖中佳士得取得了重大成果，其在2021年网拍中的交易额同比增长43%，如今佳士得网上拍卖布局接近其拍卖业务的半数。同时，2021年中国嘉德来自网络的新客户数量同比增长逾2倍；2022年北京保利春拍直播观看人数突破2500万人次，网络同步拍浏览量超250万人次。网上拍卖不仅是拍卖机构面对疫情的积极选择，也是艺术品拍卖行业长期战略转型的方向和突破口。

3. 头部公司概况

AMMA发布的《2021年度艺术品市场报告》显示，全球市场的拍卖行五强分别为苏富比、佳士得、北京保利、中国嘉德、富艺斯。由此可知，国内艺术品拍卖市场头部拍卖行还是以北京保利、中国嘉德为引领。其中，北京保利为全球第三大艺术品拍卖企业，也是世界最大的中国艺术品交易平台，2010~2021年其成功实现年度全球中国艺术品拍卖总成交额 12 连冠。中国嘉德紧随其后在 2021 年成交额达 6.78 亿美元，实现了同比增长 4%，在全球拍卖行成交额排名中位列第四，在国内拍卖行成交额排名中仅次于保利位列第二。同时，回顾国内艺术品拍卖市场，2021 年下半年珠三角地区在华艺国际、广东崇正等拍卖企业的带领下开始崛起，市场份额同比上升 6 个百分点达 8.16%；同期，虽然京津冀有中国嘉德、北京保利及北京荣宝等头部公司的加持，但成交额同比缩水 29.7%，即使如此，成交额 145 亿元也让京津冀地区稳居全国第一位；我国港澳台地区还是苏富比、佳士得等外国拍卖行表现较国内本土拍卖行更为突出，港澳台地区成交额也出现了明显下跌，同比缩水 34.43% 以 76 亿元位居全国第二；长三角地区西泠拍卖及上海嘉禾拍卖业绩最佳，成交额同比下降 16.04%，以 48.98 亿元位居全国第三。

4. 国内外对比

从 2021 年的全球市场来看，中国、美国及英国作为三大拍卖中心一直占据着艺术品拍卖市场的大部分份额，2020 年受疫情影响中国市场的艺术品成交数量暴跌 40%，但 2021 年中国在成交量更少的情况下成交额实现了 43% 的增长，以 59 亿美元的成交额成功超过美国。但在成交量方面，美国 75% 的成交率居市场最高位，其在 2021 年以超过 13.8 万件（套）的成交量再创新高，是中国成交量的两倍。如今美国市场的成交量占全球总成交量的 20% 以上，中美两国在艺术品拍卖市场上的表现都很突出，预计两国将在今后的很长一段时期内保持领先地位。[①]

二 北京市艺术品拍卖市场发展概况

（一）政策解读

北京拥有艺术品行业发展得天独厚的地理优势和文化土壤。首先，

---

① 雅昌艺术市场监测中心（AMMA）、Artprice：《2021 年度艺术市场报告》，2022。

在历史积淀方面，北京拥有较高的文物类艺术品集中度。其次，在学术研究方面，北京拥有一流的艺术高校和学术资源，博物馆总量在全球城市中名列前茅，拥有较好的文化艺术氛围，也是进行艺术品相关科研活动的战略高地。再次，北京是全球最重要的艺术品交易重镇之一，年拍卖成交额占中国内地市场成交额一半以上，市场最为活跃。最后，北京是全球当代艺术之都，艺术集散园区、艺术家工作室、画廊等较为集中，有丰富的现代艺术资源。近年来，北京市政府高度重视文化事业和文化产业发展，相继出台各项政策进行鼓励和引导，逐步完善监管法律法规，规范艺术品拍卖市场交易行为，在全国起到了引领作用。

1. 从总体规划中探寻北京艺术品市场的发展基调

党的二十大报告提出，"繁荣发展文化事业和文化产业……健全现代文化产业体系和市场体系，实施重大文化产业项目带动战略"。"文化"成为报告关键词，艺术品拍卖行业作为文化产业的一部分，可以预见其未来的发展将更加繁荣有序。

2022年初，北京市文物局发布《北京市"十四五"时期推进国际文物艺术品交易中心建设规划（2021—2025）》，在顶层设计上对"十四五"时期北京文物艺术品市场和产业领域进行了谋篇布局，其中提到培育壮大多层次市场经营主体，支持文物艺术品拍卖企业提质增效，壮大文物艺术品一级市场规模，探索降低文物商店准入门槛，推动古玩旧货市场规范化发展，支持文物艺术品电商企业规模化经营。以上各项政策透露着北京对于艺术品市场发展的积极态度。

2. 从具体举措中解读北京艺术品市场政策利好

（1）推动建立综合保税区

中国内地对于文物艺术品的税收偏高，在一定程度上阻碍了海外中国文物的回流。面对改革税制所需要的漫长、复杂博弈这一行业难题，北京天竺综合保税区（以下简称"天竺综保区"）对于文化保税的探索可以说走在了全国前列。天竺综保区于2008年7月23日由国务院批复设立，2018年北京市商务委等9部门联合发文，明确12条措施支持天竺综保区发展文化贸易，包括开展"区内存储、区外展拍"业务，降低企业出区担保费用，便利文化艺术品进出境、文物鉴定所入区就地审核等。①

2021年，北京海关对天竺综保区内国际高端艺术展品出区展示交易业务的担保和延期审批手续进行了调整优化，将总担保期限从6个月延长至2年，企业办理延期手续时保税展示交易货物不再要求回区，有效降低了企业实际运营成本，增加了操作便利性。② 在政府部门的政策扶持下，北京以天竺综保区为代表，在艺术品贸易、文物回流等领域的创新尝试领先全国。

（2）持续优化营商环境

新冠疫情对各行业都产生了一定影响，艺术品拍卖行业也不例外。北京市商务局出台《从事拍卖业务许可事项告知承诺实施意见（试行）》等政策，促使文物艺术品领域行政审批程序进一步优化，为优化北京艺术品市场营商环境助力。2022年6月，北京市文物局发布《关于启动线下文物拍卖会标的审核工作的通知》，启动线下文物拍卖会标的审核工作。随着2022年6月北京地区线下拍卖活动的逐步恢复，拍卖市场随之恢复了活力。北京市相关政府部门因时而动、顺势而为，及时发布导向性政策，对北京艺术品市场和企业的迅速恢复发挥了重要的维稳和引导作用。

3. 行业联盟与自律性规范

近年来，由政府主管单位牵头建立的行业自律组织，对北京艺术品市场的规范和发展起到了一定作用。以北京拍卖行业协会为代表，其举办了有一定影响力的行业培训、服务与研讨活动。

北京拍卖行业协会在加强行业自律、维护拍卖市场秩序、保护会员合法权益、增强行业凝聚力方面起到了重要作用。北京拍卖行业协会成

---

① 《筑巢引凤！北京"两区"政策促进国际文物艺术品交易港建设》，"京报网"百家号，2021年12月16日，https：//baijiahao.baidu.com/s？id＝1719262251360542843&wfr＝spider&for＝pc。
② 《北京综保区内文化艺术品可"一证多批"》，"中国商务新闻网"百家号，2021年12月3日，https：//baijiahao.baidu.com/s？id＝1718089366553531632&wfr＝spider&for＝pc。

立于2001年，是经北京市商务委批准注册登记的行业性社会团体，是北京市4A级社团组织。近年来，通过开展拍卖行业调查和理论研究，北京拍卖行业协会提出有关行业发展规划建议，推动行业自律，制定行规、行约，促进企业规范化管理和经营，有效促进了全行业健康发展，推进了拍卖市场繁荣发展。在北京市拍卖行业内部产生了一定的行业规范效应，成功起到了连接政府和企业的纽带作用，也在拍卖行业层面为北京文化市场整体规划和建设贡献了力量。

艺术品市场需要多方通力协作打造可持续发展的环境，政府要对其进行引导、规范、扶持，给予税收优惠；行业内部也要加强自律，促进市场良性发展，让世界通过北京这个窗口看到中国的优秀文化和艺术。

（二）北京市拍卖行业观察

1. 拍卖市场规模

北京地区处于全球中国文物艺术品市场核心地位。根据《北京文物艺术品交易指数2022年半年度报告》，2022年上半年，中国文物艺术品市场成交量为57.05万件（套），成交额为238.42亿元，其中中国大陆地区的中国文物艺术品成交量为25.67万件（套），成交额为134.08亿元。北京地区市场成交量与成交额分别占据中国大陆地区总成交量与总成交额的52.71%和62.77%，居首位，主导着中国大陆地区的文物艺术品市场发展方向。北京地区市场成交量占据全球市场总成交量的23.72%，成交额占据全球总成交额的35.3%，超过1/3。

2022年上半年的数据显示，北京地区中国文物艺术品成交量同比增长43.94%，为13.53万件（套）；成交额同比减少55.35%，为84.16亿元。相较于2020年上半年，2022年上半年北京地区成交量与成交额分别飙涨了4.76倍与7.47倍，增势显著。同时，线上市场呈现集约增长趋势，133家拍卖企业主体中有90家举办了1464场线上拍卖（不含"线上+线下"同步拍），线上拍卖成交量占市场总量的32.20%，同比增加75.10%；线上成交额占市场交易总额的 10.18%，同比飙升 112%。①

北京地区中国文物艺术品市场新增拍卖行占市场主体总量的 12.03%，达 16 家。易拍全球研究院数据显示，2022 年上半年，北京地区新增拍卖行的成交量为 0.31 万件（套），占上半年总成交量的 2.29%，尽管成交量同比收窄 53.03%，但仍比 2020 年上半年增长 1.58 倍；成交额为 3.74 亿元，占上半年总成交额的 4.44%，同比降低 87.64%，但仍高于 2020 年上半年 4.05 倍，新增拍卖行的市场潜力正在释放。

总体来看，2022 年上半年，北京市宏观经济运行平稳、逐步企稳回升，北京地区中国文物艺术品综合价格指数呈现下降趋势。2022 年上半年，北京地区中国文物艺术品综合价格指数下降动因包括两个方面：一方面，受疫情防控影响，线下拍卖普遍暂停或延迟，导致供给端受阻，尤其是高价拍品的上拍量锐减，高价位拍品的市场驱动力减弱；另一方面，以较低价位为主的线上市场顺势而起，基础市场规模扩增。易拍全球研究院数据表明，5 万元以下拍品是北京文物艺术品拍卖领域的基础市场，其中线上市场成为主流，尤其是纯网络拍卖成交量（不含"线上+线下"同步拍）占整个基础市场总成交量的 1/3 以上。随着北京市地区生产总值（GDP）与人均可支配收入稳步上涨，线上拍卖使参拍门槛降低，文物艺术品基础市场的交易活跃度亦明显提升，使更广泛的大众进入收藏市场。

2. 注册企业概览

根据从爱企查、北京市文物局等渠道获取的北京本地从事艺术品拍卖的工商注册企业信息②，截止到 2022 年 10 月初，北京市艺术品拍卖市场营业中企业共有 243 家。

2013~2017 年，北京市艺术品拍卖企业注册数量处于快速增长期，而近年来增长逐渐趋缓。2013~2022 年成立的企业数量之和占北京市艺术品拍卖

---

① 《文物｜北京文物艺术品交易指数 2022 年半年度报告发布》，"文旅中国"百家号，2022 年 10 月 12 日，https：//baijiahao.baidu.com/s?id=1746451569073201807&wfr=spider&for=pc。
② 数据统计口径中，艺术品拍卖企业为拥有文物拍卖资质的企业，选用数据为"营业中"的艺术品拍卖企业。

企业总数的 58.02%，说明这段时间市场对北京艺术品拍卖的关注度较高（见表1）。

表 1　北京市艺术品拍卖企业成立数据

单位：家，%

成立年份	成立企业数	占比
2002 年以前	20	8.23
2003~2007	29	11.93
2008~2012	53	21.81
2013~2017	87	35.80
2018~2022	54	22.22

资料来源：根据北京市文物局、爱企查资料整理。

北京市艺术品拍卖企业大多为中大型企业，有69.44%的企业注册资本金为500万~1000万元（含）。值得注意的是，注册资本金超过1000万元的较大企业有27家，占总量的18.75%（见表2）。总体来看，北京营业中且具有文物拍卖资质的艺术品拍卖企业注册资本金以500万元以上为主，但随着注册资本金增高，企业数量呈递减态势。

表 2　北京市艺术品拍卖企业注册资本金规模

单位：家，%

注册资本金	企业数	占比
100 万元及以下	15	10.42
100 万~500 万元（含）	2	1.39
500 万~1000 万元（含）	100	69.44
1000 万元以上	27	18.75

资料来源：根据工商统计资料整理。

3. 区域集散态势

北京市艺术品拍卖企业在区域分布上较为集中，主要集中在主城区，东城区、西城区、朝阳区、海淀区、丰台区共占78.60%，其他11个区共占21.40%（见表3）。这说明北京市艺术品拍卖市场主要还是针对财富集中的区域和高端客户。其中，朝阳区和东城区企业数量之和占比超过60%，表明朝阳区和东城区的艺术市场环境得到社会广泛认同。

表3 北京市艺术品拍卖企业区域分布

单位：家，%

区域	企业数量	占比
东城区	37	15.23
西城区	17	7.00
朝阳区	119	48.97
丰台区	12	4.94
石景山区	6	2.47
海淀区	18	7.41
顺义区	4	1.65
通州区	5	2.06
大兴区	4	1.65
房山区	2	0.82
门头沟区	3	1.23
昌平区	5	2.06
平谷区	5	2.06
密云区	—	—
怀柔区	4	1.65
延庆区	2	0.82

资料来源：根据工商统计资料整理。

（三）头部拍卖企业经营状况解读

1. 中国嘉德

中国嘉德国际拍卖有限公司（以下简称"中国嘉德"）成立于1993年5月，总部设在北京，是国内首家按现代企业制度建立的以经营中国文物艺术品为主的综合性拍卖公司。其核心业务为中国书画，同时经营油画及当代艺术、瓷杂、奢侈品等业务。中国嘉德每年定期举办春季、秋季大型拍卖会，以及"嘉德四季"拍卖会和网络拍卖会，近年来逐步探索网络拍卖等

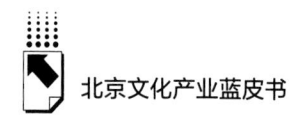

新形式。

2018~2022年中国嘉德拍卖交易数据呈现先上升后回落再复苏的整体态势。受疫情影响，2020年中国嘉德拍品数量与成交额均到达低谷，同比分别下降22.66%和10.40%。与此同时，疫情促进了线上交易形式的兴起。中国嘉德自2020年开始举办线上拍卖，并在2022年达到了线上拍卖的成交额峰值（19800万元）。随着经济的复苏以及政策面的提振，北京艺术品拍卖市场在2021年逐渐复苏，乃至强势反弹。2021年中国嘉德线下成交额达563300万元，实现了同比增长30.94%。在拍品数量上，2022年的拍品数量已基本追平2020年水平，但成交额仅为2020年的72.65%（见表4）。由此可以看出，2022年拍品的单品价格呈现走低趋势，这与全国艺术品拍卖市场的下沉趋势相符合。艺术品单价逐渐下探，以普通大众为消费主力军的艺术品基础市场活力逐渐显现。

表4　2018~2022年中国嘉德拍卖数据

年份	拍卖会(场次)	拍品数量[件(套)]		总成交额(万元)	
2018	5	26871		484100	
2019	5	26907		481900	
2020	5（含1场次公益网络拍卖会）	线下	线上	线下	线上
		20641	168	430200	1574.56
		总计20809		总计431774.56	
2021	4（含3场次网络专场）	线下	线上	线下	线上
		24619	739	563300	122.91
		总计25358		总计563423	
2022	4（含1场次网络拍卖会）	线下	线上	线下	线上
		14947	5811	293900	19800
		总计20758		总计313700	

资料来源：根据工商统计资料整理。

2. 北京保利

北京保利国际拍卖有限公司（以下简称"北京保利"）是中国最大的

国有控股拍卖公司,是中国艺术品全球成交额最高的拍卖企业。北京保利不仅在中国古代书画、中国近现代书画、古董珍玩、中国当代艺术、当代水墨、古籍文献、当代工艺品等艺术品拍卖领域拥有全球领先的雄厚实力,在珠宝钟表、天珠及藏传佛教艺术、红酒白酒、科技古董等拍卖领域也完成了全面布局。

相较于其他同类的拍卖公司,北京保利一直保持着较高频率的拍卖活动。从拍品数量来看,2018~2021年,除2020年外,拍品数量一直保持在20000件(套)左右,属于比较稳定的状态。从总成交额来看,北京保利呈现起伏式增长趋势,2022年呈复苏态势,2018~2020年的最高成交额为2018年的1108195.44万元,2020~2022年的最高成交额为2021年的838755.169万元,包括线上和线下两个拍卖市场(见表5)。虽然没有达到疫情前的水平,但是总体来看仍然呈现上升趋势,因此可以预计在不久的将来,北京保利的整体实力就会恢复到正常水平甚至达到更高的水平。

表5 2018~2022年北京保利拍卖数据

年份	拍卖会(场次)	拍品数量[件(套)]		总成交额(万元)	
2018	8	26316		1108195.44	
2019	9	23000		635332.76	
2020	6(含3场次线上拍卖会)	线下	线上	线下	线上
		9544	2042	556974.1	12896.766
		总计 11586		总计 569870.866	
2021	12(含3场次网拍)	线下	线上	线下	线上
		22339	3125	803617.21	5137.959
		总计 25464		总计 838755.169	
2022	4(含2场次网拍)	线下	线上	线下	线上
		13103	200	411603.00	暂无
		总计 13303		总计 411603.00	

资料来源:北京保利官网。

3. 北京荣宝

由荣宝斋控股的北京荣宝拍卖有限公司（以下简称"北京荣宝"）是北京地区的一家老牌艺术品拍卖企业，是中国内地首批获得文物拍卖许可证的公司之一，也是当前北京艺术品拍卖市场中的佼佼者。在艺术品拍卖领域，创建于1994年的北京荣宝以多年积累的市场资源和品牌影响力，在疫情期间仍保持着不错的业绩，其拍品覆盖艺术品拍卖市场的大部分领域。根据AMMA发布的"2022年第三季度拍卖公司成交额排行榜"，北京荣宝以97803万元的成交额仅次于北京保利位列第二（见图1）。北京荣宝经过多年的沉淀，在北京乃至整个中国具备较大的市场影响力，是当前北京艺术品拍卖市场的典型代表之一。

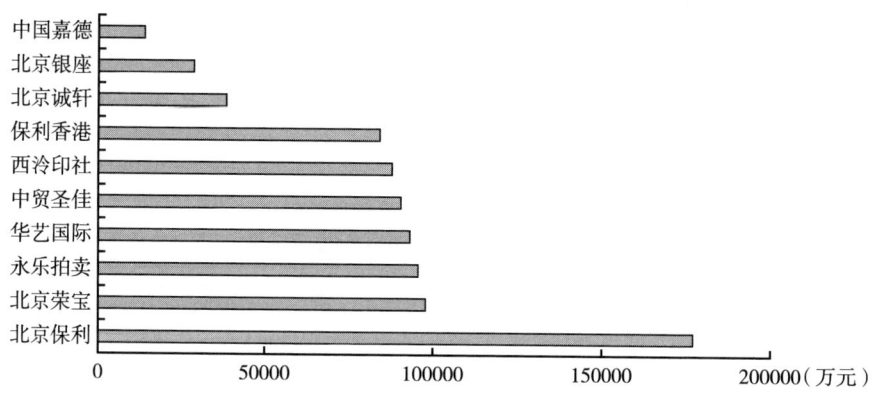

图1 2022年第三季度拍卖公司成交额排行榜

资料来源：AMMA "2022年第三季度拍卖公司成交额排行榜"。

2018~2022年，北京荣宝拍卖交易数据呈现起伏式增长、最近复苏的整体态势。2019年北京荣宝举办拍卖会4场次，拍品数量达6723件（套），是北京荣宝近5年拍卖数量的最高点；受疫情影响，2020年拍品数量较2019年减少36.32%，为2018~2022年的最低点；而2021年总成交额为170272.335万元，较上年增长19.86%，是2018~2022年的最高点（见表6）。北京荣宝所呈状态与北京艺术品拍卖市场的复苏状态一致。

表 6 2018~2022 年北京荣宝拍卖数据

年份	拍卖会(场次)	拍品数量[件(套)]		总成交额(万元)	
2018	4	6434		163716.1103	
2019	4	6723		138150.4775	
2020	3(含1场次网拍)	线下	线上	线下	线上
		2210	2071	136722.4075	5342.4285
		总计 4281		总计 142064.836	
2021	2	4851		170272.335	
2022	2	4292		159889.015	

资料来源：北京荣宝官网。

4. 其他腰部企业

北京市拍卖行业的腰部企业包括北京瀚海、中贸圣佳、北京诚轩、中鸿信、北京华辰，数据显示，2018~2022年这些企业拍卖交易总体呈现波浪式上升趋势，整体态势向好。受疫情影响，2020年上述企业拍品数量与总成交额均有不同程度的下跌，2021年除中鸿信拍品数量继续下探外各公司其余指标均有不同程度的回升，特别是中贸圣佳拍品数量及总成交额都达到了2018~2022年的峰值。但从总体上看，拍品数量的大幅提升并未带来总成交额的大幅增长，从侧面说明了艺术品拍卖市场的下沉趋势（见表7~表11）。

表 7 2018~2022 年北京瀚海拍卖数据

年份	拍卖会(场次)	拍品数量[件(套)]	总成交额(万元)	
2018	5	9858	72088.73	
2019	4	9571	68244.4	
2020	2	4914	线下	线上
			46405.29	—
2021	4	9411	52266.07	
2022	—	—	—	

资料来源：北京瀚海官网。

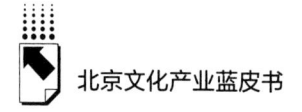

表8　2018~2022年中贸圣佳拍卖数据

年份	拍卖会(场次)	拍品数量[件(套)]		总成交额(万元)	
2018	4	7521		1311441.5	
2019	4	9035		163381.3	
2020	4	5317		104840.7	
2021	7	13245		235163.71	
2022	17(含11场次网拍)	线下	线上	线下	线上
		9067	2287	138170	5394
		总计11354		总计143564	

资料来源：中贸圣佳官网。

表9　2018~2022年北京诚轩拍卖数据

年份	拍卖会(场次)	拍品数量[件(套)]	总成交额(万元)
2018	—	5064	38389.98
2019	—	5377	37133.11
2020	2	4165	34503.06
2021	2	5201	55733.87
2022	1	2365	38515

资料来源：北京诚轩官网。

表10　2018~2022年中鸿信拍卖数据

年份	拍卖会(场次)	拍品数量[件(套)]		总成交额(万元)	
2018	2	5502		72088.73	
2019	3	5596		68244.4	
2020	2	5127		线下	线上
				46405.29	—
2021	1	2740		52266.07	
2022	7(含6场次网拍)	线上	线上	线下	线上
		2849	873	49872	—
		总计3722		总计49872	

资料来源：中鸿信官网。

表 11 2018~2022 年北京华辰拍卖数据

年份	拍卖会(场次)	拍品数量[件(套)]		总成交额(万元)	
2018	2	2153		22581.29	
2019	3	553		10717.89	
2020	1	142		线下	线上
				—	—
2021	2	658		19053.89	
2022	1	线上	线上	线下	线上
		—	28	—	458
		总计 28		总计 458	

资料来源：北京华辰官网。

（四）市场细分解读①

1. 传统拍品细分市场

北京地区文物艺术品拍卖市场按交易品类可细分为五大类，分别是中国书画、瓷玉杂项、中国油画及当代艺术、收藏品和珠宝尚品。2022 年上半年五大细分市场表现不一，各具千秋，成交量方面瓷玉杂项市场以量取胜，占据主导地位；成交额方面，中国书画市场占比优势突出。中国油画及当代艺术、收藏品以及珠宝尚品三大市场基本延续 2021 年市场占比格局。

（1）中国书画市场规模缩减，成交额占比优势仍然明显

中国书画作为北京地区文物艺术品拍卖市场交易的主力军，2022 年上半年交易规模有所缩减，呈现成交量与交易额双重下行趋势，成交量同比减少 9.57%，为 3.4 万件（套）；成交额同比减少 48.88%，为 46.2 亿元。其中，中国画的成交量同比下跌 6.38%，为 2.64 万件（套）；成交额同比下跌 44.25%，为 42.73 亿元。中国书法的成交量同比减少 19.15%，为 0.76 万件（套），成交额同比减少 74.71%，为 3.47 亿元。

（2）瓷玉杂项市场以量取胜，成交量增速较快

2022 年上半年，北京地区瓷玉杂项成交量为 8.27 万件（套），位居五大细

---

① 除特殊说明外，本部分数据资料均来自《北京文物艺术品交易指数 2022 年半年度报告》。

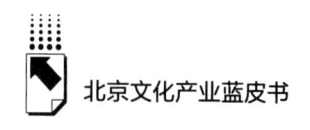

分市场成交量之首，同比实现大幅度上涨，增速达148%；成交额为27.1亿元，同比缩减56.46%；平均价格为3.28万元，较2021年上半年下降82.4%。

（3）中国油画及当代艺术市场成交量额同降

2022年上半年，北京地区中国油画及当代艺术板块随市场趋势有所回落，成交量为0.22万件（套），同比下降31.25%；成交额为6.69亿元，不及2021年上半年的1/3，同比下降69.1%。

（4）收藏品市场价格相对亲民，市场需求有所下降

由邮品钱币、古籍文献和手稿等细分品类构成的收藏品板块，2022年上半年的成交量为0.8万件（套），占五大细分市场成交量比重最小，成交量同比减少55.04%；成交额为2.41亿元，同比下降77.56%，降幅较大，平均价格较2021年上半年降低了48.73%，为3.03万元。

（5）珠宝尚品市场增势明显

2022年上半年，珠宝尚品市场在五大细分市场中成交量增长最为显著，成交量为0.84万件（套），较2021年上半年激增4.6倍；成交额为1.76亿元，同比缩减49.57%；平均价格为2.1万元，处于五大细分市场平均价格的最底部。

2. 数字艺术品的兴起

（1）概念定义

2021年被称为"NFT元年"，NFT数字艺术品也成为拍卖市场新宠。NFT，即非同质化代币（Non-Fungible Token），是指使用区块链技术，对应特定的作品、艺术品生成的唯一数字凭证，在保护数字版权的基础上，实现真实可信的数字化发行、购买、收藏和使用。[①] 以NFT形式发行和交易的艺术品在我国统称为数字艺术品或数字藏品。

（2）国内外NFT交易概述

2020年以来，全球NFT市场高速发展，根据研究机构报告，全球NFT市场规模已达到650亿美元。放眼全球市场，2021年共有25件NFT艺术作品拍卖价格超过百万美元，其中英国佳士得拍卖公司在2021年3月首次拍卖NFT

---

① 曲鸽：《美术设计在融媒体工作中全方位应用之探索》，《丝网印刷》2022年第19期。

作品，便以 6900 万美元天价成交。这部 NFT 作品名为《每一天：最初的 5000 天》（*Everydays：The First 5000 Days*），其作者为美国艺术家迈克·温科尔曼（笔名 Beeple），这次交易也使其成为 75 后艺术家中的佼佼者。

在我国，数字艺术品也受到市场追捧。2021 年，国内市场参考国外 NFT 技术和发展模式，开拓了具有自身特色的数字艺术品发展路径。根据相关机构统计，2021 年我国共计发售数字艺术品约 456 万份；2022 年初，互联网公司开始布局数字艺术品市场，小米、美的、哔哩哔哩、阅文集团纷纷推出自己的数字艺术品。中国艺术家也有关于数字艺术品的尝试，如蔡国强推出《瞬间的永恒》等 NFT 作品。

（3）北京地区进行的数字艺术品拍卖实践

北京作为全国的文化中心，同时数字技术发展也领先全国，从事拍卖的企业相对集聚。2021 年，多家北京拍卖企业进行了数字艺术品拍卖的尝试。在 2021 年春拍中，北京永乐——区块链数字艺术线上夜场，共有 24 件拍品，成交率达 50%，成交总额达 104.28 万元；在区块链数字艺术专场中，共有 16 件拍品，成交总额达 483.00 万元，成交率为 87.5%。2021 年，北京永乐秋拍的区块链数字收藏品专场（一），拍品总数 17 件，成交总额 148.35 万元，成交率 64.71%；区块链数字艺术品专场（二）拍品总数 24 件，成交总额 174.16 万元，成交率 50%。

北京保利在 2021 年春拍中推出首场数字艺术品专场"Metaverse：数字孪生"，这是北京保利首次尝试数字艺术品专场网络拍卖，也是一次融合艺术和技术领域的前卫实验。该专场部分作品来自 NFT 艺术画廊 Neal Digital Gallery 和 Fangible，专场成交额为 51.23 万元。2021 年 12 月落槌的北京保利 2021 年秋拍——NFT 数字艺术专场，共有 20 件藏品参与拍卖，成交价格未对外公布。

除了拍卖企业，一些其他机构也着眼于数字艺术品推广的实践，以展览或赠品等形式灵活地发挥数字艺术品的作用。2021 年，科技媒体与区块链公司在北京举办"艺术的此岸与彼岸：赛博北京·数字艺术节"，共展示了 200 余件数字艺术品，这是全球首个关于数字加密艺术史的大型艺术展。北京保利在 2022 年春拍现场向客户免费赠送富有中国传统文化特色的数字艺

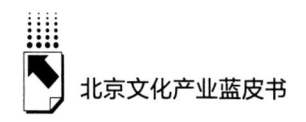

术品，这对文化资源数字化转化和开发、让优秀文物艺术品借助数字技术"活起来"、推动数字文化产业高质量发展起到积极作用。

（五）2018~2022年北京市艺术品拍卖行业重点事件

表12　2018~2022年北京市艺术品拍卖行业重点事件

序号	时间	事件	影响
1	2018年5月31日	国务院关税税则委员会印发《关于降低日用消费品进口关税的公告》（税委会公告〔2018〕4号）①	"艺术品、收藏品及古物"按最惠国税率一半以上降税，油画、粉画及其他手绘画原件，雕版画、印制画、石印画的原本，各种材料制的雕塑品原件三类税率降至1%。而唐卡由12%下调至6%，手绘油画、粉画及其他画的复制品，拼贴画及类似装饰板两类由14%下调至6%
2	2018年12月6日	2018年北京保利1.127亿元成交吴冠中的《双燕》	吴冠中油画《双燕》以1.127亿元成交，成为2018年国内唯一成交过亿元的油画作品②
3	2018年12月11日	国家文物局划拨国家博物馆青铜"虎鎣"入藏仪式在国家博物馆举行。流失海外百余年的圆明园青铜"虎鎣"终于重回祖国的怀抱③	近年来，国家文物局积极开展流失文物追索返还工作，成功促成多批流失文物回归祖国，青铜"虎鎣"的回归正是其中具有代表性的范例，彰显了中国政府保护文化遗产的坚定信念与负责态度，也显示了我国流失文物追索返还工作获得了社会各界广泛的理解与支持
4	2019年6月6日	北京保利推出的清雍正御制青花釉里红云海腾龙大天球瓶以1.472亿元成交④	该天球瓶成为最贵天球瓶，刷新了中国瓷器拍卖纪录

① 苏丹丹：《2018艺术品市场：调整策略　减量提质》，《公关世界》2019年第2期。
② 《中国艺术品市场未来发展之路在何方》，《中国日报》中文网，2019年11月14日，https：//column.chinadaily.com.cn/a/201911/14/WS5dccfdd1a31099ab995ebf0c.html。
③ 《流失海外文物青铜"虎鎣"重回祖国》，新华网，2018年12月11日，http：//www.xinhuanet.com/politics/2018-12/11/c_1123838554.htm。
④ 《10家拍卖公司2019年文物艺术品春拍评述广州好普艺术博物馆》，"广州好普艺术博物馆"搜狐号，2019年9月5日，https：//m.sohu.com/a/338967340_100012543/？pvid=000115_3w_a。

续表

序号	时间	事件	影响
5	2020年10月18日	吴彬的《十面灵璧图卷》，最终以5.129亿元人民币（约合7693.5万美元）的高价成交	不仅创出了吴彬个人作品价格的新纪录，也创出了中国古代书画在全球拍卖的最高价①
6	2020年	华艺国际在北京的首拍取得了20.1亿元的成交额，秋拍也取得了7.68亿元的成交额，2020年在北京的成交额达到了27.78亿元，仅次于北京保利和中国嘉德	华艺国际将经营的重心放到了北京，国内拍卖公司经营格局因此发生了变化②
7	2021年5月20日	中国嘉德春拍推出的冷军《蒙娜丽莎——关于微笑的设计》以8050万元成交③	创下艺术家本人最高拍卖纪录
8	2021年5月20日	中国嘉德春拍推出的耿建翌《灯光下的两个人》以7475万元成交，刷新艺术家本人最高拍卖纪录④	此作的创作历程意义非凡，它不仅奠定了耿建翌整个创作生涯的风格与基调，使其在中国当代艺术史占领一席之地，更是整个"85后"新潮艺术的扛鼎之作，成为中国艺术史重要节点上的有力见证
9	2021年6月4日	北京保利春拍推出的陈丹青《西藏组画·牧羊人》以1.61亿元成交，创下艺术家本人最高拍卖纪录，也是中国当代艺术的最高价之一，成为当代最贵油画⑤	《西藏组画》是陈丹青于1978~1980年在拉萨创作，描绘了藏民的日常生活片段，是作者最具代表性和影响力的个人创作，此作曾于2007年在北京匡时秋拍以3584万元成交

---

① 马学东：《2020年国内艺术品拍卖市场行情之变》，《艺术市场》2021年第1期。
② 马学东：《2020年国内艺术品拍卖市场行情之变》，《艺术市场》2021年第1期。
③ 余锦生、宗亚楠：《2021年春拍全国十二家文物艺术品拍卖公司评述》，《收藏家》2021年第11期。
④ 余锦生、宗亚楠：《2021年春拍全国十二家文物艺术品拍卖公司评述》，《收藏家》2021年第11期。
⑤ 余锦生、宗亚楠：《2021年春拍全国十二家文物艺术品拍卖公司评述》，《收藏家》2021年第11期。

续表

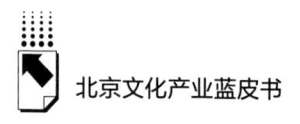

序号	时间	事件	影响
10	2021年6月5日	华艺国际推出的常玉《群马》以2.07亿元成交,引领油画及当代艺术市场①	屡次刷新拍卖纪录后,常玉已逐渐取代赵无极,成为当前亚洲市场最炙手可热的艺术家。此次上拍的这件常玉作品《群马》,是艺术家1932年参加第43届独立沙龙展览的作品,也是他最早被法国杂志报道,且是早年唯一被报道的旷世之作
11	2021年6月5日	北京保利春拍推出的齐白石"致张次溪等人信札(一批)"以2645万元成交②	创造了齐白石最贵信札纪录
12	2021年6月8日	北京保利推出的清乾隆御制洋彩胭脂红地轧道雕瓷镂空"有凤来仪、百鸟朝凤"图双螭耳大转心瓶以2.657亿元成交,刷新中国陶瓷的世界拍卖纪录③	该瓶原为苏格兰贵族家族旧藏,曾亮相于1999年伦敦佳士得拍卖。这一价格首先超越了2.3亿元人民币成交的元青花鬼谷子下山图罐(其保持全球最贵瓷器纪录长达12年之久),其次超越2017年拍卖价为2.44亿元的北宋汝窑天青釉洗,成为全球最贵瓷器
13	2021年6月8日	北京保利春拍推出的刘野《竹子 竹子 百老汇》以8050万元成交,刷新艺术家本人最高拍卖纪录	该作品是2012年刘野在纽约个展中的重要作品,是画家第一幅真正意义上的抽象绘画,也是其迄今为止体量最大的作品,具有特殊的意义④
14	2021年12月15日	《2022年关税调整方案》对超过100年的油画等艺术品实施零关税	为中国艺术市场的发展带来新的机遇。相信随着全球范围内疫情的有效控制、国内经济的逐步回暖以及相关利好政策的加持,中国艺术品市场将迎来一场厚积薄发

① 余锦生、宗亚楠:《2021年春拍全国十二家文物艺术品拍卖公司评述》,《收藏家》2021年第11期。
② 余锦生、宗亚楠:《2021年春拍全国十二家文物艺术品拍卖公司评述》,《收藏家》2021年第11期。
③ 余锦生、宗亚楠:《2021年春拍全国十二家文物艺术品拍卖公司评述》,《收藏家》2021年第11期。
④ 余锦生、宗亚楠:《2021年春拍全国十二家文物艺术品拍卖公司评述》,《收藏家》2021年第11期。

续表

序号	时间	事件	影响
15	2022年上半年	北京市文物局发布《北京文物艺术品交易指数2022年半年度报告》。2022年上半年,北京地区文物艺术品成交量和成交额分别占中国大陆地区总成交量和总成交额的一半以上(52.71%)和近2/3(62.77%),分别占全球市场总成交量和总成交额的近1/4(23.72%)和1/3以上(35.3%)①	报告表明,2022年上半年北京文物艺术品市场已经成为世界艺术品市场中不可忽视的一部分,也预示着北京文物艺术品市场影响力将在未来得到进一步的提升
16	2022年8月11日	北京诚轩春拍"机制币"专场中"1903年奉天省造癸卯光绪元宝库平银一两银币样币"一枚以4657.5万元成交②	创造了中国钱币在公开拍卖中的最高纪录
17	2022年10月21日	"守正创新 共筑未来——中国文物艺术品拍卖30周年系列活动"启动仪式在北京雅昌艺术中心成功举行③	2022年正值中国文物艺术品拍卖30周年,这是"守正"的30年,文物艺术品拍卖不仅让艺术市场变得更加繁荣,更成为中国文化事业的传播渠道和推动手段;也是"创新"的30年,无论是在艺术品类还是市场规则的探索上,都取得了卓越的成就

三 北京艺术品拍卖行业发展战略分析

在当前的发展环境下,北京艺术品拍卖行业既面临着机遇,也需要有充

---

① 《上半年北京文物艺术品总成交量占全球四分之一》,新浪新闻,2022年9月28日,https://news.sina.cn/2022-09-28/detail-imqmmtha9087049.d.html?from=wap。
② 伊丽妍冬:《左京华:"一两"破千金,钱币跻身热门收藏品》,《艺术市场》2022年第10期。
③ 《共贺中国文物艺术品拍卖30周年系列活动即将开启》,大众新闻,2022年10月24日,https://3g.163.com/news/article/HKF19EJN00019UD6.html?spss=adap_pc。

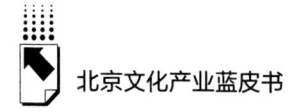

足的准备应对市场挑战。在市场竞争日益激烈的环境下，越来越多的行业通过实施战略部署来指导行业各项经营管理工作的长效开展，保障行业战略目标的顺利实现。根据行业的外部环境和内部环境制定相关的战略目标以及相应的发展对策，是北京艺术品拍卖行业繁荣发展的必要前提。

（一）宏观层面

1. 推动相关法律规范的完善和执行

国内的艺术品拍卖公司最早成立于20世纪90年代，有约30年的历史，相对于成立至今已有将近300年历史的艺术品拍卖领域两大领军者苏富比和佳士得来说，经营时间较短，发展模式也比较青涩。[1] 因此，全国艺术品拍卖市场有待完善和优化。拍卖行业相关法律法规的重新修订，以及2016年文化部制定出台《艺术品经营管理办法》，表明政府已经有意加强对艺术品贸易活动的管控，规范艺术品交易市场，保护艺术家等相关群体的合法权益。从国家现在对于艺术品拍卖行业的保护和推动来看，未来的艺术品拍卖市场将会随着相应法律法规的制定和实施走上规范化的发展道路。

2. 促进鉴定体系的建立和完善

艺术品拍卖市场上拍品的真伪始终是一个大问题，亟待完善艺术品鉴定评估体系来解决相关问题。国家建立了几个相关的评估机构，但这些机构的工作程序比较烦琐复杂，同时民间的艺术品评估机构也千差万别、良莠不齐，公信力不足。针对这些问题，有关部门应合理简化鉴定程序，加大整治力度，规范对民间艺术鉴定评估机构的管理。

例如，雅昌文化集团创建并推出了雅昌艺术品评价认证分类服务，由中国著名艺术家对艺术品进行鉴定，利用科技手段对艺术作品进行检测和记录，并为每件艺术品制作"身份证明"。[2] 艺术品认证和备案服务可以为艺术品的识别和管理提供一定的帮助，为国家艺术品市场的健康有序发展提供

---

[1] 厉锐：《试论国内艺术品拍卖市场中的"难题"》，《美与时代》（中）2021年第8期。
[2] 厉锐：《试论国内艺术品拍卖市场中的"难题"》，《美与时代》（中）2021年第8期。

一定的保障。

3. 加强艺术知识普及，倡导理性投资

大多数参与艺术市场投资的投资者都没有掌握基本的投资常识，而是跟风投资，这种方式很可能导致投资失利。部分投资者会根据自己的审美需求来选择投资的拍品，也会因为认为艺术品拍卖市场有很大的投资潜力，进而盲目入局。很少有投资者既了解艺术鉴赏，又了解投资知识。因此，整个市场形势可能会因为这些投资者的盲目性，发生巨大变化，影响整个行业的发展。为了保持整个市场的正常运转，让更多的投资者从中受益，有必要加强对投资者的艺术知识传播，保护合理的艺术投资，推动整个行业的长远发展。

4. 加快艺术品市场各类人才的培养

从我国拍卖行业的现状来看，虽然近年来，从业人员的素质有了显著提高，然而，由于国外艺术品拍卖行业对专门拍卖人才有着更高的要求，因此我国的拍卖从业人员仍然没有达到国际水平，这不仅体现在教育水平一个方面，更包括经验和专业手段等各个方面。[①] 从我国的基本情况来看，培养艺术品市场各类人才的专门学校少之又少，甚至连培养拍卖行业人才的课程也只占少数。因此，在这种情况下，想要培养专门的人才，就要从学校入手，将拍卖行业所需要的专业知识和专业技能，在学生上学时期就传授给他们。同时，从行业内部的情况来看，拍卖专业人员必须根据形势的需求提高自身的学识和工作能力，开阔眼界，根据行业需要提升自己的工作技能。从国家层面看，政府要培养一批高技能、综合型管理人才以及经验丰富的拍卖师和评估师，以适应中国艺术品拍卖行业发展需要。

（二）行业层面

1. 改变运营模式，建立官方统一管理平台

目前，北京艺术品拍卖市场中的各个企业都是各自为政的运营方式，网

---

① 蔡志宏：《我国拍卖业发展的 SWOT 机遇与挑战》，《现代企业》2007 年第 2 期。

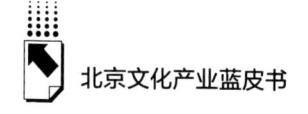

络拍卖等都是在各自搭建的平台上进行，数据不够公开透明，交易中存在假拍、拍假等现象，流程不够透明，长此以往将不利于行业发展。同时，艺术品拍卖市场定价缺乏科学合理参照系，致使艺术品拍卖市场定价体系混乱，艺术品拍卖市场存在哄抬哄炒甚至是价格欺诈行为，这不仅伤害了部分收藏家的利益，长远来说也将影响艺术品市场的健康发展。

对此，北京拍卖行业协会可以与北京保利、中国嘉德、北京荣宝等头部企业合作，共同牵头建立一个由官方搭建的艺术品拍卖平台并邀请北京市其他艺术品拍卖企业入驻，进一步加强对艺术品拍卖市场的管控，要求平台中的企业定期公开必要数据并进行不定期的抽查，对存在风险的企业进行警告、通报及下架；要求企业的拍品必须经由平台审核无误后才可上拍，进一步将假拍、拍假等现象扼杀于摇篮。同时，做好平台的口碑宣传，搭建一个使买家放心的官方艺术品拍卖平台，倒推其他企业加入平台。

2. 创新运营思路，借助互联网思维升级传统业务

目前，整个艺术品拍卖行业的运营模式比较传统，缺乏创新，流程以"征集拍品—制作图录—预展—拍卖"为主，拍卖圈子很小，思维和实践都较为封闭，行业运行机制相较于其他行业更为传统和固定。

可以预计，在未来，线上拍卖会成为艺术品拍卖市场重要的支柱。当然，因为艺术品拍卖市场的特殊性，线下拍卖市场在艺术品拍卖形式中的地位是无法取代的。但随着技术的发展，艺术品拍卖行业未来朝着数字化方向发展的趋势是不可抵挡的。尤其是虚拟现实（VR）、增强现实（AR）等技术的快速发展使线上展览的可观赏性有了进一步的提升，未来在艺术品拍卖市场中使用线上线下相结合的方式将成为大部分拍卖企业的选择。同时，加强对与拍卖相关的上下游行业的关注，这些相关行业的发展对于提高拍卖业服务能力和发展质量具有重要作用。以金融、电商、物流、网络新技术等为代表的拍卖业合作伙伴，将继续与拍卖业探索以融合发展为基础的新合作模式，进一步实现拍卖与相关行业的"共生"发展，构建新的"拍卖生态圈"。[①]

---

① 《2019 中国拍卖行业发展报告发布》，《中国拍卖》2021 年第 2 期。

3. 统一行业考核标准，健全官方尺度和诚信体系

目前，北京拍卖行业协会已经设立考核星级，并定期评选诚信企业，但缺乏对不诚信企业进行公示、处理的惩戒措施。为了防止市场中出现劣币驱逐良币的现象，有必要健全官方诚信评价尺度，提升行业准入门槛。

（三）企业层面

北京地区的几家头部艺术品拍卖公司的综合影响力和连年拍卖额在全国范围占据龙头地位，这些头部企业的良性发展将有力带动全行业的进步。但是，所有公司都面临着不断优化发展的问题。具体可以从以下几个方面着眼，优化拍卖企业发展战略。

1. 巩固现有业务，细分大众化产品线

目前来看，头部艺术品拍卖企业如北京保利、中国嘉德的艺术品拍卖业务只是众多的业务线之一，未来发展战略应在巩固现有业务线的基础上不断提高纵深度和扩大服务范围，进行服务升级，不断向中低端市场渗透，实现业务深耕，利用好雄厚的经济资本运营艺术品拍卖业务。此外，还应加快艺术品保险、艺术品物流、艺术品金融、鉴定估值等相关产业链的发展。

在线拍卖业务作为近年来的行业热点，也成为企业布局的重要方向，建议企业未来将在线业务向中低端拍品倾斜。由于中低端产品与高端产品在流通程度、拍卖频率、举办拍卖的场地、目标客户等方面大有不同，因此有必要单独发展。企业在争夺高价拍品资源之余，也要着力打造轻量化拍品交易，不断完善细分拍品的产品线，筹办面向大众的网上拍卖专场。高价艺术品网上拍卖对于藏家来说存在信心不足的问题，因此将复制艺术品以及中低价艺术品列为网上拍卖的主要业务，既可以节约场地成本，也可以加快市场流通。采取"线上+线下"、轻量化与高价位分类运营的思路，一来能够与高端艺术品进行分类管理，二来可以充分释放中低端市场潜力。

2. 整合人力资源，集聚专业人才

企业的竞争终归是人才的竞争。拍卖行业有较大的专业人才需求，人员分工有待细化。一家合格的文物艺术品拍卖公司需要多种多样的人才，从高

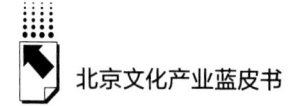

层管理者到专业鉴定者,从市场推广、策划文案到美术展览设计,从客户接待维护到政策法律咨询,再到拍卖师等岗位,拍卖企业未来应不断提升岗位专业化程度,实现分工明确、各司其职,有效整合人力资源,合理调配、吸引更多专业素质强的高质量从业者。

3.打造企业文化,助力品牌传播

拍卖行业作为文化产业的一部分,企业的文化底蕴和形象也是发展的重点。首先是品牌形象的打造,要积极利用新媒体平台进行信息传播和自我营销,及时更新官网信息,并打造新媒体矩阵,以适应藏家逐渐年轻化的趋势。将企业官网与新媒体矩阵统一运营,做到视觉统一、基本服务功能完善,在各个节点促进信息传播和品牌营销,提升品牌声量。

有理由预测,未来艺术品拍卖公司将会就有限的拍品资源、客户资源、人才资源开展激烈争夺,随着市场竞争加剧,行业的规范程度将越来越高,拍卖行业将呈现几家独大的局面,大型跨国拍卖公司将逐渐吞并中小企业,市场集中度会越来越高。此外,对于头部公司而言,拍卖业务只是其众多业务之一,背靠母公司雄厚的资金和管理运营能力,头部公司将有更多机会尝试新技术、搭建新平台、招聘新人才。对于企业来说,只有不断提升服务质量和专业化水准,才会更具市场说服力。信誉优良、技术和人才储备丰厚、资本运营实力雄厚的头部拍卖公司,将成为中流砥柱,带动整个行业不断稳定发展。

B.3 北京文化产业园区发展现状和对策研究

韩丽雯 汤 云*

摘 要： 文化产业园区不仅是文化产业与相关产业融合发展的空间载体，也是政府落实文化产业政策的重要依托。文化产业园区发展的理论基础主要是产业集群理论和场景理论。近年来，北京市出台市级文化产业园区认定管理条件，2019年以来每年（除2021年）对市级文化产业园区进行认定，划分为北京市级文化产业示范园区、北京市级文化产业示范园区（提名）和北京市级文化产业园区三类。北京市各主城区文化产业园区发展各具特色，呈现区域性、公益性和文化性等特点。北京文化产业园区发展成效显著，呈现全国文化中心的引领特性，红色主题园区特色彰显、文化科技和文化金融融合特色显著。"十四五"时期是北京文化产业高质量发展的关键阶段，北京文化产业园区需要与产业及市场发展需求高度匹配。北京文化产业园区发展需要在规范政策高标准制定、文化属性高质量彰显、"文化+科技"高质量融合、文化要素市场高质量集聚、文化品牌高质量建设等方面更加完善。

关键词： 文化产业园区 公益性 文化科技

---

* 韩丽雯，博士，北京印刷学院马克思主义学院副教授，硕士生导师，主要研究方向为政治文化与文化产业、马克思主义中国化；汤云，北京印刷学院马克思主义学院硕士研究生，主要研究方向为马克思主义中国化。

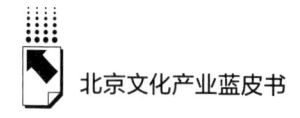

文化产业园区是文化产业发展的重要载体,也是政府落实文化产业政策的重要依托。北京作为全国文化中心依托不同区域的文化产业园区相继落实相关文化产业政策,有效推动文化产业高质量发展,形成文化产业品牌效应,带动城市文化发展和街区文化繁荣,成为北京文化产业高质量发展的重要举措。"文化产业园区是在相对集中的地理空间中集聚众多的文化产业相关企业、机构、人才等资源,基于彼此专业化的分工协作关系而形成的一种产业空间组织模式,与之相关的支持机构包括政府组织、高等学府、行业学会及金融机构等。"[1] 文化产业园区是推进文化创新、文化产业与相关产业融合发展的空间载体,也是推进"文化+"的基础性平台。当前,北京大多数有名气的文化产业园区由老建筑、老厂房、老街区改造而来,这类文化产业园区前期投入较小、实际效果较好,既能满足文化企业对环境和空间的要求,又与它们的支付能力相匹配,还与管理部门的运营能力相适应,成为近年来北京文化产业园区建设的鲜明代表。《北京市级文化产业园区认定管理办法(试行)》指出,北京市文化创意产业园区,是指在北京市行政区划范围内,由统一的机构建设、运营、管理,以文化创意产业为主导,集聚多家文化创意产业法人单位并形成一定产业规模,能够提供相应的基础设施保障和产业公共服务,并对周边地区经济社会发展起到促进作用的特定空间区域。为了推动首都北京全国文化中心建设,北京市以及各区县相继制定文化产业园区高质量发展的政策和规范性文件,为北京文化产业园区发展提供投融资环境和政策支持,近年来北京文化产业园区发展成效显著,但依然机遇与挑战并存。

一 文化产业园区建设的理论基础

(一)产业集群理论

产业集群理论研究一个完整的产业集群生态形成过程,文化产业园区的

---

[1] 周莉、张苏缘:《文化产业园区建设与路径优化——以南京浦口高新区为例》,《文化产业研究》2020年第2期。

发展意味着园区内的文化产业能够形成一致的文化要素、文化市场需求和文化产品价值链，从而实现园区内文化产业的要素共享、市场共享和文化产品价值共享，实现文化产品领域的科技创新并缩短技术升级周期。产业集群理论是文化产业园区发展的重要理论依据。

文化产业园区的形成需要四大核心动力因素：自组织是文化产业园区形成的根本原动力；创新技术与文化积淀是文化产业园区形成的驱动力；市场对文化产品及服务的需求是文化产业园区形成的需求端拉动力；政府支持是文化产业园区形成的供给端推动力（见图1）。

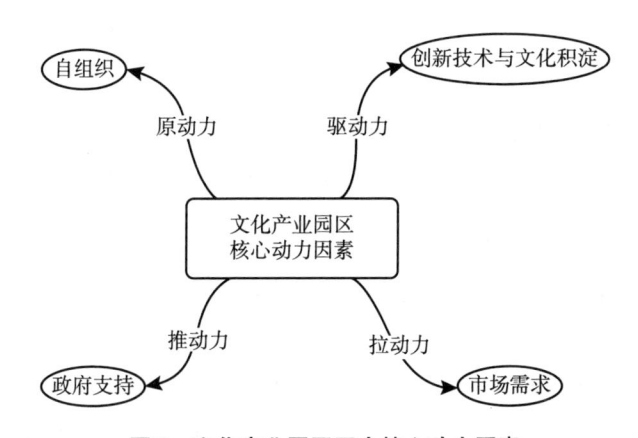

图1 文化产业园区四大核心动力因素

资料来源：作者自绘。

在"创新、协调、绿色、开放、共享"的新发展理念感召下，具有丰富民众文化生活功能的文化产业集聚区在不同地域形成，它们依托当地产业基础和特色优势，制定不同政策和进行产业布局，形成优势互补、错位发展、协调共享的新兴文化产业集聚区协同发展格局。例如京津冀三地的66家文化产业园区代表共同发起并签订了《京津冀文创园区协同发展备忘录》，加强对三地文化资源的协同开发、管理和利用，推进区域文化产业融合和文化资源共享，切实推动三地文化产业协同发展。一是京津冀正在加强动漫网游及数字内容功能区、798时尚创意功能区、戏曲文化艺术功能区、音乐产业功能区、新媒体产业功能区、创意设计服务功能区、会展服务功

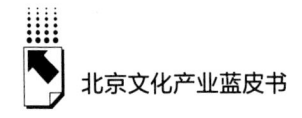

区和周边产业区域及其他城市的合作与交流。二是京津冀正在探索建立跨区域合作的文化产业园区，创新文化产业项目的对接模式，利用"总部—生产基地模式""创意策划—成果转化模式""主副（新旧）园区模式"等多元开发模式，推动京津冀文化产业园区品牌共赢、资源共享和项目共建。[1]

随着我国文化旅游融合的深入发展，产业集群理论在文化产业园区建设中发挥引领作用。各地文化产业园区不断拓展内容生产和功能布局，并逐渐构建品牌传播与旅游融合体制机制，策划一系列能够促进文化和旅游产业融合发展的新项目，培育众多文化产业园区内文化消费的提升点，不断实现文化产业园区发展动力从生产为主转化为消费拉动。通过文化集群理论与实践，文化产业园区拓展内容生产，呈现旅游、休闲、文化体验等多重功能，文化产业园区的内部融合和外部联合也得到增强，实现文化产业园区与周边社区、街道、公共文化设施等互融共生。文化产业园区的良性发展在为消费者提供特色文化产品和服务的同时，也持续丰富园区的发展内涵。

（二）场景理论

芝加哥学派的特里·克拉克（Terry Clark）系统地创立了城市研究的新范式——场景理论，他将城市的娱乐休闲设施与市民日常生活活动的组合看作城市独特"场景"，并认为这些独特的场景蕴含着独具特色的文化价值取向，这些文化价值将会吸引具有不同文化需求的市民进行文化体验与文化消费，最终为城市创造经济价值。从文化视角解读场景，可知场景应该是与文化密切相关的活动和便利设施的综合，场景不仅是一个物理空间，而且是超越地理空间包含浓厚人文气息的社会学综合概念。场景理论与文化产业的发展紧密结合在一起，特别是近年来与在我国兴盛的文化产业园区具有密切的相互符合特性。在场景理论解读中，文化产业园区不仅是一个地理区域，其文化活动也不仅是园区门票的出售，文化实践也不仅是市民观看演出，文化消费也不仅是市民购买文化产品，而是文化产业园区的文化设施、文化活

---

[1] 戚梅：《新时代我国文化产业园区的功能与发展方向》，《山东社会科学》2018年第12期。

动、文化体验和文化消费与本区域居民的生活密切联系，与本区域居民的生活方式和自我表达深度链接，并成为本区域城市的文化承载和文化标识，成为与本地城市、本地居民心心相印、浑然一体的文化链接。

特里·克拉克曾提出场景应该包含五个主要元素，这五个主要元素分别是：以社区为代表的邻里（Neighborhood）、以实体建筑物为代表的物理结构（Physical Structure）、出入场景的多样性人群（Persons Labeled Class, Gender, Education, etc）、场景中存在的各种活动（Activities）以及场景中所存在的合法性、戏剧性及原真性的文化价值（Legitimacy, Theatricality and Authenticity）。[①] 这五个元素为解读北京文化产业园区发展提供了有价值的工具，也启发了文化产业界运营者的思路。场景理论关注场景的文化价值，而文化产业园区建设同样重视园区的文化带动效应，在推动文化产业园区文化消费的同时实现园区的文化价值和社会效益，这与场景理论具有高度一致的价值追求。场景理论为阐释北京文化产业园区发展的新途径提供了有价值的理论基础。

第一，挖掘邻里元素，营造创意社区。场景理论非常重视邻里元素，因此场景理论视域下的文化产业园区发展首先需要考虑邻里元素的挖掘，也就是如何挖掘园区所在区域邻里元素的文化场景，从文化场景的塑造中构建富有创意的社区。

第二，改造物理结构，重塑空间面貌。场景理论视域下的文化产业园区发展需要考虑城市老建筑的物理结构，通过改造老建筑，重新塑造城市的空间面貌。北京文化产业园区的建设正是在改造园区内物理结构的同时重塑城市的空间面貌。随着北京首都功能的定位和经济的高质量发展，工业更新换代日趋加快，处于闲置状态的老旧厂房日益增多。属于工业遗产的老旧厂房是一种不可复制的工业文化遗存，它记录着城市的发展演变，承载着几代人的生活记忆，因此老旧厂房和旧设备也具有文化价值。但是在城市发展过程

[①] 张铮、于伯坤：《场景理论下我国文化产业园区的发展路径探析》，《出版发行研究》2019年第8期。

中，如何留存或者彰显这些文化价值，如何在信息化时代保存或者激活这些工业文化遗存等问题，值得思考。北京文化产业园区建设正是运用场景理论，通过文化产业园区的不同场景赋予工业遗产以新能量，通过创意设计对工业遗产进行改造，通过产业置换以及空间再生赋予工业遗产新的形式和内容，实现既保护北京城市的工业化历史，留存市民们的记忆，又塑造北京城市全新的文化价值。从早期的798艺术区到"77文创"、郎园Vintage等，都是北京市建设的特色园区。"77文创"美术馆园区在改造时保留了大量原有的工业设计元素，比如当时工厂建筑上油漆画的数字也完整保留了下来，改造中没有改变原来建筑的结构和面貌，只是在原有结构上改变了其功能和建筑形式，充分保留了原有建筑的风貌，留存了市民的历史原始记忆等元素，"77文创"美术馆园区为周边社区经济和文化发展带来效益。

第三，吸引多样人群，兼容多元文化。文化产业园区的发展需要考虑如何吸引多样人群，通过辨别不同风格与文化需求的人群，相应营造多元化的文化场景吸引多样人群，以此增强园区文化的兼容性，从而增加文化产业园区的吸引力。近年来，"77文创"美术馆园区平均每年举办200多场文化活动，这些文化活动具有不同风格、含有不同文化理念，每次活动所创造的文化场景都能够吸引不同需求的市民参加，参与者都能够被园区某个时段的文化场景所吸引，形成文化与情感的共鸣。这充分印证社会互动需要现场感和在实时状态下进行，社会互动是动态而非静态的相关理论。多种类型的场景活动明确定位了不同的文化群体，"77文创"美术馆园区利用这些场景元素宣传不同的文化理念，实现吸引多样化市民群体的目标。

第四，举办丰富活动，凝聚公众情感。"77文创"美术馆园区正中央是由原北京胶印厂机修车间改造的可容纳近300人的"77剧场"。"77文创"美术馆园区最为盛大的活动一般在每年的夏天举行，即涵盖文学、电影、戏剧、音乐、舞蹈、设计等多个领域的"77文创生活节"。在为期一个月的"生活节"中园区将举办40余场各种类型的活动，充分利用露天电影、艺术展览、戏剧体验、创意集市等多种场景让市民体验城市的发展变化。"77文创"创始人表示，"77文创"美术馆园区是目前景山街道最受欢迎的文化园区，园区积极参与举办社区文艺活动，如请老师对街道文艺队进行教学等，通过文化产业园区与街道的联合很好地激发了当地社区居民的参与热情，丰富了市民们的日常文化生活。

文化产业园区是一个文化设施相对集中、空间有限，鼓励文化体验、文化生产和消费的区域。依托场景理论塑造文化产业园区，文化产业园区发展动力的核心是文化与消费的集聚，弥补了早期文化产业园区仅仅是企业单纯组合的模式，走出了一条文化产业园区高质量发展之路。

二　北京文化产业园区发展现状

近年来，北京市国有文化资产管理中心（以下简称"北京市文资中心"）先后出台了《北京市级文化产业园区认定管理办法（试行）》、《北京市推进文化产业园区高质量发展的若干措施》以及"园区服务包""投贷奖""房租通"等多层次政策举措，形成通过走访调研聚合文化产业园区需求，通过精准服务汇聚文化产业资源，构建"一园一策"促发展的工作链条，有效促进了北京文化产业园区转型升级，实现了丰富市民文化生活、注入产业发展动能、提升城市文化活力的有机统一。文化产业园区是文化企业生存与发展的空间载体。在现有的北京文化产业园区级别评价体系基础上，加快推动北京文化产业园区的高质量发展。北京文化产业园区社会效益主要表现在：适当向社会广大市民开放文化产业园区的公共文化服务资源，面向广大市民组织开展公益性文化讲座、文化展览、文化活动等公益文化服务等。北京文化产业园区的经济效益主要表现在：文创法人单位数量，规模以上文创法人单位数量，文创法人单位占文化产业园区入驻法人单位的比重，规模以上文创法人单位的收入，文化产业园区地均产值，以及文化产品生产情况等。

2019年以来，北京市级文化产业园区每年认定一次，根据《北京市级文化产业园区认定管理办法（试行）》，认定条件包括以下七个方面：文化产业园区有较完整的建设和发展规划；文化产业园区建设运营管理机构的建设运营管理活动符合国家和北京市有关法律法规，无违法违规行为；文化产

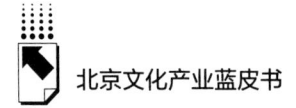

业园区建设运营管理机构应是在北京市域范围内注册的法人单位，有健全的管理制度和运营机制，配备专业的管理团队，能够有效组织开展园区建设、管理、运营和服务工作；文化产业园区建设或改造已完成，具有符合文化创意产业集聚发展要求的物理空间及相关配套基础设施，且截至申报时园区入驻率达70%以上；文化产业园区有较完善的公共服务体系，能够为入驻文创法人单位提供发展所需的各类公共服务；文化产业园区有相对明确的产业定位和行业特色，以文化创意产业为主导产业门类，且主要业态符合《北京市文化创意产业发展指导目录》确定的鼓励类领域，符合"高精尖"文化创意产业发展方向，每年截至申报时，园区集聚的文创法人单位数占已入驻法人单位总数的比例应达70%以上；文化产业园区所生产和提供的文化产品及服务内容健康，符合社会主义核心价值观要求，已产生较好的社会效益和经济效益，对区域经济社会发展起到促进作用。

2021年底，文化和旅游部印发的《关于推动国家级文化产业园区高质量发展的意见》提出，培育融合共生文化生态。融合共生文化生态支持国家级文化产业园区以及新创建的文化产业园区充分利用本区域内的老旧厂房、街区或者仓库等更新改造为富有文化内涵和人文气息的文化产业发展空间以及文化艺术生活空间，建设蕴含区域特征的文化标识。北京市积极引领文化产业园区建设有地域特征的工作生活环境，引导文化产业园区面向社会广大民众开放文化设施，提供相配套的公共服务，开展形式多样、内容丰富的公益文化活动，增强文化产业园区对入驻企业和本地民众的文化吸引力。鼓励文化产业园区结合区域文化特色发展定位，依托园区内商业空间打造具有特色的文化消费场景，培育区域文化消费业态。

（一）朝阳区文化产业园区发展现状

北京市朝阳区是区域文化大区，截至2022年8月朝阳区已经投入运营的文化产业园区共102家，朝阳区的文化产业园区规模占北京市总规模的近1/3，数量位列全市第一。朝阳区文化产业园区不仅数量多，而且形成具有文化引领城市创新的"朝阳模式"，即从文化产业园区走向"城市文化公园"。朝阳区文化产业园区特色鲜明，公益性强，彰显蓬勃发展状态和三大重要特征。

一是融合发展再造区域文化繁荣。2020年下半年，朝阳区发布《文化事业产业融合发展示范园区认定管理办法（试行）》，对文化产业园区进行考察，推行文化事业单位与文化产业部门的融合发展，凸显文化产业园区的公益属性。该办法将以下情况作为考察的重点：文化产业园区每年向社会公众开展公益文化讲座、文化展览、文化活动等公益文化服务的频次情况；文化产业园区在非遗传承保护、文化交流、人才培训等方面的工作开展效果情况；园区企业履行社会责任情况；等等。由此可见，朝阳区重视文化产业园区的公益属性。经过政府部门多年来的培育引导，朝阳区文化产业园区大体形成了园区内文化内涵不断丰富、园区文化企业集聚效应日益显现、园区的公共文化服务更加丰富并持续完善的发展局面。

二是朝阳区文化产业园区充分发挥公共文化服务引领作用。朝阳区文化产业园区从开始的单纯集聚文化产业实现发展，到目前面向广大市民开放社会公益活动，这些文化产业园区从产业园变成富有文化气息的社区，进而演变为公共城市文化公园，为广大的市民提供了丰富的文化服务。对于认定的"文化事业产业融合发展示范园区"，朝阳区相关部门将在资金支持、人才引进、宣传推介、招商引资、老旧厂房保护利用等政策中给予倾斜；在政府向社会力量购买公共文化服务时，将对示范园区的服务予以优先考虑。朝阳区第一次评选出的10家文化产业示范园区都是因为公益性文化活动而知名，如郎园Vintage运营影视娱乐、文化科技、文化金融、文化传媒、设计服务、创意餐饮配套等主要文化产业形态，园区凭借强大的文化资源整合能力和内容运营能力，以市场和内容融合文化服务为核心，创造出电影、戏剧、文学、音乐、青少年生涯教育、公益等数字化文化内容服务，园区每年举办500多场文化活动，超过10万人次参与，郎园Vintage成为地域文化的发源地与文化服务的集聚地。

近年来，北京懋隆文化产业创意园每年举办懋隆大讲堂、非遗艺术展、懋隆文化艺术节等文化活动200多场，参与的市民超过4万人次。园区负责人表示，园区将始终注重面向社会大众的文化服务。园区建立以来，在北京

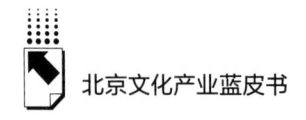

老字号宣传推广及传统文化传承发展方面持续开展多项工作，经常举办形式多样的文化活动，邀请非遗传承大师、业界专家学者到园区，为公众创造近距离了解、倾听中国文化的平台和机会。园区还积极推行文化走出去策略，积极参与公益文化服务，把传统工艺体验课程带到中小学校园和大型公共场所，让众多青少年学生有机会体验传统文化课程。

三是共同创造文化和旅游消费品牌。朝阳区文化产业园区构建本区域的共享文化空间，推出独具特色的文旅消费品牌，如798—751艺术街区创新性地构建夜间文旅消费产业链，带动本区域文旅消费经济发展。街区也依托本区域文化时尚设计优势，定期举办特色艺术展、夜游美术馆、青少年戏剧节、国际设计节、火车市集等丰富多彩的区域文化活动，持续不断地为夜间文旅消费宣传和增加人气。2021年，798—751艺术街区入选文化和旅游部第一批国家级夜间文化和旅游消费集聚区。又如E9区创新工场构建多维产业形态，持续服务周边居民的文化需求和文化消费需求，园区不仅配备了大空间的图书阅读与知识分享空间"智库书屋"，还在2020年创办了北京拾美术馆，为园区周边民众提供特色公共文化配套服务，如打造北京东南部城市文化公园，拓展多样化文化休闲空间，以足球场、篮球场、创客食堂、健身房、音乐酒吧、智库咖啡、剧场等多种产业形态空间，为入园企业员工和周边市民构建文化休闲体验圈。

朝阳区文化产业园区不断创新公共文化服务模式，通过文化赋予园区能量，促进园区产业发展与文化消费升级，实行公益及市场融合发展策略共同推动文化产业园区高质量发展。2021年，朝阳区10家文化产业示范园区共建有公共文化空间416个，面积合计29.3万平方米，举办传统节庆、国际交流、展览展示等公益性文化活动和文旅消费活动超1500场，参与人数超800万人次，活动收入近1.2亿元。文化产业示范园区在扩大文化产品服务供给、提升创新发展能力、发展新型文化业态、激发文化消费潜力、服务重大战略等方面发挥了应有的示范带动和辐射作用。①

---

① 《从文化产业园区走向"城市文化公园"》，《中国文化报》2022年8月8日。

（二）东城区文化产业园区发展现状

东城区地处北京市中心，其文化产业园区是全国老旧厂房转型发展文化产业的典型。东城区成功推动完成了首创非遗咏园、大磨坊文化创意产业园区、隆福寺文化创意产业园区、南阳共享际、城市空间1921文化产业园、雪莲亮点文化产业园区等一批文化产业园区建设项目。截止到2022年，东城区共有文化产业园区42家，总面积超过50万平方米，入驻企业超过1500家，其中有16家文化产业园区获评北京市级文化产业园区，数量位居全市第二。

东城区文化产业园区发展呈现新特征新趋势，主要表现在：由增量式增长向减量式更新转变；由单一盈利模式向高质量发展转变；由重经济效益向经济效益和社会效益双效统一转变。

东城区文化产业园区发展面临新问题新挑战，主要表现在：文化产业空间魅力不足，营商环境仍需持续优化；科技赋能文化产业发展亟待深化，文化新业态领域尚未形成有效推动力；平台服务功能不强，生态体系建设缺乏规范引导；文化产业园区资源共享效应不足，文化产业和城市发展联动仍需加强统筹协调。东城区文化产业园区要实现高质量发展，需要对以下几个方面进行完善。

一是加强社区、商区、街区和文化产业园区联动，构建文化产业与文化事业融合新格局。联动社区打造"以人为本"的幸福园区；联动商区打造"前店后厂"的复合园区；联动街区打造"融合互促"的魅力园区；联动园区打造"生态共生"的共享片区。

二是推进产业链、创新链和价值链齐头并进，构建数字文化产业发展新模式。以数字文化产业为核心，推进产业链横向发展；以应用场景为切入口，推进创新链纵向延伸；顺应居民消费升级趋势，推进价值链整体提升。

三是推进文化产业园区内部管理服务和外部跨区建设对接，搭建生态化服务发展新系统。积极推进文化产业园区内部管理服务生态化；构建文化产业园区内部自有系统生态共同体，形成产业集聚效应；推动文化产业园区外

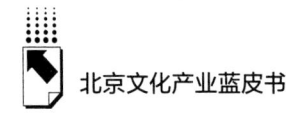

部跨区生态圈建设，形成园区之间的联动对接。

四是推进文化产业园区的政策体系、工作体系和人才体系组合建设，构建推动文化产业园区提质增效新体系。健全系统精准高效的政策体系、多维协同联动的工作体系、引入培养交流的人才体系，助力提升文化产业园区的人均、地均产出，形成文化产业园区社会效益和经济效益的提升机制。

（三）海淀区文化产业园区发展现状

海淀区文化产业园区呈现显著的科技赋能特征，海淀区文化产业园区以中关村为核心区，充分发挥科技带动引领作用。海淀区站在全国文化中心建设的高度，构建政府+企业全链条服务体系，搭建政策支持、园区服务平台。截至2021年8月，中关村核心区海淀共有文化产业园区41家，总建筑面积超过570万平方米。

中关村软件园位于海淀区东北旺乡，园区东临上地信息产业基地，南靠规划绿化带及北大生物城，西接东北旺苗圃，北至东北旺北路，园区与颐和园、西山景区遥相呼应，自然环境宜人。园区与清华大学、北京大学呈三角状地域分布。中国科学院以及海淀区众多高校为入园企业提供强大的科技支撑和技术支持。中关村地区浓厚的文化氛围为中关村软件园的建设和发展提供了优越的客观条件。中关村软件园规划总占地面积为139公顷，总建筑面积为60余万平方米，容积率已达0.44，平均建筑层数为3层。园区由两部分组成：商务区和自然形态的研发区。其中，商务区设在园区东、南两侧，建筑布置以街区的形式排列，建筑物空间以庭园绿地相互连接。商务区中的孵化器、公共技术支撑体系、信息中心、人才培训中心、宾馆等已建成使用；软件研发区的研发中心分布在绿地之间，并且以组团的形式在森林绿地中自由疏散分布，研发区布局充分体现了科技融入自然的宗旨。

中国人民大学文化科技园地处中关村核心区，交通便利，配套设施完备。园区是全国第一家文化创意特色的国家大学科技园，也是全国第一家文化创意特色的留学人员创业园，还是全国第一家国家版权贸易基地，以及全国第一家依托大学建设的国家文化产业示范基地。园区致力于孵化文化创意企业，推动文化科技融合，争做中国人文社会科学成果转化的引领者，中国文化产业主题大学科技园的开拓者，中国文化科技融合发展的示范者。园区着力打造中国文化产业优质品牌，着力打造具有全球影响力的文化科技创新中心。北京人大文化科技园建设发展有限公司是中国人民大学文化科技园的运营管理公司，公司主营业务包括园区的运营管理、创新创业孵化服务、版权产业链特色服务、文化产业专业智库建设等。2022年7月29日，位于海淀区的龙徽1910文化创意产业园开园。该园区由原北京龙徽葡萄酒厂改造而成，是北京市首批保护利用老旧厂房拓展文化空间项目。

（四）西城区文化产业园区发展现状

西城区地处北京中心区，充分利用城区中特色建筑和特色产业打造独具特色的文化产业园区，充分利用西城区所在地的文化事业单位，发挥文化产业与文化事业融合发展效应，带动所在区域文化繁荣发展。西城区文化产业园区主要集中在琉璃厂历史文化创意产业集聚区、北京DRC工业设计创意产业基地、中国北京出版创意产业园区、西长安街现代演艺街区、北京天桥演艺区、什刹海文化创意产业集聚区和天宁寺文化创意园七大文化产业集聚区。西城区政府积极规划建设琉璃厂历史文化创意产业集聚区，协调推动琉璃厂、大栅栏、南新华街发展，建设围绕东、西琉璃厂和南新华街的基础设施格局和文化产业布局。西城区政府注重扶持百年老店发展，提高大栅栏中华老字号集聚区的影响力。什刹海文化创意产业集聚区建设烟袋斜街——北京旅游商品原创基地与胡同人文艺术工房、护国寺街——老北京历史文化商业街、金丝套地区——四合院博物馆区、后海北岸——历史文化休闲体验区等具有地域特色的七大文化产业功能区。

"新华1949"文化金融与创新产业园是中国印刷总公司在北京市全面建设文化创意产业的大环境、大政策下，利用现有资源对北京新华印刷厂原址进行功能性改造，将创意元素注入传统印刷企业，构建蕴含历史文化内涵、新旧和谐共存、富有文化特色空间特征的文化创意设计产业集聚区。"新华1949"文化金融与创新产业园以科技、创新、文化为引领，以设计、传媒、

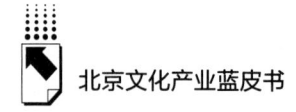

出版为核心产业，建设综合服务平台，通过产业价值链挖掘与延伸，逐步形成文化创意设计产业集聚区。

西城区政府与北京出版集团联合建设出版文化产业园区，建设北京文化新标识和新形象。北京出版集团地处西城区，临近北三环核心区，毗邻中轴线。北京出版集团所在区域向南是北二环的鼓楼、南锣鼓巷和北海，向北是元大都城垣遗址公园、鸟巢和水立方，具有天然的人文气息。北京出版集团在这个区域共有7栋功能齐备的楼宇，其中有4万多平方米的商用面积可用于出租，充足的空间足以涵养出版文化产业园的生态环境。这里有文化、人气、历史、地利，出版文化产业园区具有明确的目标定位，即通过积聚人气、讲好故事、做好功能配套、汇聚好上下游文化企业，实现成为二环路文化景观环线和中轴线文化探访线路交汇点文化高地的目标。出版文化产业园区坚持出版文化的核心定位，把握出版为本、运营为先两个着力点，实施三轮驱动策略，即用文化产业园区承载文化产业、用品牌运营接引积累流量、用综合配套涵养产业生态的路径探索。

近年来，北京出版集团在北京市和西城区政府的支持下，统一命名出版文化产业园区楼号，增加企业标识，使企业形象成为北三环一道亮丽的风景。出版文化产业园区引进北京人民东方出版社、知名的四世同堂餐饮公司、"想心空间"品牌书店等，有效提升了园区的格调和文化层次。出版文化产业园区扩展了三层园区范围。一是中心层以出版产业为主体。园区通过完善财务、人力等服务保障能力，以及图书审校、发行、版权、物流、仓储等全方位的出版服务能力，汇聚一批出版机构、工作室、独立出版人等。二是中间层以阅读交流为主体。通过建设实体书店，举行创作沙龙、艺术培训、网络文学论坛，发布阅读指数等文化活动，以及开展版权对接会、读者见面会、图书首发式、书画展等会展活动，园区能够吸引作家、艺术家、专家学者、文化经营者，以及中小学生、文艺青年和阅读爱好者等。三是外围层以出版阅读的配套服务为主体。园区通过开发有文化韵味的餐饮、酒店、咖啡厅、特色文创店等，满足市民和游客购物、休闲、观光、娱乐等需求。这三层构成创作出版、阅读交流、文化消费的出版文化服务循环，将出版文化产业园区建设成为立足西城区、辐射全国、面向世界的北京文化新标识和新形象：一个文化产业业态完整、配套齐全的示范区；一个各地作家、艺术家、文艺青年向往的首都文学圣地；一个与市民休戚与共、鱼水相依的城市文化载体和精神象征。[①]

三 北京市整体文化产业园区类型分析

近年来，为加快文化产业高质量发展，北京市制定发布了改造利用老旧厂房拓展文化空间、文创产业"投贷奖"联动、支持实体书店发展、推动文化文物单位文创产品开发试点等政策，打造"1+N+X"的文化产业政策体系。从2019年开始，北京市级文化产业园区每年认定一次（2021年北京文化产业园区的评定工作受疫情影响搁置，官方未公布2021年北京文化产业园区名单），认定条件非常注重文化产业园区的社会效益和经济效益，其中产业链完善、服务体系健全、管理运营规范、运营效益显著是北京市级文化产业园区的共同特点。2020年以来，北京市级文化产业园区分为三个类型，第一类是北京市级文化产业示范园区，一般共10家；第二类是被提名的北京市级文化产业园区，一般也是10家；第三类是北京市级文化产业园区。

（一）2019年北京市首批33家文化创意产业园区名单

表1 2019年北京市首批文化创意产业园区名单（33家）

序号	园区名称
1	751D·PARK北京时尚设计广场
2	768创意产业园
3	77文创园（包括美术馆、雍和宫、国子监等3家）
4	798艺术区

[①] 康伟：《打造北京文化新地标、新名片——关于建设出版文化产业园的思考与实践》，《出版广角》2022年第3期。

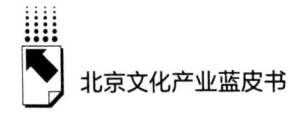

续表

序号	园区名称
5	北京城乡文化科技园
6	北京 DRC 工业设计创意产业基地
7	北京大兴新媒体产业基地
8	北京德必天坛 WE"国际文化创意中心
9	北京电影学院影视文化产业创新园平房园区
10	北京懋隆文化产业创意园
11	北京塞隆国际文化创意园
12	北京天桥演艺区
13	北京文化创新工场车公庄核心示范区
14	东亿国际传媒产业园
15	恒通国际创新园
16	弘祥 1979 文化创意园
17	嘉诚胡同创意工场(包括嘉诚有树、科玛斯车间、东城文化人才创业园、嘉诚印象、菊儿胡同 7 号等 5 家)
18	莱锦文化创意产业园
19	郎园 Vintage 文化创意产业园
20	清华科技园
21	尚 8 国际广告园
22	数码庄园文化创意产业园
23	腾讯众创空间(北京)文化创意产业园
24	天宁 1 号文化科技创新园
25	西什库 31 号
26	西海四十八文化创意产业园区
27	"新华 1949"文化金融与创新产业园
28	星光影视园
29	中关村东升科技园
30	中关村软件园
31	中关村数字电视产业园
32	中关村雍和航星科技园
33	中国北京出版创意产业园

资料来源：北京市国有文化资产管理中心。

（二）2020年北京市级文化产业园区名单

近年来，北京市文化产业园区数量增长迅速，从市委、市政府到区级地方政府，再到企业与资本方，各方都从城市更新的角度做出了各种尝试，2020年北京市评出100家市级文化产业园区，尽可能真实地反映北京市文化产业园区的发展情况，突出具有代表性园区的优势特点与示范作用。从整体来看，北京市级文化产业园区具有较为鲜明的"文化+"特征，"文化+科技"已经成为文化产业园区发展的主要方向；中心城区文化产业园区高质量发展优势突出，市级园区数量占比超七成；北京市级文化产业园区品牌建设初见成果，成功对外输出嘉诚胡同、郎园Vintage等一批成熟的产业园区运营模式，北京市级文化产业园区正在逐渐进入存量园区提效、增量空间拓展的全面升级阶段。

表2　2020年北京市级文化产业示范园区（10家）

序号	园区名称	序号	园区名称
1	嘉诚胡同创意工场	6	郎园Vintage文化创意产业园
2	"新华1949"文化金融与创新产业园	7	莱锦文化创意产业园
3	中国北京出版创意产业园	8	清华科技园
4	751D·PARK北京时尚设计广场	9	中关村软件园
5	798艺术区	10	星光影视园

资料来源：北京市国有文化资产管理中心。

表3　2020年北京市级文化产业示范园区（提名）（10家）

序号	园区名称	序号	园区名称
1	航星文化科技产业园	6	E9区创新工场
2	西什库31号	7	西店记忆FunsTown
3	经济日报文化金融融合创新园	8	阿里文娱集团总部园区
4	东亿国际传媒产业园	9	768创意产业园
5	北京电影学院影视文化产业创新园平房园区	10	腾讯北京总部文化产业园区

资料来源：北京市国有文化资产管理中心。

表4　2020年北京市级文化产业园区（80家）

序号	园区名称
1	77文创园
2	北京德必天坛WE"国际文化创意中心
3	东雍创业谷
4	隆福寺文创园
5	亮点文创园
6	鑫企旺文创园
7	大磨坊文化创意产业园
8	咏园
9	"红桥智·创"文化创意空间
10	"德必龙潭WE"国际文化创意中心
11	北电科林107号院文化创意产业园
12	尚8远东科技文化园
13	亿达·圣元荟
14	倍格生态
15	北京DRC工业设计创意产业基地
16	北京文化创新工场车公庄核心示范区
17	北京天桥演艺区
18	天宁1号文化科技创新园
19	北京设计之都大厦园区
20	中新华文化金融创意园
21	国家音乐产业基地中唱园区
22	繁星戏剧村
23	中国文化大厦文化科技创新园
24	北京坊
25	尚8国际广告园
26	恒通国际创新园
27	北京懋隆文化产业创意园
28	北京塞隆国际文化创意园
29	锦珑（北京）设计创意园
30	尚8设计+文化创意产业园
31	电通创意广场
32	NICEWORK新生代中小企业聚集地
33	铜牛电影产业园
34	醉库国际文化创意园
35	北京电影学院·东郎电影创意产业园
36	觿堂文化艺术园区
37	半壁店1号文化创意产业园
38	文心华策国际影视交流中心

续表

序号	园区名称
39	菁英梦谷广渠文创园
40	北服创新园
41	创立方·自空间 CBD 写字园
42	北化机爱工场文化科技融合产业园
43	中国电影导演中心
44	吉里(北京)国际艺术区
45	北京万荷文化艺术硅谷创意产业园
46	中国动漫科技产业园一期
47	北京化工集团华腾易心堂文化创意产业园
48	中关村数字电视产业园
49	中关村东升科技园
50	中国人民大学文化科技园
51	百旺弘祥文化创意产业园
52	海淀文教产业园
53	中关村创客小镇文创空间
54	创业公社·中关村国际创客中心文化创意园
55	海淀区东升镇兴华新媒体文创空间
56	创文时代文创空间
57	首科大厦文化创意产业园
58	北京石榴中心文化创意产业园
59	依文城堡欧洲园文创产业园
60	首钢文化产业园
61	首创郎园 Park 文化创意产业园
62	北京智慧长阳文化创意产业园
63	北京大学创业训练营房山基地
64	青创动力文化创意产业园
65	弘祥 1979 文化创意园
66	九棵树文化产业园
67	大稿国际艺术园区
68	泰达科技园·文创区
69	国家对外文化贸易基地(北京)
70	顺义金马文化创意产业园
71	腾讯众创空间(北京)文化创意产业园
72	宏福文创园
73	北京大兴新媒体产业基地
74	北京城乡文化科技园
75	格雷众创园
76	北京印刷学院文化创意产业园

续表

序号	园区名称
77	华商创意中心
78	北京平谷国家音乐产业基地
79	数码庄园文化创意产业园
80	东尚·E园

资料来源：北京市国有文化资产管理中心。

（三）2022年北京文化产业园区名单

北京市每年进行一次文化产业园区的认定，目的在于推进北京各级文化产业园区实现高质量发展，根据《北京市级文化产业园区认定管理办法（试行）》，北京市委宣传部联合北京市文旅局、北京市文资中心组织开展了2022年北京市级文化产业园区认定评审工作。2022年北京市级文化产业园区评审类别包括三类：北京市级文化产业园区、北京市级文化产业示范园区（提名）和北京市级文化产业示范园区。评审过程包括对文化产业园区进行合规性审查、专家评审和实地踏勘等环节，最终形成"2022年北京市级文化产业园区"认定名单，其中北京市级文化产业示范园区10家、北京市级文化产业示范园区（提名）10家、北京市级文化产业园区76家。2022年入选北京市级文化产业园区96家，入选的文化产业园区普遍具有文化核心领域的鲜明特征。北京市级文化产业园区主导产业既涵盖了新闻信息服务、内容创作生产、创意设计服务、文化传播渠道等文化核心领域，也体现了北京市在文化科技融合、文化金融融合等方面的发展优势。

表5　2022年北京市级文化产业示范园区（10家）

序号	园区名称	序号	园区名称
1	嘉诚胡同创意工场	6	郎园Vintage文化创意产业园
2	北京德必天坛WE"国际文化创意中心	7	东亿国际传媒产业园
3	航星文化科技产业园	8	中关村软件园
4	"新华1949"文化金融与创新产业园	9	腾讯北京总部文化产业园区
5	751D·PARK北京时尚设计广场	10	中国人民大学文化科技园

资料来源：北京市国有文化资产管理中心。

表6 2022年北京市级文化产业示范园区（提名）（10家）

序号	园区名称	序号	园区名称
1	歌华大厦文化产业园区	6	文心华策国际影视交流中心
2	中国北京出版创意产业园区	7	中关村东升科技园
3	西什库31号	8	中印科院科技文化园
4	莱锦文化创意产业园	9	星光影视园
5	恒通国际创新园	10	国家对外文化贸易基地（北京）

资料来源：北京市国有文化资产管理中心。

表7 2022年北京市级文化产业园区（76家）

序号	园区名称
1	77文创园
2	北电科林107号院文化创意产业园
3	德必龙潭WE"国际文化创意中心
4	东雍创业谷
5	亮点文创园
6	隆福寺文创园
7	鑫企旺文创园
8	咏园
9	远东科技文化园
10	"红桥智·创"文化创意空间
11	人民美术文化园
12	雪莲·亮点东四文创园
13	北京坊
14	北京DRC工业设计创意产业基地
15	北京设计之都大厦园区
16	北京天桥演艺区
17	北京文化创新工场车公庄核心示范区
18	繁星戏剧村
19	国家音乐产业基地中唱园区
20	经济日报文化金融融合创新园
21	天宁1号文化科技创新园
22	中国文化大厦文化科技创新园
23	京盐融园
24	十月星吧广场

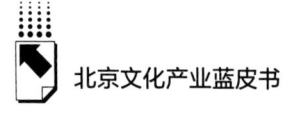

续表

序号	园区名称
25	E9区创新工场
26	半壁店1号文化创意产业园
27	北化机爱工场文化科技融合产业园
28	北京电影学院影视文化产业创新园平房园区
29	北京化工集团华腾易心堂文化创意产业园
30	北京懋隆文化产业创意园
31	北京塞隆国际文化创意园
32	北京万荷文化艺术硅谷创意产业园
33	创立方·自空间CBD写字园
34	电通创意广场
35	东郎电影创意产业园
36	吉里（北京）国际艺术区
37	锦珑（北京）创意产业园
38	菁英梦谷广渠文创园
39	尚8国际广告园
40	尚8设计+文化创意产业园
41	铜牛电影产业园
42	西店记忆FunsTown
43	麤堂文化艺术园区
44	中国电影导演中心
45	中国动漫科技产业园一期
46	醉库国际文化创意园
47	首创郎园Station
48	东枫德必WE"人工智能创新基地
49	东方科技园
50	通惠河畔文化创意产业园
51	清华科技园
52	768创意产业园
53	海淀区东升镇兴华新媒体文创空间
54	海淀文教产业园
55	百旺弘祥文化创意产业园
56	中关村创客小镇
57	中关村数字电视产业园
58	国际传播科技文化园

续表

序号	园区名称
59	北京石榴中心文化创意产业园
60	首科大厦文化创意产业园
61	京工时尚创新园
62	永乐文智园
63	首创郎园 Park 文化创意产业园
64	中关村(京西)人工智能科技园·智能文创园
65	北京大学创业训练营房山基地
66	北京智慧长阳文化产业园
67	弘祥1979文化创意园
68	新潞·运河文创园
69	顺义金马文化创意产业园
70	宏福文创园
71	腾讯众创空间(北京)文化创意产业园
72	北京大兴新媒体产业基地
73	北京印刷学院文化创意产业园
74	格雷众创园
75	东尚·E园
76	数码庄园文化创意产业园

资料来源：北京市国有文化资产管理中心。

四 北京文化产业园区发展成效和特征分析

近年来，随着文化产业政策的调整，北京文化产业园区的建设和发展呈现鲜明的地域文化特征。北京文化产业园区发展建设从最初的圈地重建转向适应首都城市建设的新要求，文化产业园区建设开始着重老城区改造和老旧厂房重新利用，园区中的旧厂房、老楼等实体物理建筑成为文化产业园区中最基本的单位，也是文化产业园区发展建设的重要根基。2013年，北京市政府发布了《关于进一步鼓励和引导民间资本投资文化创意产业的若干政策》，提出对于符合支持条件的文化产业建设项目，按照市政府投资项目管

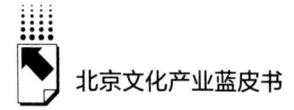

理程序和现行政策给予支持。2014年,《关于推进城区老工业区搬迁改造的指导意见》和《国务院关于推进文化创意和设计服务与相关产业融合发展的若干意见》明确表达了国家对于改造老旧厂房的支持,文化产业园区对城区老工业区的改造和再利用既要保护工业遗存,也要在提升城市区域文化内涵和价值的同时创造经济与社会效益。2017年,北京市政府在《关于保护利用老旧厂房拓展文化空间的指导意见》中再次对保护利用老旧厂房提出指导意见,并提出鼓励文化产业园区在充分保护利用好老旧厂房的基础上,发展文化创意产业,建设适应新时代特征的新型城市文化空间。在北京市各级政府的大力支持和推动下,许多文化企业开始利用城市中的老旧厂房进行文化空间改造,建设适应城市发展的文化空间。从国家和北京市政府的几项政策和指导意见的影响和社会效果来看,文化产业园区充分利用老旧工业厂房发展的路径越来越受到文化市场的认可。政府各项政策措施中对老旧厂房转型为文化产业空间、公共文化服务空间的支持,催生越来越多的文化产业园区参与实践,成为文化产业园区融入城市文化建设的现实场景。2022年9月1日,北京文化产业园区展在首都钢铁厂旧址开幕,伴随2022年中国(北京)国际服务贸易交易会的举行,北京文化产业园区展成为交易会的重要内容,吸引了众多游客的参与体验。北京文化产业园区展围绕科技赋能文化和文化赋能城市的主题,采取数字与沉浸式技术相互结合的方式,集中展示北京文化产业园区生产创新成果,全面呈现首都文化产业高质量发展的新面貌。

(一)红色专题园区独具特色

2021年是中国共产党成立一百周年,北京市"红色旅游"搜索热度较上年同期增长316%,涨幅排名全国第一。北京市推出50余条红色旅游主题精品线路,并发布北京红色旅游地图。北京红色专题园区通过主题演艺、沉浸式体验等方式提升游客体验,如东城区将革命活动旧址和爱国主义教育基地"串珠成链",建设5条党史游学推荐线路,建成红色专题园区。《新青年》编辑部旧址(陈独秀旧居)专题展重现电视剧《觉醒年代》场景,并创编戏剧《星火》，自开展以来共接待参观游客3.2万余人次，获得"2021北京网红打卡地"称号。其中，北大红楼、鲁迅博物馆、李大钊故居、京报馆等相关红色景点受访率大大提升。把优秀主旋律电视剧场景融入红色专题园区，传承与创新互促，传播社会主义先进文化，成为北京文化产业园区建设紧跟时代主题的重要举措。

随着《北京市城市更新行动计划（2021—2025年）》正式发布，北京市政府鼓励充分挖掘工业遗存的历史文化和时代价值，建设旅游、文娱、康养等新型服务消费载体。31处中国共产党早期北京革命活动旧址完成修缮向社会开放；石景山模式口历史文化街区开街，7处精品院落、5处景观节点以及30家特色商铺重新焕发老街活力和光彩。根据《北京市人民政府关于实施城市更新行动的指导意见》及4个配套实施细则，北京市政府鼓励和支持利用老旧厂房发展文化产业，将历史文物建筑、历史街区等打造成为城市文化会客厅。

（二）北京文化产业园区成为优质文化企业的集聚地

北京文化产业园区发展彰显首都文化科技和文化金融融合的优势。768创意产业园凸显文化科技融合特色，百余家入驻企业形成"互联网+"、数字内容和多媒体设计、人工智能产业、建筑景观设计四大集群。截至2021年，北京文化产业园区先后孵化出独角兽企业4家、上市公司3家。751D·PARK入选国家旅游科技示范园区试点名单，园区集聚了设计师工作室及相关公司（机构）超150家，文化科技类企业和文化设计类企业占近九成。国家广播电视总局批复同意在北京经济技术开发区设立"中国（北京）高新视听产业园"，努力建设国内首个覆盖屏幕硬件制造、视听内容生产、网络传播渠道、大数据评价等全产业链的视听产业园区。星光影视园以科技升级视听内容制作，推进5G+超高清音视频制播技术应用，XR虚拟演播室正式投入使用，服务了第十一届北京国际电影节开幕式、第十四届全运会等重大活动及体育赛事。

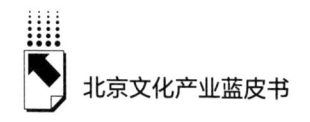

（三）北京文化产业园区成为市民文化消费的打卡地

"品牌活动+特色场景"成为北京文化产业园区发展的新活力和新目标。文化产业与市民精神文化生活高度关联，北京越来越多的文化产业园区与社区、街区融为一体，成为文化消费新空间和功能多元的"城市会客厅"。近年来，北京市文资中心围绕冬奥、非遗、艺术等主题，在文化产业园区开展各具特色的文化品牌活动。2021年，798艺术区入选第一批国家级夜间文旅消费集聚区和北京市文化旅游体验基地，园区举办798艺术节，开展了各类主题展、艺术文创集市、街头涂鸦体验等多项活动，吸引了众多文化艺术爱好者的关注，充分彰显了798艺术区作为国际知名当代艺术园区的鲜明特色。工业遗存与奥运元素结合的滑雪大跳台"雪飞天"惊艳亮相，北京冬季奥林匹克公园开园，百年首钢老厂区成为文化产业园区建设与奥林匹克运动有机融合的典范。咏园正式推出"首个非遗主题实景沉浸式空间"，打造集剧本杀、换装等形式于一体的非遗体验空间。第十届郎园国际创意文化节通过文创市集、非遗大秀、艺术夜市等活动，构建文化新消费场景。前门大街、簋街、王府井、隆福寺等地策划举办一系列夜间经济特色活动，受到广大市民欢迎，成为市民文化消费的新兴打卡地。

（四）科技赋能文化，北京文化产业园区质量全面提升

世界百年未有之大变局加速了科技革命和产业变革，科技创新成果不断在北京文化产业园区落地呈现，形成新的产业实践。2022年北京众多文化产业园区在石景山区展览期间，元宇宙成为各个文化产业园区竞相发展的热点。在文化产业园区的互动体验区，"五一视界"利用自主集成创新的全要素场景技术，创设了元宇宙会客厅，在虚拟宇宙布设了4000平方米的会展空间，将展览展示、洽商交流、产品销售、交易结算等众多功能放置在一起，实现了现实场景在元宇宙的生动复现，最多可容纳650人同时在线互动。"豹宇数字"构造的虚拟世界，"精彩旅图"搭建的实景3D VR场景，

"捷通华声"形成的"凌云数字人"等科技创新与产业融合成果，都展现出元宇宙技术对传统文化产业的提升和改造。另外，798艺术区的创新试验项目"情绪几何3.0艺术装置"，将艺术、心理学与科技有机融合，能够精准检测体验者的心理状态，向各行各业推广将会拥有广阔市场。[1]

在2022年北京文化产业园区展的专题展区，中国（北京）星光视听产业基地最新研发建设的"5G+"超高清远程制作中心，构建"中央厨房"式全媒体制作发布平台，能够成功替代当下的超高清转播车。这一发布平台改建了600平方米的XR虚拟演播室，提供沉浸式数字制播空间，能够节省拍摄成本超过70%，试运行一年收入达1800万元，较改造前收入水平提高了约50%。目前，该基地累计形成数字资产1200件，网络定价超过1000万元。751D·PARK北京时尚设计广场以创意设计赋能实体经济，培育汽车设计、时尚设计主导板块，"奥迪用户月""中国国际时装周"等品牌活动影响力日益扩大。768创意产业园孵化出知乎、脉脉等4家独角兽企业和3家上市企业，被誉为"文化产业独角兽的孵化基地"。北京文化产业园区展特别令人欣喜的是，科技支撑文化表达能力不断进步，腾讯制作的"数字中轴"、"七九七"研发的音响系统、利亚德深耕的显示屏等日益为文化产业、文化事业的贯通发展提供重要助力。2022年上半年，北京市规模以上文化新业态特征较为明显的16个行业小类单位达到1307个，实现收入5395.5亿元，同比增长4.4%；形成资产1.5万亿元，同比增长16.9%。[2]

（五）文化赋能城市，北京文化产业园区助力城市街区发展

在北京文化产业政策的引领下，北京文化产业园区逐渐形成"产城融合"的特色优势。北京文化产业园区在实现由文化生产的加工厂向文化生产消费综合产业结构升级的同时，也带动了周边街区和所在城市的文化消费，为满足人民群众文化需求和美好生活向往做出重要贡献。当前，北京市

---

[1] 《服贸会展现98家市级文化产业园区创新成果》，《首都建设报》2022年9月5日。
[2] 《科技创新成果催生新业态》，"人民网"百家号，2022年9月12日，https://baijiahao.baidu.com/s?id=1743709832050256339&wfr=spider&for=pc。

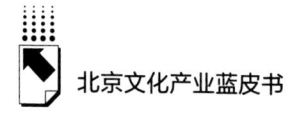

以长安街和中轴线为中心集聚的市级文化产业园区一共58家,形成充满首都文化韵味和新时代魅力的文化架构。首都钢铁厂旧址改造完成,实现旧厂房的重新利用,其中"雪飞天"让北京城市形象惊艳世界,产生重要的影响力。郎园Vintage文化产业园区持续塑造文化新标识,特色鲜明的台湖演艺小镇、张家湾设计小镇和国际设计周永久会址等新地标为北京城市副中心建设增添众多文化内涵,"美克洞学馆""美后肆时"等标识为新型文创空间做出新的诠释。国家对外文化贸易基地(北京)加强了中外文明的交流和互鉴,为北京城市建设提供新元素。在隆福寺文创园的渗透提升中,北京的文化资源结合更加密切,各领域的高端资源更加易于集聚,文化消费活动层出不穷,文化产业结构的集聚效应不断呈现。北京文化产业园区正在朝着国际顶级文化矩阵和国际文化消费中心城市快速发展。

据权威机构统计,大部分北京文化产业园区积极主动地调整出园区15%~20%的面积,用于建设实体书店、图书馆、美术馆、剧院等相关的文化消费场所,搭建"文化+餐饮""文化+休闲""文化+商贸""文化+体育"等文化消费新形态,引进快闪店、国潮店、脱口秀等文化产业新形态,涌现"E9区创新工场10分钟文化休闲体验圈""嘻番里""我是不白吃""曼联旗舰店""时堂"等首店新品牌和网红打卡地,进一步丰富了广大市民的文化生活,持续提升北京市民的文化消费活力。北京文化产业园区消费有效带动了城市文化消费,2021年,北京人均教育、文化和娱乐消费支出为3348元,比全国平均水平高出749元。

(六)北京市加强文化产业园区政策引领,推动文化产业园区高质量发展

北京文化产业园区是文化产业发展和城市创新的重要载体。2021年以来,北京市确立了主要推动文化产业园区发展的工作思路,先后制定出台了《北京市推进文化产业园区高质量发展的若干措施》等文件,确立了五个方面共20项重点措施。北京市成立北京文化产业园区协会,协会以服务企业发展为宗旨,吸纳会员100多家,开拓"园区有话说"等品牌节目,采用线上+线下多种方

式，参与人数达到近3万人次。疫情期间协会倡导市级园区累计减免房租7.7亿元，提供了"文科汇"、文化金融沙龙及路演推介会、文化创意产业大赛等一系列文化企业发展平台，2022年1~7月累计惠及企业超过1000家。北京文化产业园区协会运用《北京市支持文化金融融合发展资金管理办法》的相关规定，推动27家文化产业园区运营企业和232家市级园区文化企业成果享受政府支持优惠政策，有效支持了文化产业园区的创新创业和高质量发展。北京文化产业园区协会建立市级部门会商和现场办公机制，推动制定和完善了《北京城市更新条例》，解决了众多文化产业园区发展中的实际问题。协会还开展各种主题鲜明的宣传活动，让更多的文化企业和市民关注文化产业园区，有效提升了文化产业园区的吸引力和影响力。北京市出台了全国首个文化产业园区高质量发展景气指数，创造了文化产业园区发展的"北京经验"。

五 北京文化产业园区发展对策

"十四五"时期是北京文化产业践行高质量发展理念的关键阶段，北京文化产业园区作为重要的支撑载体需要与产业及市场发展需求高度匹配。北京文化产业园区的发展仍面临诸多挑战，如文化产业园区的软件和硬件服务无法满足租户日益年轻化、多样化、数字化的服务需求；优质园区多集中在中心城区，园区区域分布不均衡，以及园区之间没有建立协同发展机制等；许多园区的运营本质上仍是重资产模式，限制了文化产业品牌及模式的输出；部分园区还存在区域性生态环境建设相对薄弱、缺少主导产业、功能定位不清晰、文化氛围不足等劣势。

综合当下北京文化产业园区存在的硬性与软性问题，从文化产业园区高质量发展和文化产业高质量发展的实际出发，应结合北京文化产业园区面对新环境、适应新变化呈现的新趋势，以城市文化繁荣发展构建全国文化中心为目标，营造北京文化产业园区新生态，加速传统文化产业园区向智慧化文化产业园区转型，走内涵与外延并举的发展战略，强化文化产业园区品牌化、连锁化发展，鼓励文化产业园区和公共文化设施运营联动协同发展，明

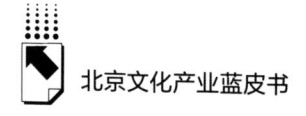

确文化产业园区功能定位及主导产业，推动实现差异化、特色化、内循环式发展。此外，还可以通过成立文化产业园区智慧库加大政府对园区支持引导力度，通过文化产业发展高端紧缺人才引进以及与高校合作等方式，合力推动文化产业园区实现高质量发展。

（一）推动文化产业园区制定高标准的规范性文件

制定高标准的规范性文件是文化产业园区实现高质量发展的基本保障。一是明确国家级、市级文化产业园区的评定条件，进一步规范北京市文化产业示范基地、北京市级文化产业示范园区、北京文化产业创新试验区的命名与认定工作。二是组织相关部门、学界专家、代表性园区负责人等在北京市范围内开展系统调研，根据文化产业园区主要特征和各区域发展实际，加快完善文化产业园区建设与管理规范，确立北京文化产业园区评价指标体系，指导北京文化产业园区建设实践。

（二）推动文化产业园区彰显高质量文化属性

精神文化生产是文化产业园区高质量发展的基本前提。首先，确保文化产业园区主导产业是文化产业。地方政府或市场主体规划建设文化产业园区，应确保主导产业属于《文化及相关产业分类（2018）》中规定的范围，或者明显属于文化与其他产业融合发展的范畴。其次，文化产业园区市场主体绝大部分应是围绕定位发展的文化企业，辅以园区上下游产业链发展所需的关联配套企业，与园区定位无关的非文化企业不应进入园区。最后，文化产业园区生产要素体现文化性。文化产业园区提供文化产业信息、知识产权服务代理、文化技术研发平台、文化产业人力资源等与文化产业发展相匹配的公共服务，满足文化创意生产的要素需求。

（三）推动文化产业园区文化与科技高质量融合

科技赋能是文化产业园区实现高质量发展的重要手段。通过建设文化产业园区科技研发平台，引导文化产业园区企业不断加大研发投入力度，推动文化关键共性技术研发，催生文化产业新技术、新模式和新业态，为文化产业园区发展提供科技支撑。文化产业高知识性、高技术性特征明显，其新闻信息服务、内容创作生产、创意设计服务、文化传播渠道、娱乐休闲服务等核心领域与互联网联系密切，也具备创新发展互联网文化产业园区的基础与条件。文化产业园区要充分把握文化科技融合发展的前景趋势，通过科技赋能转变文化生产方式和传播方式，提高劳动生产效率，推动文化产业园区转型发展、融合发展和高质量发展。

（四）推动文化产业园区文化要素市场高质量集聚

产业集聚是文化产业园区的重要优势，文化要素市场繁荣与否是文化产业园区能否实现高质量发展的重要支撑。一是提高文化产业园区政策集聚。根据园区实际需求，推动政府和园区管理机构有针对性地提供扶持政策，同时考虑文化产业的交叉复合性，综合利用文化旅游、广播影视、新闻出版等行业已有政策，形成文化产业园区政策叠加集聚效应。二是推动文化要素市场高质量集聚。创设文化产业基金，通过资本化运作扶持初创期企业和高成长性企业；精准引进人才，并提供全方位人才服务，形成文化产业人才集聚地；加强文化产业园区孵化器建设，完善园区文娱基础设施，构建文创发展环境。三是提高文化产业园区企业集聚水平。大力培育和引进龙头文化企业，积极扶持中小微文化企业，真正形成文化产业园区龙头企业引领、中小微企业广泛集聚的局面。

（五）高质量建设文化产业园区文化品牌

文化品牌建设是文化产业园区实现高质量发展的重要引领。根据所在地域文化资源或者文化生产传统，科学论证园区文化品牌定位，彰显园区文化个性与文化特色，体现文化产业园区的差异化发展。围绕园区文化品牌定位，集聚相应文化企业，健全文化生产链条，完善园区服务体系，构建有市场竞争力的园区文化产品体系，形成凸显园区文化定位的产品集群，塑造园区核心竞争力。加强园区品牌传播，构建多元融合的新媒体传播体系，讲好

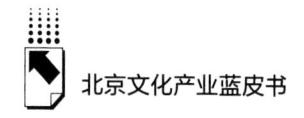

园区文化故事，增强园区文化软实力，实现园区品牌价值增值。持续深化国家级、省级文化产业园区创建、评估与验收工作，形成一大批覆盖文化产业诸领域的园区品牌，充分发挥文化产业园区在文化资源创意转化、经济领域新旧动能转换和区域协调发展中的引领示范作用。

六　结语

文化产业园区是公共文化与经营性文化地域上的汇集点和逻辑上的融合点，承载了企业的办公空间，是文化消费的实现场景，也是一座城市文化活力、文化价值、文化产出水平的缩影与体现。文化产业园区作为文化创意产品转化应用的平台，是文化科技融合及"产学研用"相结合的载体。数字文化产业的快速发展，在推动中华优秀传统文化内容的数字化转化和创新方面做出重要贡献，在促进数字文化产业平台建设和构建数字文化产业生态系统方面提供重要平台。同时，数字文化产业发展为未来文化产业园区的发展带来新机遇。新时代北京文化产业园区将在数字科技的引领下持续为文化产业的发展提供资源，搭建文化企业创新集聚平台，为文化企业的创新提供机会，创造北京城市经济发展和国家文化繁荣兴盛的重要载体。在中华民族走向伟大复兴的历史背景下，文化产业园区要在实践中探索形成具有鲜明特色的中国模式和中国样板。

"十四五"时期，将是北京文化产业园区发展的重要战略机遇期，北京文化产业园区面临着一系列新形势、新要求。一是随着技术的发展，文化旅游融合越发深入，文化产业园区需要且正在迈入场景运营的新阶段；二是文化产业园区品牌连锁化经营模式将成为园区提升核心竞争力的有效途径，将成为更多文化产业园区发展的新特征、新模式；三是文化产业园区服务将更加多样化、平台化、标准化和规范化，建设园区标准统一和快速高效的服务体系，将成为提升文化产业园区核心竞争力的必要手段之一；四是在城市建设不断深化的背景下，数字化与智慧化文化产业园区建设将成为文化产业园区服务升级的一个新目标。

B.4 京郊红色文化与乡村旅游融合发展研究[*]

王蕾 孔昊菲 居德馨[**]

摘　要： 弘扬红色文化，传承红色基因，对建设社会主义先进文化、树立文化自信具有重要的现实意义。红色旅游是红色文化的重要载体，在弘扬和传承红色文化中起到关键作用。北京红色文化资源丰富、知名度高，但城区与郊区发展不均衡问题显著。房山区霞云岭乡堂上村红色文化底蕴深厚，乡村生态旅游特色突出，适宜整合"红""绿"资源，拓展乡村旅游新业态，加强当地生态化建设，打造绿色生态品牌，增加红色体验式场馆，加强产品多元化，打造红色乡村旅游的生态化开发路径。

关键词： 红色文化　乡村旅游　生态旅游　文旅融合

我国历史悠久，幅员辽阔，上下五千年的文明史不仅为当代社会留下了诸多珍贵的物质文化遗产，也为后世留下了宝贵的精神文化财富，红色文化就是其中之一。弘扬红色文化，传承红色基因，对建设社会主义先进文化，树立文化自信具有重要的现实意义。红色旅游作为红色文

---

[*] 本文受北京文化产业发展研究院 2022 年度开放课题"区域文化产业发展建设与乡村文化振兴研究子项目"资助。

[**] 王蕾，博士，北京印刷学院经济管理学院讲师，主要研究方向为文化旅游；孔昊菲，北京印刷学院经济管理学院文化产业管理系本科生；居德馨，北京印刷学院经济管理学院文化产业管理专业本科生。

化的重要载体，在弘扬和传承红色文化中起到关键作用。当前我国红色旅游在政策支持下发展迅速，市场需求不断扩大，红色旅游景区的发展质量大幅提升，涌现100多条全国知名的红色旅游精品线路和100多个红色旅游经典景区，景区体验和服务品质都得到较大幅度提高。放眼全国，目前国内红色旅游的发展正面临重要的战略机遇期，面临发展模式和发展方向的多重抉择。随着近几年文化和旅游产业融合的深度推进，各地红色旅游区域合作进一步加强，红色文化与旅游业态的融合也得以在实践领域强化。

北京作为我国重要的政治文化中心城市，在近代以来又见证了我国革命、建设时期诸多重大历史事件，拥有以革命历史文化遗产为代表的珍贵红色文化资源和建设质量较高的代表性红色旅游景点，在全国范围内的红色旅游市场中占据重要地位。其在红色旅游发展领域的举措，对于全国各地方城市因地制宜发展本地方的红色旅游具有重要的借鉴意义。

北京地区红色文化和红色旅游资源分布广泛，数量众多，类型丰富，权威性强，联系紧密，具有得天独厚的发展优势。近年来，北京市政府对于红色旅游的政策倾斜与支持力度不断加大，形成了良好的红色旅游发展环境。但北京的红色旅游资源在地域上分布不均衡，城区和郊区的红色旅游资源无论是景区数量、旅游人次还是建设质量方面都存在较大差异，因此挖掘郊区红色文化内涵、提升郊区红色旅游品质成为北京市红色旅游发展中面临的亟待突破的问题。在北京郊区的众多红色旅游资源中，房山区霞云岭乡堂上村作为知名歌曲《没有共产党就没有新中国》的诞生地，其红色旅游的实践经验具有代表性。该地依托特有的红色文化资源和生态旅游资源，创新红色文化与乡村旅游融合的发展模式，探索出"红色文化+生态旅游"的"红""绿"结合发展道路。本文通过对房山区霞云岭乡堂上村的实证研究，探索北京郊区红色文化与乡村旅游融合的经验借鉴和模式概括，研究成果可为全国其他地区结合地方特色深度挖掘红色文化资源提供发展思路，优化首都红色旅游发展环境，弥补北京城区与郊区红色旅游发展的不均衡局面，形成北京红色旅游在全国的示范效应。

一 北京红色文化与旅游资源开发现状

（一）北京红色旅游资源概况

北京红色旅游资源，首先表现为数量众多。据不完全统计，北京共有各类革命纪念建筑物及遗址125处，市区内有64处，集中在东城、西城、海淀、丰台等区；郊区有61处，分散在房山、门头沟、顺义、昌平、延庆、密云、通州、怀柔、平谷等区。

其次是类型丰富，按照建筑类型，可以划分为博物馆、纪念馆、革命者旧居、烈士陵园、烈士墓碑、革命纪念地、革命遗址等。

最后是知名度高。在北京众多的革命纪念建筑物中，有一批知名度较高的红色旅游资源。据统计，在国家认定的八批全国重点文物保护单位中，北京的革命遗址及革命纪念建筑物就有16处，分别为人民英雄纪念碑、天安门、卢沟桥、北京大学红楼（第一批，1961年）、宋庆龄故居（第二批，1982年）、郭沫若故居（第三批，1988年）、辛亥滦州起义纪念园、孙中山行馆、北京国会旧址（第六批，2006年）、辅仁大学本部旧址、李大钊旧居、长辛店二七大罢工旧址、北京大学地质学馆旧址、焦庄户地道战遗址、梅兰芳旧居（第七批，2013年）、双清别墅（第八批，2019年）。此外，在原国家旅游局公布的首批全国100处经典红色景点中北京占7处，分别为天安门广场、中国国家博物馆、中国人民抗日战争纪念馆（含卢沟桥、宛平城）、新文化运动纪念馆、顺义区焦庄户地道战遗址纪念馆、李大钊烈士陵园、中国人民革命军事博物馆。第二批全国红色旅游经典景区中北京占6处，分别是北京奥林匹克公园、圆明园遗址公园、北京规划展览馆、宋庆龄故居、双清别墅和没有共产党就没有新中国纪念馆。

由此可见，北京红色旅游资源以地区发展的文化背景为基础，涵括了多个历史时期以及与之相关的历史遗址和名人故居，构成了完备的红色旅游资源库。

近年来，北京市文旅局等相关部门和景区，在发展红色旅游的实践中，

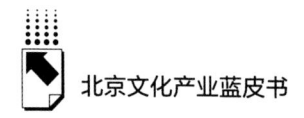

将全市红色旅游资源细分为为数众多的红色旅游景点,并形成20条红色旅游经典线路,基本覆盖了北京市城区与郊区的红色旅游资源。这20条红色旅游经典线路以"点—线—面"的方式串联全市的各个红色旅游资源点,重点展现了中国共产党成立时期、抗日战争时期、中华人民共和国成立初期与改革开放以来等不同历史阶段的红色历程,初步组构了北京的红色旅游资源体系,丰富了北京红色旅游资源的种类和内涵,保障了旅游活动的服务质量,为北京红色旅游产业的可持续发展在供给系统层面奠定了基础。经过一段时间的发展,这20条线路已经成为北京市各区发展本地旅游的重要组成部分,尤其带动了郊区红色旅游产业和地区经济的发展。

表1 北京市20条红色旅游经典线路及其红色旅游资源

序号	红色旅游线路	代表阶段与类型	红色旅游资源
1	新文化运动游线	中国共产党成立前后	包含新文化运动纪念馆、沙滩后街(京师大学堂所在的胡同)、吉安所左巷、中老胡同等旅游资源
2	万安公墓追思先烈游	抗日战争时期	李大钊烈士陵园
3	卢沟烽火宛平游	抗日战争时期	线路是以卢沟桥与宛平城为核心的抗日战争文化游,包含卢沟桥、宛平城、中国人民抗日战争纪念馆、中国人民抗日战争纪念雕塑园、赵登禹烈士墓,周边涉及世界公园、北京大葆台西汉墓博物馆、八一电影制片厂影视基地与北京世界花卉大观园等旅游资源
4	焦庄户地道战体验游	抗日战争时期	包含焦庄户地道遗址、顺义区焦庄户地道战遗址纪念馆等旅游资源
5	天安门广场红色游	新中国成立后	包含天安门城楼、天安门广场、人民英雄纪念碑、毛主席纪念堂、中国国家博物馆和北京规划展览馆等旅游资源
6	烽火硝烟军博游	中国共产党成立以来	包含中国人民革命军事博物馆、中华世纪坛旅游资源
7	见证历史东城游	名人故居	以红色故居、文化为核心,包含中国铁道博物馆、三一八惨案发生地、正阳门箭楼、北京警察博物馆、老舍故居、茅盾故居、蔡元培故居、前门大街等旅游资源

续表

序号	红色旅游线路	代表阶段与类型	红色旅游资源
8	红色故居西城游	名人故居	以爱国人士故居等为核心的红色旅游资源集合,包含李大钊故居、北京鲁迅纪念馆、宋庆龄故居、郭沫若纪念馆、徐悲鸿纪念馆、梅兰芳纪念馆、慈悲庵、湖广会馆、刘公馆、北京宣南文化博物馆等旅游资源
9	日出东方朝阳游	抗日战争时期与新中国成立后	包含马骏烈士墓、北京798艺术区和北京中华民族博物院等旅游资源
10	红叶霜天海淀游	建党时期与抗日战争时期	以香山公园为核心,包含香山公园、碧云寺、双清别墅、一二·九运动纪念亭、圆明园、三一八烈士纪念碑等旅游资源
11	妙峰山情报站寻迹游	抗日战争时期	包含平西情报联络站纪念馆、宛平县人民八年抗战为国牺牲烈士纪念碑等旅游资源
12	京西红色山村游	抗日战争时期	包括冀热察挺进军司令部旧址陈列馆(马栏村)、爨底下村、柏峪村等旅游资源
13	红歌诞生地堂上游	新中国成立时期	没有共产党就没有新中国纪念馆
14	抗日烽火十渡游	抗日战争时期	包含平西抗日战争纪念馆和十渡红色旅游区等旅游资源
15	雄关漫漫昌平游	抗日战争时期与新中国成立后	包含中国航空博物馆、白羊城村、西山惨案遗址和中国人民解放军坦克博物馆等旅游资源
16	鱼子山抗日遗迹游	抗日战争时期	包含鱼子山抗日战争纪念馆、鱼子山村等旅游资源
17	庙上村革命传统游	建党时期	包含庙上村党支部纪念地、沙峪抗日纪念碑、汤河口烈士陵园等旅游资源
18	缅怀英烈密云游	抗日战争时期	包含古北口战役阵亡将士公墓、古北口保卫战纪念碑及阵亡烈士墓碑、白乙化烈士陵园等旅游资源
19	平北抗战烽火游	抗日战争时期	包含平北抗日烈士陵园、岔道"万人坑"纪念亭、西羊坊惨案纪念碑(西羊坊村)、平北红色第一村——沙塘沟村,以及平北军分区司令部纪念碑亭等旅游资源
20	运河人家通州游	抗日战争时期	包含平津战役前线司令部作战办公室旧址和中国民兵武器装备陈列馆等旅游资源

资料来源:根据北京市文化和旅游局网站信息整理。

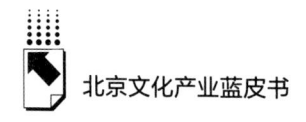

上述旅游资源点与旅游线路,是北京市红色旅游资源供给系统的核心组成部分,既能再现历史面貌,又能彰显精神内涵,不仅拓展了北京市红色旅游的历史文化内涵,而且扩大了红色旅游的空间范围,使北京市红色旅游从城市拓展到乡村,带动了更多旅游形式和旅游区域的发展。

(二)北京红色旅游资源的空间分布

为进一步分析北京红色旅游资源在各区的分布情况,本文选择了北京市前两批全国红色旅游经典景区(共13处)和北京市各区县有代表性的红色旅游资源点(共21处)为研究对象。从全市红色旅游资源点的分布来看,经典红色旅游景区主要分布在北京城区内及近郊区,仅有两处分布在远郊区,反映了经典红色旅游景区分布的不均衡。简单统计可知,城区经典景区占46%、近郊区占39%、远郊区仅占15%。造成这种分布情况的原因主要在于:城区交通较为便利,旅游配套设施和服务设施较为完善,开发时间较早,有一定的知名度和市场吸引力,比郊区的红色旅游景点发展成熟。

郊区的重点红色旅游景点呈现了空间分布不均衡的状况。延庆区、昌平区、门头沟区、房山区的重点红色旅游资源较多,密云区、平谷区、大兴区等的红色旅游资源分布较少,拥有资源较多的郊区基本已经形成一定的区域旅游系统。

(三)北京红色旅游资源供给系统存在的问题

目前,北京市在红色旅游资源的供给上,既具有数量众多、内容丰富、知名度高等突出优势,也存在区域发展不平衡的问题,尤其是城区和郊区的红色旅游资源分布明显不均衡。抓准现存问题所在,是提出改进措施、优化资源供给的关键。由于各区的历史文化背景不同、旅游政策侧重点不同、资金和人员投入不同、对红色文化的挖掘程度不同,红色旅游资源开发自然存在差异。对郊区来说,有差异就意味着有改进和提升的空间,既是挑战也是机会。

郊区的红色旅游资源由于远离市区，交通可达性不够，必须在资源特色开发上做文章，要探索一条与城区不同的红色旅游资源开发路径，创新红色文化与其他旅游形式的深度融合，做到"人无我有、人有我优"，特色化、差异化、多元化发展。

二 京郊红色文化与乡村旅游融合发展的实证分析——以房山区霞云岭乡堂上村为例

（一）房山区霞云岭乡堂上村红色旅游发展现状

虽然房山区红色旅游线路不多，但仅凭一处没有共产党就没有新中国纪念馆就可支撑一条"红歌诞生地堂上游"红色旅游经典线路也是不多见的，可见其资源禀赋突出，可开发价值极高。在抗日战争时期，堂上村的所在地属于平西抗日根据地。2011年，没有共产党就没有新中国纪念馆被列为全国第二批红色旅游经典景区。2019年9月，该纪念馆被评为全国爱国主义教育示范基地，还被评为全国关心下一代党史国史教育基地、北京市廉政教育基地、北京市爱国主义教育基地等。《没有共产党就没有新中国》这首耳熟能详的歌曲及其深刻教育意义，进一步提高了当地红色旅游知名度。

此外，堂上村地处霞云岭国家森林公园内部，生态环境优美，生态旅游资源也极为丰富。堂上村总面积约14.7平方公里，距北京市城区130公里，北邻圣莲山自然风景区、西接河北省野三坡风景区、南与十渡风景区隔山相望、东过石花洞景区，依山而建，森林覆盖率72%，重山叠翠，风景秀丽，可谓天然氧吧，村西北部有房山区母亲河大石河的源头二黑林山峰，拥有丰富的水资源。2020年，堂上村被评为"中国美丽休闲乡村"。该村注重景区内部生态环境的维护，并打造了蝴蝶谷、千亩核桃园等乡村特色生态景区。

在旅游供给方面，堂上村的游客接待能力良好，村内公共服务设施比较齐全，设有标准医务室、益民书屋、农村数字影院、健身广场、篮球场、村邮站等。综合以上实际情况，加之近年来我国多项政策出台，大力推动红色

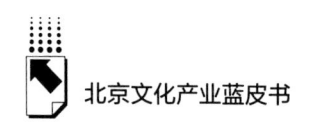

旅游产业融合发展的形势，可以判断堂上村红色旅游的未来发展趋势良好，发展前景广阔，对带动房山区的整体旅游发展具有重要作用。

（二）实证研究的数据分析

1. 问卷设计与数据来源

本次调查于2022年5~6月的旅游旺季完成，通过线上问卷和线下访谈的方式同步进行。调查问卷采用结构型问卷形式，针对堂上村的红色文化资源与乡村生态旅游情况，从当地历史背景、游客动机、旅游偏好等方面设计问题，共发放问卷233份，回收问卷233份，其中有效问卷230份，问卷有效率98.7%。

2. 样本基本属性与旅游偏好的交叉分析

从被调查者的政治面貌来看，中共党员选择去过堂上村的比例为41.86%，明显高于平均水平14.35%；共青团员选择没去过的比例为93.42%，明显高于平均水平85.65%。整体上看，去过堂上村的人数较少，仅占14.35%。由单位或学校组织，去过堂上村的人中以中共党员与共青团员居多，群众较少自行前往。作为知名的爱国主义教育基地，前往当地人员依旧以中共党员和共青团员为主，旅游市场基础有待扩大，红色文化宣传力度有待进一步加大。

表2 被调查者政治面貌分析

选项	政治面貌 中共党员	政治面貌 共青团员	政治面貌 群众	总计
去过堂上村（人）	18(41.86%)	10(6.58%)	5(14.29%)	33(14.35%)
没去过乡堂上村（人）	25(58.14%)	142(93.42%)	30(85.71%)	197(85.65%)
总计（人）	43	152	35	230

从被调查者的年龄来看，13岁及以下的人去过该地的比例为100.00%，但一共只有1人。26~55岁去过的比例为43.18%，明显高于平均水平14.35%。19~25岁选择去过该地的人数比例为7.26%；14~18岁的受调查者均未去过该村。据调查可知，去过堂上村的受调查者主要为26~55岁，部分为19~25岁，

极少为13岁及以下，整体以中青年为主。由此可见，受政策支持等因素影响，当地红色旅游发展呈现年轻化趋势，越来越多的中青年开始关注并游览红色景区，体验当地红歌文化，传承优秀红色基因。

表3 被调查者年龄的样本分析

选项	年龄					总计
	13岁及以下	14~18岁	19~25岁	26~55岁	56岁及以上	
去过堂上村（人）	1(100%)	0(0%)	13(7.26%)	19(43.18%)	0(0%)	33(14.35%)
没去过堂上村（人）	0(0%)	5(100%)	166(92.74%)	25(56.82%)	1(100%)	197(85.65%)
总计（人）	1	5	179	44	1	230

从被调查者的职业情况来看，教师去过堂上村的比例为42.86%，明显高于平均水平14.35%。学生去过堂上村的比例为6.95%。其他职业去过当地的比例为48.57%，明显高于平均水平14.35%。1名旅游相关从业者表示未去过当地。据调查数据可知，其他职业前往当地人数较多，学生与教师由于学校组织等因素，前往人数也较多，而且多为集体出行。可见，去过当地参观的被调查者中学生、教师不在少数。受当地其他生态资源或民俗文化资源吸引前往该地，或由单位组织等不同因素影响，其他职业人员占据主要部分。此外，当地作为知名教育基地，以传播红色文化为主，对学生、教师前往该地有一定影响。

表4 被调查者职业的样本分析

选项	职业分布				总计
	其他	学生	教师	旅游相关从业者	
去过堂上村（人）	17(48.57%)	13(6.95%)	3(42.86%)	0(0%)	33(14.35%)
没去过堂上村（人）	18(51.43%)	174(93.05%)	4(57.14%)	1(100%)	197(85.65%)
总计（人）	35	187	7	1	230

从被调查者的收入情况来看，经济收入为5000~10000元的人去过当地的比例为44.44%，在校学生（收入为0）去过当地的比例为7.78%，经济收入为2000元及以下的人去过当地的比例10%，仅有1人，没有经济收入2000~5000元的人去过当地。由整体数据可知，去过当地的受调查者中，以经济收入5000~10000元者和在校学生为主，其余集中在10000~15000元、15000元及以上和2000元及以下。前往当地的受调查者整体以中高收入水平为主。当地作为红色遗址，拥有深厚红色文化内涵与历史意义。中高收入群体具有一定文化内涵且有较高可自由支配收入，为了学习与传承红色文化愿意前往当地。

表5 被调查者收入情况的样本分析

选项	10000~15000	15000及以上	2000及以下	2000~5000	5000~10000	在校学生（收入为0）	总计
去过（人）	4(50%)	3(60%)	1(10%)	0(0%)	12(44.44%)	13(7.78%)	33(14.35%)
没去过（人）	4(50%)	2(40%)	9(90%)	13(100%)	15(55.56%)	154(92.22%)	197(85.65%)
总计（人）	8	5	10	13	27	167	230

三 堂上村红色文化与乡村旅游融合发展的问题分析

堂上村的红色旅游资源特色鲜明，开发价值较大，也积累了一定的市场基础和实践经验，红色乡村旅游已经初步探索出"红色+绿色"的生态化发展路径。但从旅游产品的竞争力和旅游市场的社会影响力来看还存在一些亟待解决的问题，本部分将从资源、市场、社区参与与产品分析四个方面对堂上村红色文化与乡村旅游融合发展的问题进行分析。

（一）乡村生态旅游资源开发深度不够

问卷调查结果显示，被调查者在堂上村旅游观光过程中，最不满意的方面是当地旅游参观形式单调，缺乏创新性，人数占25%；其次是当地的基础设施建设落后，人数占10.71%。

2015年，霞云岭乡被国家林业局批准为国家森林公园，成为北京唯一被批准为国家森林公园的乡镇，堂上村现有的主要生态旅游资源为蝴蝶谷，该地因栖息着成千上万只艳丽的彩蝶而得名，谷底贯穿有清澈的溪流，谷内小桥流水，自然景色宜人，景区内设有登山步道，全长约4500米，供游客免费参观游玩。蝴蝶谷以蝴蝶为特色，但是蝴蝶的生长受季节气候影响大，且寿命普遍较短，多在春季4月下旬~5月中旬出现，这就导致蝴蝶谷的自然生态景观单一，特点不鲜明，对于游客的吸引力不足。

作为当地主要的生态旅游资源，蝴蝶谷基础设施和服务设施有待完善，景区内只设有登山步道一种旅游相关设施，大部分旅游资源未能尽其所用，且已开发部分有损坏现象。由于气候及地理位置因素，阴雨天气会出现道路湿滑的现象，存在较大安全隐患。卫生间、休息区、垃圾桶等公共服务设施也不完善，使得游客在此处游玩时得不到较好的服务体验。

（二）乡村红色旅游客源市场单一

堂上村的旅游者以教师和学生居多，而且多数为集体出行。同时，根据调查问卷数据，在去过堂上村的被调查者的旅游动机方面，动机为"被当地红色旅游资源所吸引"的人数占比54.55%，动机为"响应学校/单位组织"的人数占比27.27%，动机为"被当地生态旅游资源所吸引"的人数占比较少。由此可见，游客对于红色旅游的旅游动机相对明确，但也体现出该村生态景区吸引力较低，缺乏核心创新点。当地对绿色资源挖掘较浅，宣传力度不够，导致当地缺乏多样的旅游动机，客源市场吸引力较低。

当地红色旅游与当下市场需求之间并不完全匹配，堂上村基础设施相对落后，游客在该村逗留时间普遍较短，整体满意度有待进一步提高。当地旅游建设存在一定滞后性，导致客流量较少；特色文创等纪念性产品匮乏，没有将红色旅游很好地融入时代潮流，致使该村红色旅游无法完整契合客源市

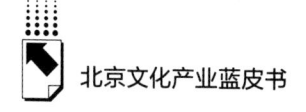

场需求；堂上村红色旅游处于较为缓慢的发展阶段，归结原因在于该村对旅游市场实际需求了解度一般，使得知名度较低。

（三）社区参与度有待提高

据调查，堂上村的蝴蝶谷景区内没有安排工作人员看管，监管体系不完善，使得蝴蝶谷仅仅在地理位置层面属于堂上村，实质上彼此单独存在，堂上村对蝴蝶谷景区的利用率较低，未能很好激发社区的参与积极性。

截至2022年6月9日，堂上村共有442户居民，户籍人口总数为1005人，其中常住人口650人，农村劳动力512人，在本村及本乡范围内就业的劳动力共240人，外出务工人员272人。可知，劳动力占村常住人口的79%，具有较高的社区参与能力，但是外出务工人员数高于留在本地就业人员数，且在本村劳动力中占一半以上，大量劳动力外流，有助于堂上村发展的中坚力量匮乏，导致堂上村社区参与能力下降至较低水平，村民社区参与度不足。

（四）亟须开发创新旅游产品

堂上村的旅游产品种类较少，目前以文创产品和农副产品为主。当地产品整合能力较弱，"红""绿"资源与产品设计之间未构建良好的关系，两者各自发展，红色生态产品设计极少，知名度受到一定影响。红歌元素与绿色资源作为当地的核心优势，在产品中并未较好展现，且关联性较差。目前，现有产品发展较为受限，该村应在现有基础上促进"红""绿"资源融合，形成堂上村特色旅游产品品牌。

该村旅游产品趣味性和创意性不足，同质化现象相对严重，吸引力较低。当地产品更新速度慢，产品设计理念相对滞后，体现不出鲜明的时代性。该村"红""绿"旅游产品体系仍不完善，核心产品品牌打造不足，无法较好突出当地特色。当前，产品的单一种类与游客的多元需求这一矛盾成为堂上村旅游产品发展的主要限制因素。该村旅游产品与全国红色旅游市场产品雷同度较高，且竞争力较弱，游客购买力较低。

四　堂上村红色旅游生态化开发路径与建议

（一）进行"红""绿"资源整合，拓展乡村旅游新业态

堂上村的红色旅游生态化发展应深入挖掘红色文化，彰显红色资源价值。大力弘扬红歌文化，传递红色文脉。加强生态文明建设，突出绿色生态发展。该村需适度开发生态项目，保护生态环境。结合当地具体实际，建立健全相关政策体系。将一"红"一"绿"有机结合，推进产业转型升级，增加当地居民就业机会，拓展乡村旅游新业态。打造"红""绿"名片，提高当地知名度。依托红色文化与绿色生态相互融入的现状，对二者进行资源整合，形成合力。

该村应打造红色旅游生态化衍生产品，"红""绿"相融，带动当地红色旅游生态化发展，提高当地红色旅游与生态旅游融合度。以红色旅游为根基，坚持红色旅游生态化，共同促进乡村旅游建设。大力激发堂上村创新活力，设计打造红色旅游生态化文创产品，促进"红""绿"资源融合发展，以产生巨大效能。

在坚持红色文化与生态环境双重保护原则的同时，促进"红""绿"资源整合驱动，拓展旅游业态，多元化发展红色旅游，多样化带动生态旅游，使两者相得益彰，融合释放红色旅游生态化新潜力，共同促进红色文脉延续，推进绿色生态保护，从而促使乡村旅游业整体发展，带动堂上村旅游业深化发展，探索"红""绿"资源整合新道路。

（二）加强当地生态化建设，打造绿色生态品牌

在文旅新业态下，"红色文化旅游+绿色生态旅游"的模式应运而生。堂上村的红色文化旅游已经打造出了"金名片"，加之顾客忠诚度的形成需要品牌这一重要因素，接下来，应合理利用当地优良的自然资源，致力于打造当地独具特色的绿色生态品牌。

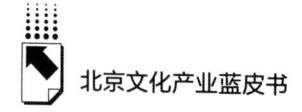

根据"红""绿"资源整合结果，对蝴蝶谷景区进行规划、开发，使其成为当地红色旅游的依托。蝴蝶谷景区地处山谷地形区，植被茂盛，可以给游客以置身江南丛林之感，故而可以根据景区特点对其定位，进行宣传。蝴蝶是蝴蝶谷景区的特色之一，但是野生蝴蝶存在极强的不确定性，所以当地可以发展蝴蝶养殖，建立温室大棚培育蝴蝶，在保证景区独特性和吸引力的同时，将温室大棚打造为与当地红色地标建筑相对应的绿色地标建筑，提高"红""绿"二者之间的匹配度以促进良性互动。完善景区的公共服务等基础设施，增设卫生间、休息桌椅、小卖部、垃圾桶、部分道路安全围栏等，对损坏的道路进行维修，消除景区内安全隐患，降低危险系数。开辟新的徒步路线，开发沿途"彩虹洞"等自然景观作为景区的可参观景点，增强景区趣味性，使参观形式多元化。制定完整合理的景区管理体系，安排工作人员对景区安全、卫生、服务、经济收益等各方面进行管理，实现景区可控化。

对堂上村的生态旅游资源加以整合，打造集旅游观光、农产品采摘、生态科普于一体的生态旅游体系，打造"堂上村绿色生态"名片。由于当地主要种植核桃，可以构建相关绿色生态产业链，形成资源、产品、品牌、效益间的良性循环，打造、推广绿色生态品牌，以提高当地生态旅游知名度。

（三）多方协同治理，提高社区参与度

针对堂上村村民社区参与度低这一现象，建议从政府、村委会以及企业三方入手，形成合力以提高堂上村村民的社区参与度。

近年来，国家正大力支持乡村发展，相关优惠政策频频出台，基于这一情况，该村首先可以向政府说明自身情况，寻求政府帮助，获得一定的政策扶持，将当地外流的年轻劳动力尽可能多地回引，壮大最利于推动该村发展的中坚力量群体，提高潜在的社区参与能力。在向政府寻求帮助的同时，村委会应及时号召村民积极响应政府扶持，多向村民们宣传推广本村发展规划，使得村民们对美好生活产生向往与期待，从而提高村民助力本村发展的积极性与主动性。除了政策扶持外，资金是实际发展中不可或缺的一部分。

该村可以基于自身现状，总结自身优势和急需完善的方面，有方向地进行招标，选择适合的企业进行协同发展，对村内景区的基础设施和监管体系等进行整改、完善，使得景区与乡村形成相辅相成的良性关系，为彼此提供尽可能大的利益。

（四）增加红色体验场馆，促进产品多元化

堂上村应充分挖掘红色资源，打造特色红色品牌。加强红色文化建设，增添红色体验场馆，促进产品多元化，大力弘扬红色精神，传递红色文脉。

堂上村的发展要契合当下旅游需求，当地应增加沉浸式红色体验场馆。利用 VR、5G 等现代科技手段，并与当地红歌文化相结合，设计特色红色旅游活动。借助红色体验场馆，增添趣味性。提高红色旅游创新性，让游客深入感受红歌文化。红色体验场馆的设立可以有效带动当地红色旅游发展，提高吸引力，既贴合了时代发展，又满足了游客需求。该场馆不仅符合当今时代潮流，也赋予红色旅游新动能，让该村的红歌文化更加响亮。

发展文化旅游的关键是把当地特有的文化资源深度融入旅游产品，因此，为提高契合度，该村应注重产品开发，促进产品多元化，增强创意性。依托堂上村丰富的红色文化资源，巧妙设计文创产品，融入独特创意，让产品突出地方色彩与红色文化，实现产品升级。当地农产品种植也可与特色红歌文化资源相结合。将农产品贴上红歌文化品牌标签，联合推广红色文化与相关产品，助力弘扬红色精神。红色产品的多元化开发设计，将直接带动当地旅游发展，助力该村红色旅游开辟更大的客源市场，为该村的红色旅游产业注入新动能。

B.5
北京文化遗产保护与活化利用研究

范文静 刘碧娴 宋小雨*

摘　要： 文化遗产保护与活化利用，是北京全国文化中心建设的重要内容。本文对文化遗产的概念进行溯源，并对中国语境下的"文化遗产"概念进行辨析，得出中国文化遗产的研究范围包括物质文化遗产和非物质文化遗产。本文以北京市为例，对北京市文化遗产资源概况及文化资源的保护和活化利用现状进行梳理和总结，并指出目前北京文化遗产保护与活化利用存在的问题。针对北京市目前文化遗产保护与活化利用存在的问题，本文提出激活IP产业链、加大资金和人才支持力度、推进跨界融合、推动数字化保护等解决方式。

关键词： 文化遗产保护　活化利用　北京市

一　文化遗产概念溯源

日本对文化遗产的保护起步极早，几乎是世界上最早从政府层面提出保护文化遗产的国家。1950年，日本出台《文化财保护法》，明确了文化财的分类和保护方法。《文化财保护法》将"文化财"分为有形文化财（包括建筑物、工艺美术品等）、无形文化财（包括戏剧、音乐、工艺技术等）、民俗文化财（包

---

* 范文静，博士，北京印刷学院经济管理学院副教授，硕士生导师，主要研究方向为文化遗产保护、文化旅游、文化产业管理；刘碧娴，北京印刷学院经济管理学院硕士研究生，主要研究方向为文化产业管理；宋小雨，北京印刷学院经济管理学院硕士研究生，主要研究方向为文化产业管理。

括风俗习惯、民俗艺能、民俗技术等)、纪念物(包括史迹、名胜、动植物、地质矿物等)、传统建筑群保护地区。2004年，新增文化景观一项。日本对文化遗产保护非常重视，不断修订国家层面的相关法律政策，对世界文化遗产保护工作产生了非常积极的影响。可以说，"文化财"是"文化遗产"概念的起源。

1972年，"文化遗产"的概念由联合国教科文组织(UNESCO)在《保护世界文化和自然遗产公约》中首次正式提出，该公约分开定义了"文化遗产"和"自然遗产"，规定"文化遗产"主要包括文物、建筑群和遗址三大类。1985年我国加入《保护世界文化和自然遗产公约》到2021年7月第44届世界遗产大会，我国已有56项遗产地被列入世界遗产名录，其中世界文化遗产38项、世界自然遗产14项、文化与自然双遗产4项，世界遗产项目总数居世界第一位。

随着世界遗产保护工作的深入，人们逐渐认识到非物质文化遗产的珍贵价值和保护的急迫性。"非物质文化遗产"的概念最早于1982年出现在联合国教科文组织的文件中。1989年11月，联合国教科文组织第25届大会通过了《保护民间创作建议案》，该建议案要求各会员国充分意识到民间创作包含的重要文化价值及其面临的正在消失的危险，要求各成员国制定保护措施。该建议案虽然没有用"非物质文化遗产"的概念，但是推动了非物质文化遗产的保护，"民间创作"被认为是联合国教科文组织非物质文化遗产概念的雏形。1997年，联合国教科文组织第29届大会正式通过建立"人类口头遗产和非物质遗产代表作"的决议。2001年，首批世界非物质文化遗产名录公布。2003年，联合国教科文组织第32届大会通过《保护非物质文化遗产公约》。截至2022年12月，我国共有43项非物质文化项目入选联合国教科文组织非物质文化遗产名录，数量位居世界第一。

2005年12月发布的《国务院关于加强文化遗产保护的通知》(以下简称《通知》)是迄今为止中文语境下对"文化遗产"概念最权威、最明确的解释。[①] 其中，物质文化遗产是指具有历史、艺术和科学价值的文物，包

---

① 张朝枝、林诗婷：《遗产内涵的政府话语分析》，《旅游论坛》2017年第1期。

括古遗址、古墓葬、古建筑、石窟寺、石刻、壁画、近代现代重要史迹及代表性建筑等不可移动文物，历史上各时代的重要实物、艺术品、文献、手稿、图书资料等可移动文物；以及在建筑式样、分布均匀或与环境景色结合方面具有突出普遍价值的历史文化名城（街区、村镇）。非物质文化遗产是指各种以非物质形态存在的与群众生活密切相关、世代相承的传统文化表现形式，包括口头传统、传统表演艺术、民俗活动和礼仪与节庆、有关自然界和宇宙的民间传统知识和实践、传统手工艺技能等以及与上述传统文化表现形式相关的文化空间。①

二 北京文化遗产资源概况

（一）物质文化遗产

北京拥有7处世界文化遗产，分别是北京故宫、颐和园、周口店北京人遗址、长城、天坛、大运河、明清皇家陵寝，是世界上拥有世界文化遗产数目最多的城市。截至2019年，北京获认定的全国重点文物保护单位共138个。

表1 北京市全国重点文物保护单位

单位：个

批次	年份	全国重点文物保护单位	数量
第一批	1961	北京大学红楼、天安门、卢沟桥、人民英雄纪念碑、房山云居寺塔及石经、妙应寺白塔、真觉寺金刚宝座（五塔寺塔）、居庸关云台、万里长城——八达岭、天坛、北海及团城、智化寺、国子监、雍和宫、颐和园、十三陵、北京故宫、周口店遗址	18
第二批	1982	北京宋庆龄故居、皇史宬、古观象台、北京城东南角楼、恭王府及花园、郭沫若故居	6

---

① 《国务院关于加强文化遗产保护的通知》（国发〔2005〕42号），2005年12月。

续表

批次	年份	全国重点文物保护单位	数量
第三批	1988	正阳门、太庙、社稷坛、北京孔庙、崇礼住宅、法海寺、牛街礼拜寺、天宁寺塔、银山塔林、琉璃河遗址、圆明园遗址	11
第四批	1996	戒台寺、北京东岳庙、大高玄殿、历代帝王庙、北京鼓楼和钟楼、南堂、觉生寺(大钟寺)	7
第五批	2001	金中都水关遗址、景泰陵、潭拓寺、可园、孚王府、景山、白云观、万佛堂(孔水洞)、法源寺、碧云寺、先农坛、大慧寺、十方普觉寺、清净化城塔、清华大学早期建筑、东交民巷使馆建筑群、未名湖燕园建筑、长城(司马台段)	18
第六批	2006	柏林寺、安徽会馆、报国寺、北京国会旧址、北京鲁迅旧居、北平图书馆旧址、承恩寺、醇亲王府、爨底下村古建筑群、大觉寺、大栅栏商业建筑、德胜门箭楼、地坛、关岳庙、广济寺、国立蒙藏学校旧址、健锐营演武厅、金陵、国民政府财政部印刷局旧址、京杭大运河、京师大学堂分科大学旧址、京师女子师范学堂旧址、静明园、利玛窦和外国传教士墓地、清陆军部和海军部旧址、清农事试验场旧址、日坛、十字寺遗址、孙中山行馆、万寿寺、西什库教堂、协和医学院旧址、辛亥滦州起义纪念园、亚斯立堂、元大都城墙遗址、月坛、袁崇焕墓和祠、中南海	38
第七批	2013	镇岗塔、良乡多宝佛塔、延庆古崖居、灵岳寺、万松老人塔、明北京城城墙遗存、姚广孝墓塔、摩诃庵、琉璃河大桥、慈寿寺塔、文天祥祠、普度寺、克勤郡王府、东堂、基督教中华圣公会教堂、通州近代学校建筑群、西交民巷近代银行建筑群、辅仁大学本部旧址、京张铁路南口段至八达岭段、盛新中学与佑贞女中旧址、四九一电台旧址、李大钊旧居、长辛店二七大罢工旧址、基督教中华圣经会北京分会旧址、北京大学地质学馆旧址、焦庄户地道战遗址、梅兰芳旧居、房山大白玉塘采石场遗址、大运河、长城、八宝山革命公墓	31
第八批	2019	上宅遗址、醇亲王墓、长椿寺、智珠寺、北京湖广会馆、双清别墅、原子能"一堆一器"旧址、北京站车站大楼、宋庆龄儿童科学技术馆	9

资料来源：北京市文物局官网。

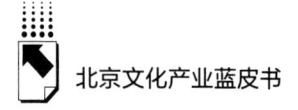

（二）非物质文化遗产

表2　北京市国家级非物质文化遗产

单位：个

批次	年份	国家级非物质文化遗产	数量
第一批	2006	智化寺京音乐、京西太平鼓、昆曲、京剧、天桥中幡、抖空竹、象牙雕刻、景泰蓝制作技艺、聚元号弓箭制作技艺、雕漆技艺、同仁堂中医药文化、厂甸庙会	12
第二批	2008	八达岭长城传说、永定河传说、杨家将传说（穆桂英传说）、童谣（北京童谣）、冀中笙管乐（白庙村音乐会）、京西太平鼓（石景山太平鼓）、京西太平鼓（怪村太平鼓）、狮舞（白纸坊太狮）、鼓舞（花钹大鼓）、河北梆子、评剧、皮影戏（北京皮影戏）、相声、京韵大鼓、单弦牌子曲（含岔曲，保护单位：北京曲艺团有限责任公司）、单弦牌子曲（含岔曲，保护单位：北京市西城区非物质文化遗产保护中心）、北京评书、围棋、象棋、天桥摔跤、内画（北京内画鼻烟壶）、灯彩（北京灯彩，保护单位：北京市美术红灯厂有限责任公司）、灯彩（北京灯彩，保护单位：北京鑫瑞祥通文化发展有限公司）、面人（北京面人郎）、玉雕（北京玉雕）、北京绢花、料器（北京料器）、传统插花、剪刀锻制技艺（王麻子剪刀锻制技艺）、家具制作技艺（京作硬木家具制作技艺）、剧装戏具制作技艺、风筝制作技艺（北京风筝哈制作技艺）、琉璃烧制技艺、地毯织造技艺（北京宫毯织造技艺）、盛锡福皮帽制作技艺、内联升千层底布鞋制作技艺、花丝镶嵌制作技艺、金漆镶嵌髹饰技艺、装裱修复技艺（古籍修复技艺）、蒸馏酒传统酿造技艺（北京二锅头酒传统酿造技艺，保护单位：北京红星股份有限公司）、蒸馏酒传统酿造技艺（北京二锅头酒传统酿造技艺，保护单位：北京顺鑫农业股份有限公司牛栏山酒厂）、配制酒传统酿造技艺（菊花白酒传统酿造技艺）、花茶制作技艺（张一元茉莉花茶制作技艺）、腐乳酿造技艺（王致和腐乳酿造技艺）、酱菜制作技艺（六必居酱菜制作技艺）、烤鸭技艺（全聚德挂炉烤鸭技艺）、烤鸭技艺（便宜坊焖炉烤鸭技艺）、牛羊肉烹制技艺（东来顺涮羊肉制作技艺）、牛羊肉烹制技艺（鸿宾楼全羊席制作技艺）、牛羊肉烹制技艺（月盛斋酱烧牛羊肉制作技艺）、牛羊肉烹制技艺（北京烤肉制作技艺）、天福号酱肘子制作技艺、都一处烧麦制作技艺、中医正骨疗法（宫廷正骨）、中医正骨疗法（罗氏正骨法）、传统中医药文化（鹤年堂中医药养生文化）、元宵节（敛巧饭习俗）、元宵节（九曲黄河阵灯俗）、庙会（妙峰山庙会）、庙会（东岳庙庙会）	60

续表

批次	年份	国家级非物质文化遗产	数量
第三批	2011	天坛传说、曹雪芹传说、秧歌(小红门地秧歌)、八卦掌、口技、面人(面人汤)、木雕(紫檀雕刻)、料器(葡萄常料器)、风筝制作技艺(北京风筝制作技艺,保护单位:北京市东城区体育馆路街道文化服务中心)、风筝制作技艺(北京风筝制作技艺,保护单位:北京市海淀区上庄地区民间工艺文化发展中心)、民族乐器制作技艺(宏音斋笙管制作技艺)、花茶制作技艺(吴裕泰茉莉花茶制作技艺)、仿膳(清廷御膳)制作技艺、中医诊法(葛氏捏筋拍打疗法)、中医诊法(王氏脊椎疗法)	15
第四批	2014	卢沟桥传说、古琴艺术、秧歌(延庆旱船)、太子务武吵子、数来宝、太极拳(吴氏太极拳)、通背拳、幻术(傅氏幻术)、泥塑(北京兔儿爷)、京绣、传统香制作技艺(药香制作技艺)、一得阁墨汁制作技艺、中医诊疗法(清华池传统修脚术)、中医传统制剂方法(安宫牛黄丸制作技艺)、元宵节(千军台庄户幡会)	15
第五批	2021	八大处传说、天坛神乐署中和韶乐、六郎庄五虎棍、蔡家洼五音大鼓、太极拳(孙氏太极拳)、八极拳、泥塑(北京泥人张)、北京绢人、建筑彩绘(北京建筑彩绘)、京绣(北京补绣)、家具制作技艺(北京木雕小器作)、剧装戏具制作技艺(戏曲盔头制作技艺)、民族乐器制作技艺(京胡制作技艺)、砚台制作技艺(潭柘紫石砚雕刻技艺)、北京蒙镶技艺、果脯蜜饯制作技艺(北京果脯传统制作技艺)、中医诊疗法(孔伯华中医世家医术)、庙会(丫髻山庙会)	18

资料来源:中国非物质文化遗产网。

三 北京文化遗产保护现状

近年来,北京在文化遗产保护与活化利用方面开展了多项富有成效的工作,如在不断完善文化遗产保护的法律法规、推进文化遗产的数字化应用、依托文化遗产资源开发文创产品、促进遗产资源与旅游融合等方面取得较好成效。

(一)完善法律法规

1985年中国成为《保护世界文化和自然遗产公约》缔约国以来,国务院和北京市政府投入了大量的资金及人力、物力,通过制定和完善文物保护管理法律法规、建立专职的文物保护管理机构等方法,对遗产项目进行维护,保护文化遗产周边历史环境。在《世界文化遗产保护管理办法》《中华人民共和国文物保护法实施条例》《中华人民共和国水下文物保护管理条例》《中国世界文化遗产监测巡视管理办法》《中国世界文化遗产专家咨询管理办法》《中华人民共和国非物质文化遗产法》等法律法规和管理办法的指导下，北京形成了一系列行之有效的文化遗产保护管理方法和措施。

表3　北京市出台的文化遗产保护条例、政策、法规

名称	发布时间
《北京博物馆之城建设发展规划（2023—2035）》	2023年2月17日~3月18日征求意见
《北京中轴线文化遗产保护条例》	2022年5月25日
《长城国家文化公园（北京段）建设保护规划》	2021年12月17日
《北京海淀三山五园国家文物保护利用示范区建设实施方案》	2021年3月2日
《北京历史文化名城保护条例（2021）》	2021年1月27日
《北京市长城文化带保护发展规划（2018年至2035年）》	2019年4月16日
《北京市长城保护管理办法》（2018年修改）	2018年2月12日
《北京市利用文物保护单位拍摄电影、电视管理暂行办法》（2018年修改）	2018年2月12日
《北京城市总体规划（2016年—2035年）》	2017年9月27日
《北京市文物保护单位巡视检查报告制度暂行规定》（2010修改）	2010年11月27日
《北京市文物保护单位保护范围及建设控制地带管理规定》（2007修改）	2007年11月23日
《北京市明十三陵保护管理办法（2007修改）》	2007年11月23日

资料来源：根据政府公布信息整理。

表4　北京市出台的非物质文化遗产保护条例、政策、法规

名称	发布时间
《北京市"十四五"时期文物博物馆事业发展规划》	2021年11月25日
《北京市非物质文化遗产条例》	2019年1月20日
《关于支持戏曲传承发展的实施意见》	2016年7月22日
《北京市非物质文化遗产保护专项资金管理办法》	2015年6月8日
《关于加强非物质文化遗产保护传承的扶持办法》	2012年6月12日
《北京市人民政府办公厅关于加强本市非物质文化遗产保护工作的意见》	2006年1月12日

资料来源：根据公开资料整理。

（二）文化遗产数字化应用

当前，随着互联网、大数据、人工智能、云计算等技术的飞速发展，文

化遗产数字化也成为文化遗产保护的主要趋势。数字化的呈现，可以将文化传播变成新兴文化产品形式与高效互联网触达能力的结合，让文化遗产变成有厚度也有温度的文化产品。AR、5G、全息投影等高沉浸感技术带来的云游览等场景化体验，提升文化遗产感染力、吸引力，继而让更多人尤其是年轻人可以近距离感知文化遗产的魅力。

"数字故宫"是一个典型的案例。1998年，北京故宫博物院着手建设"数字故宫"，如今"数字故宫"整合了故宫资讯、导览、展览、学术、文创等数据。疫情期间，故宫博物院通过云直播、云展览、文物数字资源开发等数字传播方式，使数字资源的价值得到了极大的释放。故宫博物院将积累多年的数字资源和产品整合，开辟云游故宫专题，弥补闭馆和限流期间多数观众无法到场参观展览的遗憾，让观众随时随地足不出户就能欣赏和利用故宫丰富的数字资源。[1] 2019年，"紫禁城上元之夜"将高新科技与文物保护融合，不仅展示了紫禁城夜景的恢宏瑰丽，灯光版《清明上河图》《千里江山图卷》也向世人展示了文物保护的新成果。[2]

（三）文创产品开发

文创产品是指源于某种文化主题，经由创意转化后具备市场价值的产品。北京丰富的文化遗产为文创产品开发提供灵感源泉和内容支撑。"北京礼物"便是各类非物质文化遗产进行文创的成果。除了丰富的非物质文化遗产，像故宫、颐和园这样历史底蕴丰厚的物质文化遗产也是旅游文创产品开发的重要灵感来源。故宫、颐和园、天坛、长城等纷纷推出系列文创产品。脱胎于文化遗产的新产品正在滋养着人们的现代生活，而这正是近年来文化遗产传承与保护取得长足进步的力证。文化遗产保护与文创产品的发展是密不可分的，文化遗产的传承与保护有利于促进文创产品市场繁荣发展，而文创产品的不断更新与发展亦是文化遗产传承与保护的一种方式。

---

[1] 《数字技术：文化遗产保护和传承的"活化剂"》，《科技日报》2022年7月14日。
[2] 范文静：《北京博物馆夜游需求分析与发展建议》，《可持续发展》2020年第2期。

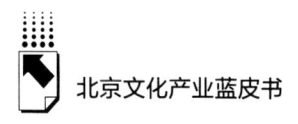

表5 北京部分世界文化遗产地文创产品统计

世界文化遗产地	核心文化元素	文创产品
故宫	依托宫妃服饰、《清明上河图》、《千里江山图》、祥瑞、福禄等故宫特色元素,取其吉祥如意、和美长寿之意; 选取喜庆吉利的繁花似锦、神来运旺图画元素,喜庆大气的门神图案带有的美好祈愿、安康如意之意; 围绕中国传统文化节日、习俗等特色主题; 挖掘明清皇家文化元素,将故宫的建筑、文物以及背后的故事,融合现代时尚表达理念,将传统文化与现代美学结合	故宫彩妆:蝶梦繁花口红、故宫鹤禧觉色彩蝶轻舞卸妆巾、寻香紫禁城定制礼盒、鹤禧觉色彩蝶轻舞美妆海绵 紫禁服饰:如意锦鲤系列首饰、紫禁游龙钥匙扣、端午紫禁小方巾桑蚕丝丝巾、祥瑞主题帆布包、神来运旺烫金帆布包、千里江山桑蚕丝丝巾、晴春蝶戏花丝胸针首饰、祥云如意花丝耳饰银镀金耳钉、神来运旺棒球帽可调节鸭舌帽、光华彤庭系列手绳 家居陈设:金瓯永固双层玻璃杯、千里江山茶具套装、紫禁福禄寿杯、神来运旺收纳包套装、福禄有余收纳盒、金桂浮月收纳盒书签香薰盒、海错图U形枕、千里江山艺术桌垫 金榜题名:清明上河图文件夹、紫禁营造脊兽书签、故宫仙寿吉祥便笺本、虎虎生威便签纸砖、清明上河图便签、喜相逢便携笔记本、吉祥折叠便签纸、紫禁祥云火锅积木玩具益智礼品、紫禁积木中国古建筑搭建玩具 典藏之选:宫廷御扇艺术团扇、千里江山艺术团扇、宋黄庭坚草书诸上座帖卷原大手卷、清明上河图卷原大手卷装饰画礼品、宋王希孟千里江山图卷原大手卷
颐和园	以园林景观、历史文化、地标性建筑为素材,继承和延续园林文化脉络,彰显皇家园林文化; 传统工艺与现代工艺融合(花鸟画艺术与现代丝绸织造技术完美结合、园林美景和现代制造工艺结合); 取颐和园"福山寿海"核心文化内涵,表达中华民族吉庆文化的美好愿景	"一生颐饰"系列饰品,"金桂"系列饰品、摆件,"远眺颐和"和"金光穿洞"AR数字明信片、颐和园×卡婷"百鸟朝凤""鎏金雀台"系列彩妆、皇家年货礼盒、"吉兔游园"系列产品、"颐式生活"系列茶文化茶具、宜鹤献瑞帆布包、粉彩番莲经典笔记本、九桃香炉、DIY拼装蹴鞠、颐和园十七孔桥御尺、吉祥兽"益兽"系列、颐式暖宝、"德颐双馨"系列家居产品
天坛	以祈年殿、皇穹宇等公园古典建筑的深厚文化为核心理念,取吉祥如意之意; 将传统节气和文创产品相结合,大力弘扬中华优秀传统文化; 将十二生肖和二十四节气以及星座八卦结合创作	天心石挂饰、祈年殿工艺摆件、转运珠以及平安金挂件、天坛祈福冰激凌、"天坛福饮"、"大福神"摆件、"祈年佑福"字样印章、祈年历、祈年殿和圜丘坛卡通手机壳、九五之尊丝巾、清代官服补子冰箱贴

续表

世界文化遗产地	核心文化元素	文创产品
北海公园	"皇家",以皇家御苑概念进行具有皇家气质与元素的相关文创; "宗教",围绕北海特有的皇家园林内藏传佛教文化与皇族礼佛、祈福文化等概念创作; "民俗",突出福文化、孝文化、鸳鸯、菊花节、荷花节、冰雪节等带有民俗文化特征的北海特有项目; "怀旧",极具时代特征的经典歌曲《让我们荡起双桨》怀旧追忆时光; 将二十四节气文化内涵、亲蚕礼等历史典故与园内著名景点相结合	二十四节气文创联票、九龙壁橡皮、"北海故事"盲盒套组、《北海日历》、太液池荷花造型茶托、蓬莱仙境茶盘、"静心琴韵"真丝围巾、五龙亭造型橡皮、"北海烛照"白塔小夜灯、"北海墨色"北海妙相亭十六应真罗汉拓印套装礼盒、北海阐福寺菊花抱枕、"铜仙呈露"节气明信片、《让我们荡起双桨》八音盒、"北海画中游"折式明信片套装
长城	发掘长城文化价值,弘扬自强不息、众志成城、坚韧不屈的长城精神; 挖掘"孟姜女哭长城"和"不到长城非好汉"的历史故事内涵; 以长城为主题,融入创意国风山水花鸟元素	《八达岭长城·Night》、长城砖充电宝、长城加湿器、茶砖、长城系列的家具设计、流香炉、长城行李牌、"守护"雨伞、五福临门筷子礼盒、长城桌垫、慕田峪长城漆器国礼系列作品、"城短情长"对戒、"长城"冰激凌、便签立体纸砖、万家灯火长城月光灯、城知飞鸟团扇、长城礼物城临飞鸟古风手绘手账本、朝见长城手绘古风布袋、长城风光纸雕灯、长城四季杯垫、万里长城创意金属书签、烽火台插座及无线充电器、长城烽火狼烟杯、长城试管拼图、明小兵系列IP、长城新年礼盒、新春礼袋月白彩妆、长城特种邮票

资料来源：根据新闻资料及现场调研情况整理。

（四）文化与旅游融合发展

从文化遗产的经济功能角度看，文化遗产的经济功能分为"直接的"和"间接的"两个方面。直接经济功能服务于旅游，能带动旅游者在遗产所在地的经济消费活动。间接经济功能则是遗产地的环境要素和文化要素在吸引外部投资、创造新产品品牌等方面的功能。① 故宫博物院、八达岭长城、王府井大街、南锣鼓巷、前门大街、天坛、颐和园等一直以来是北京的热门景区。通过统计2017~2022年每年10月1~7日国庆节期间北京游客接待量排名前十景区，发现前门大街、天坛公园、王府井大街一直位于前十。故宫博物院、颐和园等世界文化遗产地因为有限流措施，不能每年达到游客接待量前十，但一直是人们文化旅游的上佳目的地。

为促进文旅消费，打造时尚消费商圈，贯彻落实《北京培育建设国际消费中心城市实施方案（2021—2025年）》，2020~2022年北京市连续3年发布网红打卡地推荐榜单，其中人文景观类、文化艺术类、街区园区及夜间经济类、新消费场景类多为与文化遗产相关的景点。

表6 2020~2022年北京网红打卡地（文化遗产相关）

类别	2020年	2021年	2022年
人文景观类	谷山村景区 地铁大兴机场线 北京野生动物园 北京金海湖风景区 司马台长城(夜景) 景山公园(寿皇殿、万春亭) 水峪古村落 凤凰中心 北京大兴国际机场 紫谷伊甸园 绿野仙踪郊野乐园 北京国际鲜花港 卢沟桥文化旅游区 北京古观象台 古北水镇(望京楼酒店、灯光秀)	《新青年》编辑部旧址(陈独秀旧居) 奥肯尼克家庭农场 中国共产党早期北京革命活动纪念馆(北大红楼) 北京郭守敬纪念馆 北京环球度假区 北京海洋馆 北京鹿世界主题园 北京石景山游乐园(飞览天下飞越中国馆、灰姑娘城堡、摩天轮)	宝山镇稻田画 北京焦庄户地道战遗址纪念馆 北京世园公园·北京园 北京响水湖长城风景区 大台车站 古崖居风景名胜区 戒台寺

---

① 熊正益：《丽江古城保护利用对当地经济社会发展的贡献》，《中国文物报》2007年4月20日。

续表

类别	2020 年	2021 年	2022 年
人文景观类	北京钟鼓楼 周口店遗址博物馆 北京石景山游乐园(摩天轮) 八达岭夜长城 房山蒲洼 北京地铁西郊线 宛平城(城墙) 百年火车站(青龙桥) 北京海洋馆 北京欢乐谷 黄花城水长城	北京世园公园(凯悦酒店、隆庆府、汤泉酒店、万花广场、永宁阁、中国馆、植物馆) 北京野生动物园 白瀑云景田园综合体 城市绿心森林公园 凤凰中心 谷山村景区 黄花城水长城 景山公园 京西五里坨民俗陈列馆 来今雨轩茶社 纳波湾月季园	京报馆旧址(邵飘萍故居) 九眼楼敌台 马栏村冀热察挺进军司令部旧址 世界葡萄博览园 台湖公园 新首钢大桥 中法大学旧址
文化艺术类	北京枫花园汽车电影院 亮相·天乐园京剧体验馆 东四胡同博物馆 北京天文馆 史家胡同博物馆 中国电影博物馆 红砖美术馆 北京展览馆(莫斯科餐厅、北展剧场) 爱乐汇艺术空间 嘉德艺术中心 北京汽车博物馆 中央美术学院美术馆 清华大学艺术博物馆 首都博物馆	北京菜百黄金珠宝博物馆 北京湖广会馆 北京罗红摄影艺术馆 北京老爷车博物馆 北京市石景山区文化中心 北京天竺黄花梨艺术馆 和平菓局 吉祥大戏院 前门三里河(颜料会馆) 顺义区文化中心 天通苑文化艺术中心 中国电影博物馆 中间艺术区	北京燕京八绝博物馆 华彬歌剧院 瞭仓沉浸式数字艺术中心 美后肆时景山市民文化中心 寺锦·回龙观城市会客厅 台湖演艺车间 瓦美术馆 壹美术馆 正乙祠戏楼 中国现代文学馆 中国园林博物馆
街区园区及夜间经济类	北京塞隆国际文化创意园 前门大街(悦咖啡、杜莎夫人蜡像馆、北京大城小像) 751D·PARK 北京时尚设计广场 东郎(通州)电影创意产业园 77 文化创意产业园	798 艺术区 北化机爱工场文化科技产业园 北京酷车小镇 二七厂 1897 科创城 南阳共享际 前门大街(北京礼物店、故宫前门文创店、前门铜器馆、天街冰冰)	浩华 TIME 文创园 金隅琉璃文化创意产业园 模式口历史文化街区

153

续表

类别	2020年	2021年	2022年
街区园区及夜间经济类	首钢园（三高炉、滑雪大跳台、星巴克） 二七厂1897科创城 二河开21号艺术区 中粮祥云小镇 华熙LIVE·五棵松 前门三里河 西打磨厂街 天宁1号文化科技创新园 龙湖北京长楹天街	石油共生大院 北京欢乐谷（梦之光夜光大巡游、奇幻东方万千星光幻影秀） 北京世界公园（五洲奇妙夜——10大主题光影巨秀） 北京世界花卉大观园（缘梦·夜游体验记） 东郎通州电影创意产业园 古北水镇（长城音乐水舞秀、提灯夜游司马台长城、无人机孔明灯秀、云端咖啡厅） 亮马河国际风情夜游 老牌LEGEND餐吧 南宫旅游景区（南宫文化市集） 杨宋综合文化中心＋星巢露营区 中央电视塔景区（露天观景台、旋转餐厅）	潘家园旧货市场 檀谷慢闪公园 延庆奥林匹克园区 园艺小镇
新消费场景类	故宫角楼咖啡 北京SKP-S 和·铁板烧餐厅 八达岭长城礼物店 觅MILOUNGE 北京市珐琅厂 老磁器口豆汁店（天坛北门店） 隆福寺 故宫冰窖餐厅 八达岭奥莱 满恒记 涵·kan日本料理 同仁堂新零售店铺·知嘛健康一号店	爱乐汇艺术空间·时空剧场 睿恩小镇（Rayen Town） 首创·郎园station 修德谷传统文化体验基地	BOM嘻番里 盒马X会员店（世界之花店） 金安·中海环宇荟 首钢园·六工汇 拾光买卖街 天坛拾光 五只猫娱乐Mall 星航学舍 紫金宾馆（比利时使馆旧址）

资料来源：根据北京市文化和旅游局公布的2020~2023年"北京网红打卡地推荐榜单"整理。

四 北京文化遗产活化利用存在的问题

（一）文化遗产数字化利用率低

北京文化遗产资源丰富，品类众多，但目前文化遗产资源的开发率并不高。文化遗产资源呈现方式与AR、VR等新技术融合较少，不够立体鲜活，形成的文化产品形态单一、功能单调、缺乏感染力和市场吸引力，这大大降低了文化遗产资源向文化资本转化的效率，巨大的文化价值很难释放。

（二）文化遗产开发品质不够高

虽然故宫、天坛、颐和园等在文化遗产资源开发上走在了前列，但是北京大多数的文化遗产资源开发品质不够高。历史名人文化、胡同文化、众多非物质文化遗产等并没有从不同视角、不同维度讲述历史故事，形成文脉传承。以前门大街为例，前门大街是每年北京假日旅游人数最多的景点之一，虽然前门大街注重文化传承，引入的商铺和企业多为北京老字号，但是许多老字号内所售商品的创新性与实用性仍显欠缺。另外，前门大街周边支巷出售的多是各地景区常见的丝巾、旗袍、手链、小玩具等，商品重复率高，缺乏特色。饮食方面，老北京炸酱面、老北京涮肉、老北京爆肚、老北京卤煮等都持有"正宗老北京"名号，但过多的"正宗"反而让人觉得流失了"正宗"二字的文化价值。[1]

（三）文化旅游内涵挖掘不足

文化的身份意义和游客追求身份认同的动机使文化具有旅游吸引力属性，也使文化变成旅游资源，文化和旅游的关系因此而产生。[2] 虽然北京文

---

[1] 范文静、戴雪晴：《夜经济视角下北京古都文化传承研究——以前门大栅栏为例》，*Proceedings of 2020 International Confernce on Advances Education, Management and Social Science*（AEMSS 2020）。
[2] 张朝枝、朱敏敏：《文化和旅游融合：多层次关系内涵、挑战与践行路径》，《旅游学刊》2020年第3期。

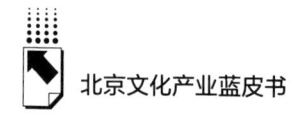

化遗产地是重要的甚至是首要的旅游目的地,但是"到文化遗产地旅游"和"文化旅游"是两个层次,所起到的作用亦相去甚远。文化旅游融合在于重组文化、旅游生产消费链条,实现深层的互相交叉融合,实现丰富旅游文化内涵、提升文化生产消费的市场动力和体验价值。通过游客与文化记忆的连接,促进心灵空间的营造,才是文化旅游的目的。

五 北京文化遗产活化利用的对策与建议

(一)激活IP产业链,打造独特品牌

文化IP当下已经成为扩大文化品牌影响力、提升文化产品价值的有效途径。文化遗产本身具有深厚的文化底蕴和情感共鸣,又因具有时代价值而自带话题属性,是IP创作的最佳素材。文化遗产IP开发的主要途径有开发文创产品、创新文化旅游、结合影视综艺等。当下,故宫文化品牌已经形成系统IP。无论是金碧辉煌的皇家建筑,还是红墙绿瓦的传统色彩,抑或是惊艳绝伦的馆藏文物,甚至是性格萌化后的皇家人物……都成为故宫文化品牌的一部分。"奉旨学习""朕就是这样的汉子""如朕亲临"等皇家IP迅速成为年轻人的心头好。挖掘与创新文化元素,打造文化IP产业链,是文化遗产保护和文化产业发展的重要方式。

(二)加大资金支持和人才培养力度

文化遗产保护数字化和文化产业数字化是当前遗产保护和文化产业发展的主要趋势,但是,对文化遗产数字化的技术研究还相对分散,没有形成一个完整的技术体系,在文化遗产数字化保护与开发的流程化、实用化、规范化等方面还需要进一步挖掘和整理。因此,政府需要给予一定的资金支持,用以建设促进文化遗产数字化发展的科技融合开放创新平台。在平台建设过程中,充分发挥行业领军企业、研究机构的技术引领示范作用,推动文化遗产数字资源整合工作朝着标准化和规范化方向发展,有效整合技术资源、产

业链资源和资金链资源。由此，政府应加大对新技术应用的资金支持力度，坚持文化遗产保护与文化产业的可持续发展。

（三）赋能"非遗+"，推动跨界融合

要充分借助北京非物质文化遗产的资源优势，使文化遗产资源向产品转化，如"非遗+商品""非遗+影视""非遗+新消费场景"等。

"非遗+商品"是通过创意性和应用性设计，将非物质文化遗产中的某些元素和技艺，通过文化艺术创意物化的商品展示出来，使其蕴含的历史、艺术、科技、社会等价值变得更加丰富、形象、生动。这是延伸文化产业链、提高产品附加价值、塑造产业品牌形象的有效手段。

"非遗+影视"是依靠电视、电影、新媒体等，利用数字化技术和网络平台，将经年累月的"传承"化无形为有形，把非物质文化遗产的表演形式、制作工艺、传承手段等完整记录下来并传播出去。粗略观察近几年制作较为精良的影视剧，剧情中不乏非遗技艺的呈现。非遗技艺的精彩呈现也增加了影视剧的话题讨论度，引领大众对传统文化的认知和热爱。

表7 热播影视剧中的主要非遗技艺

影视剧	非遗技艺
《梦华录》	茶百戏、琵琶、针灸、团扇
《当家主母》	缂丝
《如懿传》	点翠、累丝、錾刻、缂丝
《延禧攻略》	绒花、刺绣、昆曲、缂丝
《清平乐》	点茶、焚香、插花、挂画、风筝
《知否知否应是绿肥红瘦》	马球、建盏、点茶
《鬓边不是海棠红》	京剧艺术

资料来源：根据公开资料整理。

"非遗+新消费场景"正在成为新的消费时尚，故宫角楼咖啡、老磁器口豆汁店（天坛北门店）、故宫冰窖餐厅、天坛拾光、同仁堂新零售店铺·知嘛健康一号店等非遗新消费场景均成为北京网红打卡地。在大融合背景

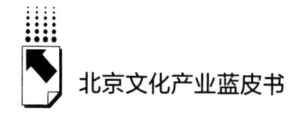

下，适度合理开发文化遗产资源，协同各行业和谐发展，有效激活文化遗产与现代文化的交互，成为年轻人成长记忆的一部分，是实现文化遗产保护与传承的重要方式。

（四）创新保护方式，推动产业数字化发展

2022年5月，中共中央办公厅、国务院办公厅印发的《关于推进实施国家文化数字化战略的意见》，对文化数字化进行总体部署，并要求加快文化产业数字化布局。文化数字化依托各类文化资源，利用数字技术及信息网络平台实现文化传播与内容升级，是一种具有创新性、体验性、互动性的文化服务与共享模式。[①] 国家统计局数据显示，2021年全国规模以上文化及相关产业中，数字文化新业态特征较为明显的16个行业小类实现营业收入39623亿元，比上年增长18.9%，两年平均增长20.5%。[②] 由此可见，文化产业数字化发展动力强劲。数字科技的加速应用和迭代，深刻影响着文化遗产现代表达方式的创新以及优质文化遗产的供给，成为激发文化建设活力的关键所在。新兴技术与文化遗产创造性转化和创新性发展的结合是文化遗产"活起来"的有效方法，相关文化遗产保护与管理单位要充分利用5G、AR、VR、人工智能、云平台、区块链等技术优势，丰富文化遗产创造性转化和创新性发展的表现形式，通过"云端"发布文化遗产研究成果、开设云端虚拟展厅、研发沉浸式交互体验平台等方式，实现文物陈列展览、精品馆藏、相关知识图谱等内容的数字化、创意化、可视化，打破现有文化遗产展览时空与实物限制，提升用户体验，推动文化遗产价值传播服务方式创新，加速文化遗产数字化进程。北京作为科技创新中心，应率先落地科技成果在城市管理和发展中的应用。可以想象，在未来，身体和"灵魂"同时在路上的惬意与商机。

---

① 《加快文化产业数字化布局（新论）》，《人民日报》2022年8月1日。
② 《数字文化产业发展按下"加速键"》，四川大数据中心，2022年6月23日，http://www.scdsjzx.cn/scdsjzx/zuixinzixun/2022/6/23/b80fbd1e8acf4fc1b2b2251ce516d95e.shtml。

参考文献

王丽莎:《日本怎样进行非物质文化遗产保护》,《人民论坛》2016年第19期。

肖德怀:《文旅融合视角下北京建设世界文化之都的思考》,《旅游学刊》2020年第7期。

黄永林:《非物质文化遗产产业利用意义和发展模式研究》,《中国文艺评论》2022年第8期。

范文静、霍斯佳:《北京老城夜间文化消费需求与提升建议》,*Proceedings of 2022 International Conference on Education E-leaning and social science*(EELSS 2020)。

专题篇
Special Reports

B.6
北京文化产业空间分布特征研究

环 梅*

摘　要： 揭示北京市文化产业空间分布现状，优化空间承载，有助于全市文化产业高质量发展，加快全国文化中心建设。本文利用数据爬虫技术，从天眼查网站和百度地图等抓取北京市文化类企业微观数据，运用 Arcgis 软件对北京市文化产业的空间分布特征进行分析，得出北京市文化产业存在非常显著的集聚现象，识别出各行政区文化产业当前的热点分布区域，并结合各行政区市级文化产业园区和示范园区，以及《北京市"十四五"时期文化和旅游发展规划》的文化旅游空间格局，提出相应的发展建议。

关键词： 文化产业　空间分布　数据爬虫　空间自相关　北京市

---

* 环梅，博士，北京印刷学院经济管理学院讲师，主要研究方向为文化产业结构与空间优化、出版传媒数据挖掘与建模。

党的二十大对文化建设提出了新的要求,指出全面建设社会主义现代化国家,必须坚持中国特色社会主义文化发展道路,增强文化自信,建设社会主义文化强国,发展民族的科学的大众的社会主义文化,激发全民族文化创新创造活力。北京作为全国的政治中心和文化中心,当前进入从集聚资源求增长到疏解功能谋发展的新阶段,文化建设作为重要引擎和增长极,支撑经济社会高质量发展的作用日益凸显。北京在建设社会主义文化强国中的地位日益凸显,发挥全国文化中心示范作用的任务更加艰巨。2020年,北京市正式向社会发布《关于加快国家文化产业创新实验区核心区高质量发展的若干措施》(以下简称《若干措施》),《若干措施》从激发文化市场活力、优化文化空间承载、构建高质量文化生态、扩大文化开放融通四个方面,以"政策18条"的形式,明确国家文创实验区下一步发展方向。《北京市"十四五"时期文化和旅游发展规划》构建了"一核一轴、四极四带、多板块"的文化旅游空间格局。揭示北京市文化产业空间分布现状,优化空间承载,有助于全市文化产业高质量发展,加快全国文化中心建设。

文化产业空间分布方面的研究主要集中于以下几个方面:一是产业空间分布特征研究,以某一园区或集聚区等具体案例为主要研究对象,总结我国文化创意产业区位选择的特征;[1] 二是产业空间演化过程研究,主要基于产业周期静态分析模型、核密度估计、莫兰指数分析等方法,分析文化产业在城市空间的集聚演化过程;[2] 三是影响因素研究,以园区和集聚区的个案分析为主,围绕人才、科技、文化、政策、设施等因素进行讨论;[3] 四是空间

---

[1] 蒋三庚、王莉娜:《北京市文化创意产业集聚效应研究》,《经济研究参考》2017年第45期;陶金、罗守贵:《基于不同区域层级的文化产业集聚研究》,《地理研究》2019年第9期;杜春丽、杜子杰:《国家中心城市文化产业集聚特征及空间分异格局研究——以武汉市为例》,《江汉大学学报》(社会科学版)2021年第2期。

[2] 杨槿、陈雯、袁丰:《苏州老城区文化产业空间格局演化及其机理分析》,《地理科学》2015年第12期;田雨:《西安市文化创意产业空间演化研究》,硕士学位论文,西安建筑科技大学,2019。

[3] 杨雪琪:《我国文化创意产业空间集聚特征及影响因素分析》,硕士学位论文,华南理工大学,2017;郑春梅、张颖:《北京文化创意产业空间发展差异及影响因素研究》,《北方工业大学学报》2019年第5期。

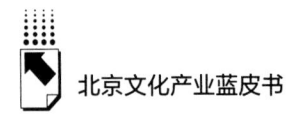

布局发展策略研究，不同学者分别从国家宏观层面、城市层面和产业园区层面，分析了空间布局调整、全域产业链、不同阶段差异化制度、区域联动机制等发展策略。[1]

上述研究在文化产业空间优化方面取得了诸多成果，但现有研究大多是基于统计年鉴数据，基于各区县行政区域探讨整个文化产业，进行较为宏观的分析和发展策略研究，鲜有基于文化企业微观层面的深入量化研究。

随着互联网和信息技术的发展，文化产业相关的社会经济、土地利用、企业等数据获取更为便捷，利用大数据技术能够从海量的数据中分析挖掘事件隐性的特征和规律。为此，本文通过网络地图、数据爬虫技术等获取多源数据，基于Arcgis软件从行政区域、行业领域、企业等多个维度，深入研究北京文化产业的空间分布特征，提出文化产业空间优化策略，为推动北京市文化产业高质量高品质发展提供新的视角。

一 数据的获取与处理

（一）基础数据的获取

本文主要根据文化类企业实际所在的位置，分析北京市文化产业的空间分布特征和集聚情况，研究区域为北京市行政区内，南北长约176公里，东西宽约160公里。本文所用数据于2022年1月从天眼查和百度地图爬取，首先从天眼查爬取北京市文化类企业名称、具体地址、文化产业类别、企业规模、经营范围、注册资金、成立时间、经营状况等数据；再根据爬取的文化类企业地址从百度地图获取企业地址的经纬度数据。在获取企业地址经纬度的过程中，由于运用企业名称获取经纬度，出现了企业名称与经纬度不匹

---

[1] 魏思阳：《"互联网+"背景下哈尔滨市文化产业创新发展对策研究》，硕士学位论文，哈尔滨工业大学，2018；Rodríguez-Gulías, M. J., et al., "Innovation in Cultural and Creative Industries Firms with an Academic Origin (CCI-USOs): The Role of Regional Context," *Technovation*, 2020 (92–93).

配的情况，为此调整为从天眼查获取企业的实际地址，再从百度地图获取企业地址经纬度。

（二）数据处理

本文从相关平台爬取的原始数据不能直接用于问题的分析，需要对原始数据进行清洗和预处理。

数据清洗。获取的文化类企业数据中，经纬度位置超出了北京市行政区域的企业需要剔除；经营状况为已经吊销或注销的企业需要剔除；数据集中重复的企业信息需删除，如有一些企业行业分类信息稍有差异，而企业的其他信息完全相同，这样的重复企业信息只需保留一个。经过数据清洗，得到北京市文化类企业有效数据7454条。

数据预处理。根据研究需要，本文运用Arcgis软件对爬取的企业数据信息进行空间分布及特征处理，将北京市南北长分为59等份，东西宽分为53等份，使得每个小的研究网格面积约为9平方公里，共1766个网格。

二 文化产业集聚测量指标

本文对北京市文化产业空间集聚特征的分析，主要采用全局空间自相关性和局部空间自相关性的方法。首先，对北京市文化产业进行全局空间自相关分析，分析不同网格内文化类企业是否存在空间上的集聚现象。其次，根据对北京市划分的1766个分析网格，对每个网格进行局部空间自相关分析，得到热点区域的位置、区域内文化类企业数量和置信度等。

（一）全局空间自相关分析

全局空间自相关性用于衡量区域之间整体空间关联与空间差异程度，用全局莫兰指数（Global Moran's I）进行衡量。本文用全局莫兰指数衡量北京市文化类企业数量在空间上是否存在集聚现象。全局莫兰指数的计算公式为：

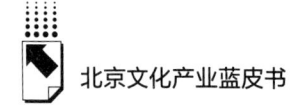

$$Moran's\ I = [\sum_{i=1}^{n}\sum_{j=1}^{n}W_{ij}(Y_i-\overline{Y})(Y_j-\overline{Y})]/S^2\sum_{i=1}^{n}\sum_{j=1}^{n}W_{ij} \quad (1)$$

其中，$S^2=\frac{1}{n}\sum_{i=1}^{n}(Y_j-\overline{Y})^2$，$\overline{Y}=\frac{1}{n}\sum_{i=1}^{n}Y_i$；$Y_i$代表第$i$个空间文化企业数量；$n$代表北京地区被划分的网格数量，即1766个；$\overline{Y}$表示全部网格中文化类企业数量的平均值；$W_{ij}$代表空间矩阵。全局莫兰指数数值分布范围为［-1，1］，-1表示事件在空间内高度负相关，本文中每一个文化类企业数量高（低）值网格都被低（高）值网格包围；1表示事件在空间内高度正相关，本文中每一个文化类企业数量高（低）值网格都被高（低）值网格包围。（0，1］说明研究区域网格与相邻网格存在较强的正向空间自相关，文化产业整体存在空间集聚现象（如高高集聚或低低集聚）；［-1，0）说明研究区域网格与相邻网格存在较强的负向空间自相关，即区域间存在文化类企业数量高值或低值离群现象。

（二）局部空间自相关分析

局部空间自相关性即热点，用来分析研究范围内具有较高空间关联或较低空间关联区域的位置。本文对各网格文化类企业数量进行局部空间自相关分析，以准确识别北京市文化产业热点位置。局部空间自相关分析主要是对G_i统计量的Z检验结果进行分析，G_i统计量可以表示为：

$$G_i(d) = \frac{\sum_{j=1}^{n}\omega_{ij}(d)x_j}{\sum_{j=1}^{n}x_j},\ i\neq j \quad (2)$$

G_i统计量的Z检验结果表示为$G_i(Z)$，$G_i(Z)$可以表示为：

$$G_i(Z) = \frac{\sum_{j=1}^{n}\omega_{ij}(d)x_j - \bar{x}\sum_{j=1}^{n}\omega_{ij}(d)}{[\sqrt{\frac{\sum_{j=1}^{n}x_j^2}{n}-(\bar{x})^2}]\sqrt{\frac{n\sum_{j=1}^{n}\omega_{ij}^2(d)-[\sum_{j=1}^{n}\omega_{ij}(d)]^2}{n}}} \quad (3)$$

公式（2）和公式（3）中，i 表示当前研究的第 i 网格区域；x_j 表示 j 网格内的文化类企业数量；$\omega_{ij}(d)$ 表示以 i 网格为中心，半径 d 范围内的与各网格的接邻矩阵；n 表示研究范围内网格的总数；$\bar{x}$ 是研究范围内所有网格中文化类企业数量的平均值；G_i 统计量是半径 d 范围内与 i 网格接邻区域的文化类企业数量与全部网格内文化类企业总数的比值。

局部空间自相关分析的结果是基于原假设背景解释的，原假设 H_0 为：以 i 网格为中心、d 为半径范围的网格内文化类企业数量是随机的，即各个网格内的文化类企业数量是随机的，没有相关性。如果 $G_i(Z)$ 小于临界值或者 P 值大于给定的显著性水平，则接受原假设，否则拒绝原假设。

三 北京市文化类企业基本统计分析

（一）北京市各行政区面积、文化类企业数量对比分析

根据北京市各行政区面积及文化类企业数量，朝阳区文化类企业数量最多，其次是海淀区；东城区和西城区的面积最小，但这两个行政区的文化类企业数量比较多；密云、怀柔、延庆、房山等区占地面积非常大，但文化类企业数量很少（见表1）。

表1 北京市各行政区面积和文化类企业数量

单位：平方公里，家

指标	朝阳区	海淀区	东城区	通州区	丰台区	西城区	昌平区	大兴区
面积	470.8	430.77	41.84	906	305.5	50.7	1343.5	1036.33
企业数量	1895	986	559	595	575	525	445	328
指标	顺义区	房山区	怀柔区	石景山区	门头沟区	密云区	平谷区	延庆区
面积	1021	2019	2122.8	85.74	1447.85	2229.45	948.24	1994.88
企业数量	294	272	272	204	156	157	128	63

资料来源：根据北京市各行政区官网及天眼查爬虫数据整理。

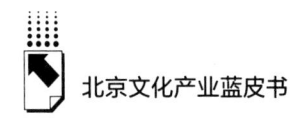

（二）北京市文化产业主要行业企业数量分析

根据天眼查对文化产业各行业的分类，本文将文化产业分别12个主要行业，其中企业数量最多的前5个行业分别为文化艺术业，广播、电视、电影和音像业，新闻出版业，文化艺术经纪代理业和娱乐业，数量分别占北京市文化类企业总数的32%、16.5%、15.8%、15.6%和11.5%（见图1）。

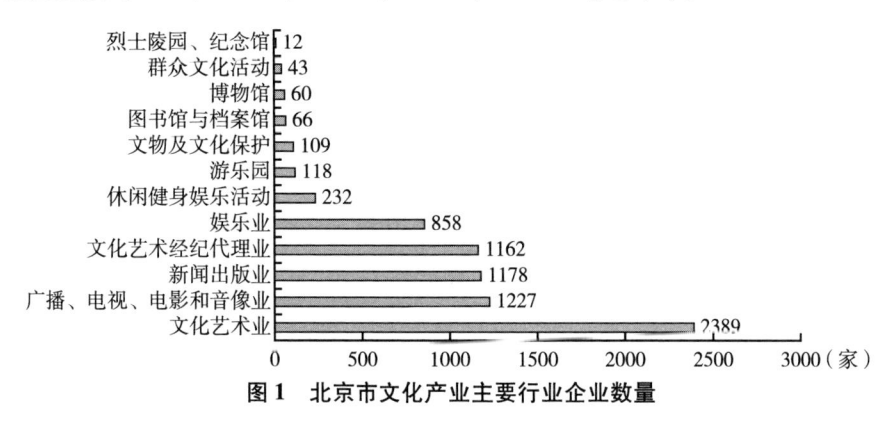

行业	数量（家）
烈士陵园、纪念馆	12
群众文化活动	43
博物馆	60
图书馆与档案馆	66
文物及文化保护	109
游乐园	118
休闲健身娱乐活动	232
娱乐业	858
文化艺术经纪代理业	1162
新闻出版业	1178
广播、电视、电影和音像业	1227
文化艺术业	2389

图1 北京市文化产业主要行业企业数量

资料来源：天眼查爬虫数据。

四 北京市文化产业空间分布特征分析

（一）北京市文化产业总体空间分布

北京市文化类企业主要分布在东城区和西城区的全域，朝阳区的大部分地区，海淀区的东部，石景山区的中部，丰台区的东北部，大兴区的中北部，昌平区的东南部等，这些地区离北京市中心较近，而离市中心较远的区域，文化类企业数量较少（见图2）。

（二）北京市文化产业空间集聚特征分析

1. 北京市文化产业全局空间自相关分析

本文基于爬虫数据，运用Arcgis软件，计算得出北京市文化产业的莫兰指

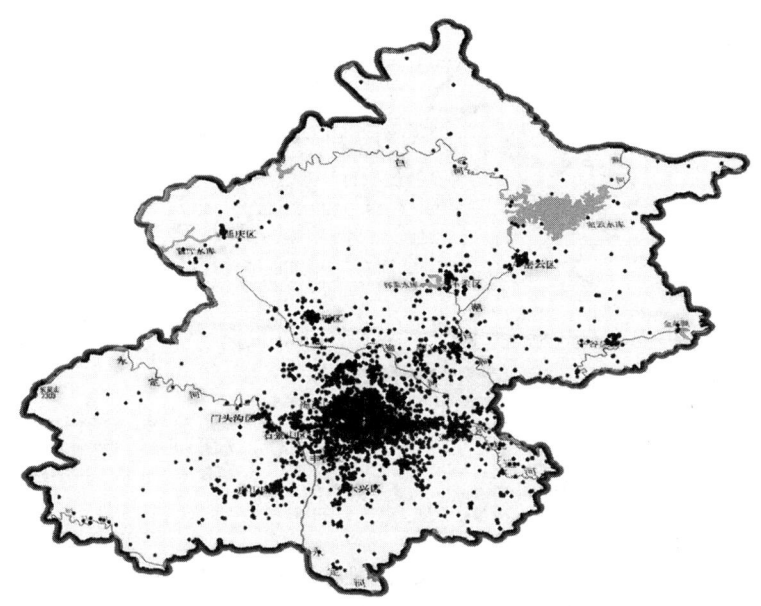

图2 北京市文化类企业地理空间分布

注：该图基于国家地理信息公共服务平台下载的审图号为GS（2019）3333的标准地图绘制，底图无修改。

资料来源：企业地理分布根据天眼查爬虫数据整理。

数值为0.7，Z值为30.21，置信度大于99%，表明北京市文化类企业不存在均匀分布现象，而是集中分布于某些区域，且存在非常显著的集聚现象。

2. 北京市文化产业局部空间自相关分析

由全局空间自相关分析结果可知，北京市文化类企业存在很强的空间集聚现象。为此本文运用Arcgis软件对不同网格区域的文化类企业进行局部空间自相关分析。表2为北京市文化产业局部空间自相关分析结果，图3是北京市文化产业热点区域分布情况。

表2 北京市文化产业局部空间自相关分析结果

置信度(%)	平均每网格文化类企业数量(家)	平均$G_i(Z)$	网格数量(个)
>99	68	6.52	68
95~99	25	2.23	22
90~95	28	1.79	7

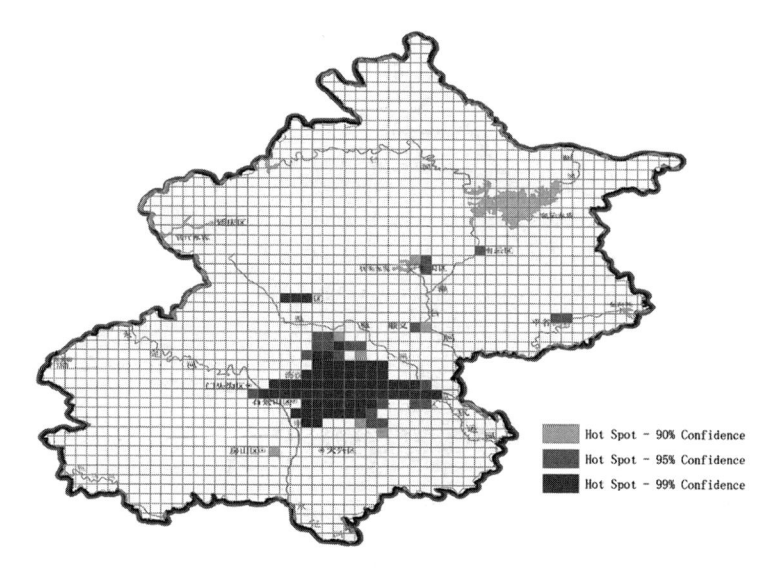

图3　北京市文化产业热点区域分布

注：该图基于国家地理信息公共服务平台下载的审图号为 GS（2019）3333 的标准地图绘制，底图无修改，余下北京全域地图同，不再一一说明。

资料来源：企业热点区域分布根据天眼查爬虫数据及局部空间自相关分析结果整理绘制。

（1）北京市文化产业总体集聚特征

北京市文化产业热点区域主要分布在东城和西城的全域，朝阳、海淀、石景山、丰台、大兴、通州等行政区的部分地区，共97个。热点区域按置信度水平分为三类。

结合图3和表2可以看出，置信度大于99%的为集聚性最强的区域，共有68个网格，占比70.1%，平均 $G_i(Z)$ 高达6.52，这些网格大部分为相邻区域或距离较近，主要分布在东城和西城的全域，朝阳的大部分区域，海淀和丰台的东部，通州的西北部等。从文化类企业数量看，置信度大于99%的网格平均文化类企业数量为68家。

置信度95%~99%的集聚性较强网格，共有22个，占比22.7%，平均 $G_i(Z)$ 为2.23。置信度95%~99%网格的平均文化类企业数量为25家，大部分位于置信度大于99%区域的外围以及郊区。

置信度90%~95%区域的文化类企业集聚水平相对于前两类区域较低一些，共有7个网格，占比7.2%，平均$G_i(Z)$为1.79。该类区域基本位于热点区域的最外围和北京的近、远郊区，置信度90%~95%的网格平均文化类企业数量为28家（见图4）。

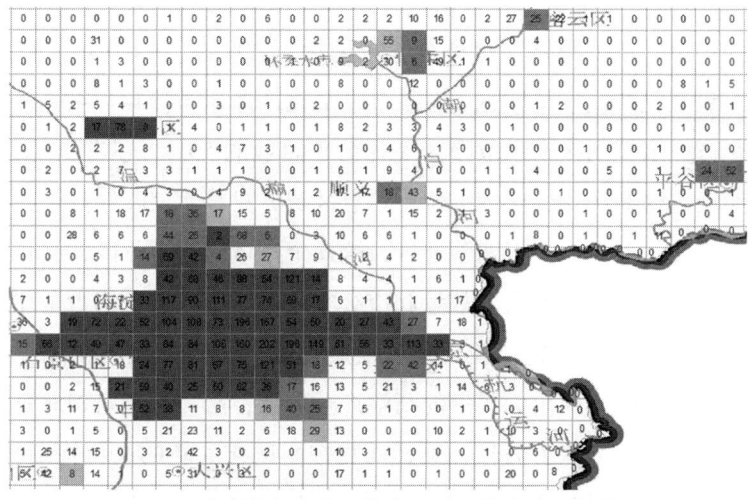

图4 北京市文化产业热点区域文化类企业数量

（2）主城区文化产业集聚特征

北京市主城区包括东城区、西城区、朝阳区、海淀区、丰台区、石景山区。全北京市置信度大于99%的热点区域中，主城区占88.2%；置信度95%~99%的热点区域中，主城区占27.3%；置信度90%~95%的热点区域中，主城区占28.6%，表明主城区文化类企业已具有很强的集聚水平。

东城和西城两个行政区，全域为热点程度最高区域，平均每个网格的文化类企业数量为103家。2020年，东城和西城共有2家市级文化产业示范园区、3家市级文化产业示范园区（提名）、23家市级文化产业园区。另外，东城和西城为北京市核心区域，且北京中轴线主要位于东城和西城。两个行政区全域为文化产业热点区域，文化类企业集聚性高且数量多，需对文化类企业比较密集的区域加强旅游要素管控与综合治理，鼓励大型文化企业发挥龙头作用，中小企业发挥灵活创新作用，推进"文化+

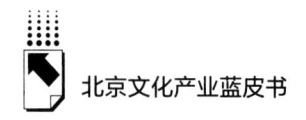

旅游+科技"高质量融合发展，提供高品质旅游产品和设施环境，满足消费者多元化需求。中轴线附近需要提高历史文化遗产展示水平，保护整体艺术成就和皇城的完整性。

朝阳区有67%的区域为文化企业热点区域，平均每个网格的文化类企业数量为67家。其中，朝外大街、呼家楼、六里屯、八里庄等街道文化类企业最为集中，单一网格文化类企业数量达到200家。2020年，朝阳区获评5家市级文化产业示范园区、5家市级文化产业示范园区（提名），均占全市文化产业示范园区及示范园区（提名）总数的50%，还有23家市级文化产业园区，这些产业园区大多位于热点区域，只有4家园区位于朝阳区东北部的豆各庄、黑庄户、王四营地区，这几个区域临近通州区，文化类企业数量较少。朝阳区文化类企业数量和市级文化产业园区数量均为全北京市最多，需不断优化提升文化产业质量，发展以文化传媒、数字文化、创意设计、文化贸易、休闲娱乐为支撑的高端产业体系，努力打造引领北京文化产业高质量发展的核心区。另外，奥林匹克中心区作为新的文化旅游增长极，位于朝阳区的奥运村街道，当前奥运村街道为文化产业热点区域，但奥运村街道相对于朝阳区其他热点区域而言文化类企业数量较少，尤其是与昌平区和海淀区的临界区域文化类企业数量更少（见图5）。朝阳区可充分运用"双奥"文化，吸引具有奥运主题特色的文化类企业入驻，提高旅游热度，带动临界区域的发展。

海淀区约有35%的区域为文化产业热点区域，这些热点区域位于海淀区的东部，平均每个网格的文化类企业数量为60家（见图6）。2020年，海淀区有市级文化产业示范园区2家，市级文化产业示范园区（提名）2家，市级文化产业园区9家，这些产业园区均位于海淀区的热点区域。海淀区拥有丰富的科技、教育、文化资源，是当今中国最富魅力、最具活力与创新精神的地区之一，可以利用现有人文和科技资源，加快公共文化服务数字化建设，增加高质量公共文化供给，丰富群众文化活动。另外，海淀区涉及大运河文化带和西山永定河文化带，需做好西山永定河文化带和大运河文化带的保护利用，建设山水交融的西山永定河文化带，营造蓝绿

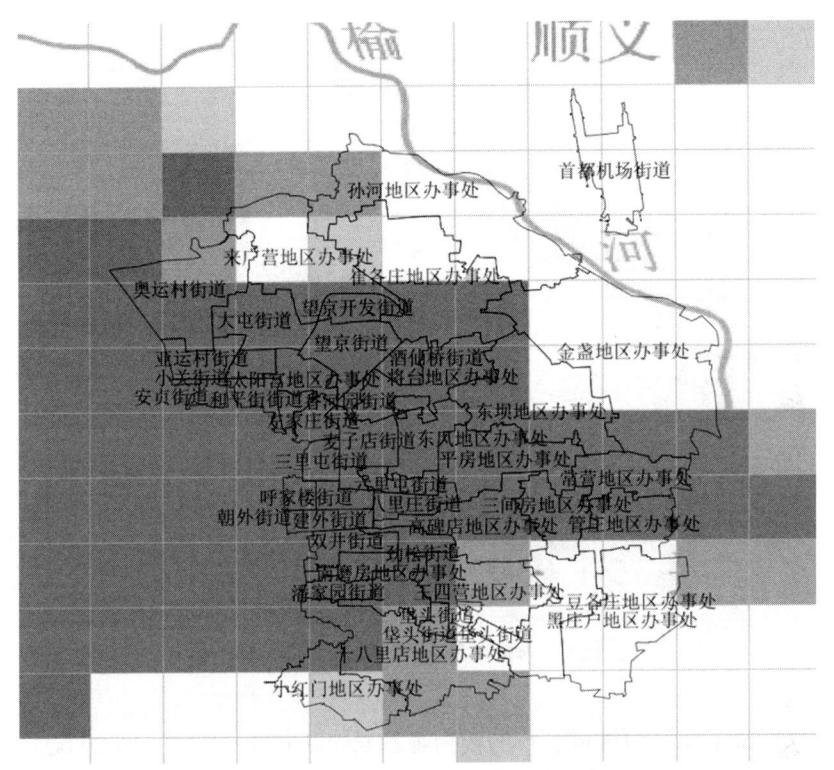

图 5 朝阳区文化产业热点区域分布

交织的大运河文化带。

石景山区有40%的区域为文化产业热点区域，平均每个网格文化类企业数量为44家（见图7）。2020年，石景山区有2家市级文化产业园区，分别位于古城街道和老山街道，文化产业园区均位于热点区域。新首钢文化旅游增长极位于石景山区的古城街道，平均每个网格的文化类企业数量为23家，可进一步增加该区域文化类企业数量，充分利用冬奥遗产、首钢工业遗址、永定河生态等元素，打造京西高端产业创新高地和后工业文化体育创业基地。

丰台区约有40%的区域为文化产业热点区域，主要位于丰台区的东部，紧邻海淀区、朝阳区、西城区和东城区的文化产业热点区域，平均每个网格文化类企业数量为54家（见图8）。2020年，丰台区有3家市级文化产业园

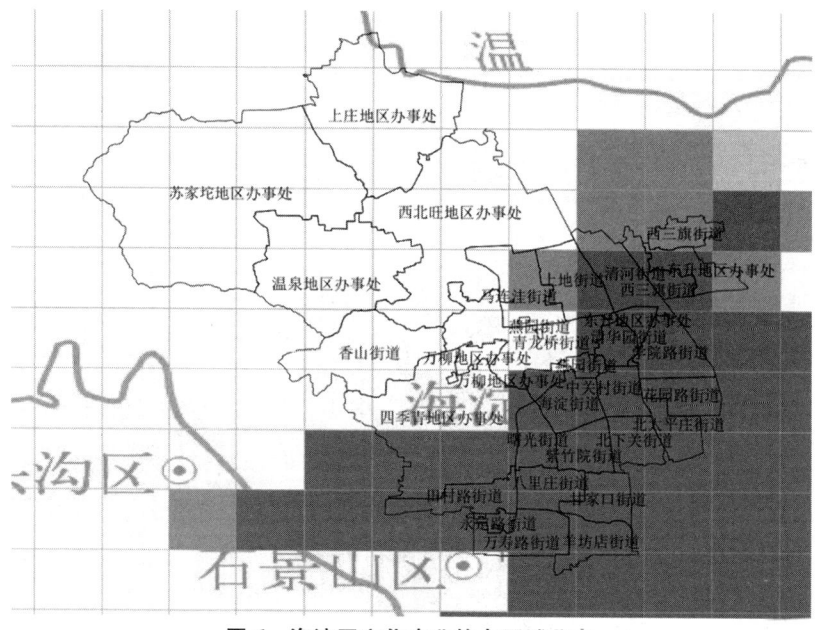

图6 海淀区文化产业热点区域分布

区，分别位于大红门街道、卢沟桥街道和长辛店街道，大红门街道位于热点程度较高区域，卢沟桥街道位于热点程度较低区域，而长辛店街道不属于文化产业热点区域。卢沟桥—宛平城红色旅游板块位于丰台区，因此卢沟桥街道属于热点区域，平均每个网格的文化类企业数量为18家。宛平城目前还不属于文化产业热点区域，文化类企业数量较少。丰台区可充分运用抗战、卢沟晓月、岱王庙等元素，借助文化产业园区，吸引更多文化类企业入驻，打造独具特色的综合旅游休闲文化区。

（3）近郊区文化产业集聚特征

北京市近郊区包括大兴区、通州区、顺义区、昌平区、门头沟区、房山区，这6个区域紧紧环绕着主城区。根据局部空间自相关分析结果，近郊区的文化产业热点区域较少，共有23个热点网格，占全北京市的23.7%。全北京市置信度大于99%的热点区域中，近郊区占11.8%；置信度95%~99%的热点区域中，近郊区占41%；置信度90%~95%的热点区域中，近郊区占57%，表明北京市近郊区文化类企业集聚水平不高。这些热点区域大多紧邻主城区，只有昌平区的城北街道、城南街道和南邵镇，顺义区的胜利街道和光明街道，以及房山区的拱辰街道和长阳镇的交界区域离主城区较远。

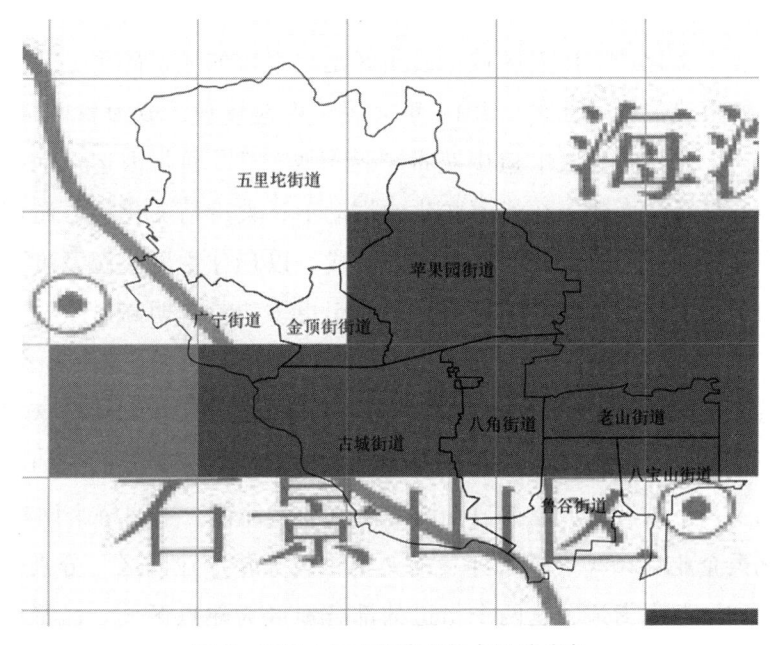

图7 石景山区文化产业热点区域分布

大兴区有2个热点区域，主要位于经济技术开发区和亦庄地区的部分区域，平均每个网格有31家文化类企业。2020年，大兴区有1家市级文化产业示范园区，4家市级文化产业园区，均不位于大兴区文化产业热点区域。大兴区可基于现有的市级文化产业园区，在增加文化类企业数量的同时提高企业的质量。北京大兴国际机场作为新的文化旅游增长极，位于大兴区榆垡镇和礼贤镇与河北省廊坊市广阳区交会的位置。目前大兴国际机场及周边的文化类企业数量很少，大兴国际机场有着独特的建筑风格和浓厚的文化底蕴，可发展独特的精品旅游路线，吸引更多高品质文化类企业入驻。

通州区有7个热点区域，分布于紧邻朝阳区常营和管庄的永顺镇、北苑街道、新华街道、中仓街道、玉桥街道、宋庄镇、梨园镇等，这些热点区域位于东城区向东的延伸地区，平均每个网格有45家文化类企业。2020年，通州区有4家市级文化产业园区，其中3家位于梨园镇，均位于热点区域，第4家位于通州区和大兴区交界处，通州区的其他区域尚不属于文化产业热点区域。通州区是北京市的城市副中心，大运河休闲旅游板块位于通州区。2014年大运河申遗成功，成为我国第46处世界遗产，北京在该次申遗中获批"两段两点"。通州因运河而兴，城市副中心依运河而建，在运河文化的推动下，大运河文化核心游憩体验带逐步建成。同时，随着环球影城的落成，以环球主题公园及度假区为主体的通州文化旅游区开始建设，可吸引更多特色鲜明高质量文化类企业加入。

昌平区有10个文化产业热点区域，主要位于昌平区和海淀区交界的回龙观街道、霍营街道和东小口镇，昌平区与朝阳区交界的天通苑南街道，以及昌平城区的城北街道、城南街道和南邵镇，平均每个网格有31家文化类企业。2020年，昌平区有2家市级文化产业园区，分别位于北七家镇和回龙观街道，这两个街道的部分地区为热点区域。昌平区的居庸关长城属于长城文化旅游休闲带。居庸关位于昌平区的南口镇，目前还不是文化产业热点区域。昌平区可围绕长城文化旅游、文创产品、研学产品等进行创新，开发精品文旅项目，提高文化类企业入驻率，打造景区新消费业态。

房山区有1个文化产业热点区域，位于拱辰街道和长阳镇，平均每个网格有8家文化类企业。房山区有3家市级文化产业园，分别位于拱辰街道、长阳镇和城关街道，目前拱辰街道和长阳镇的部分区域为文化产业热点区域，而城关街道还不是文化产业热点区域。房山区历史悠久，素来有"人之源"、"城之源"和"都之源"的美誉，而大部分著名历史景点当前还不是文化产业热点区域，文化类企业数量较少，还需对以各景点为中心的周边区域进行合理布局，发展生态优美、功能完备的特色文化旅游胜地。

北京文化产业空间分布特征研究

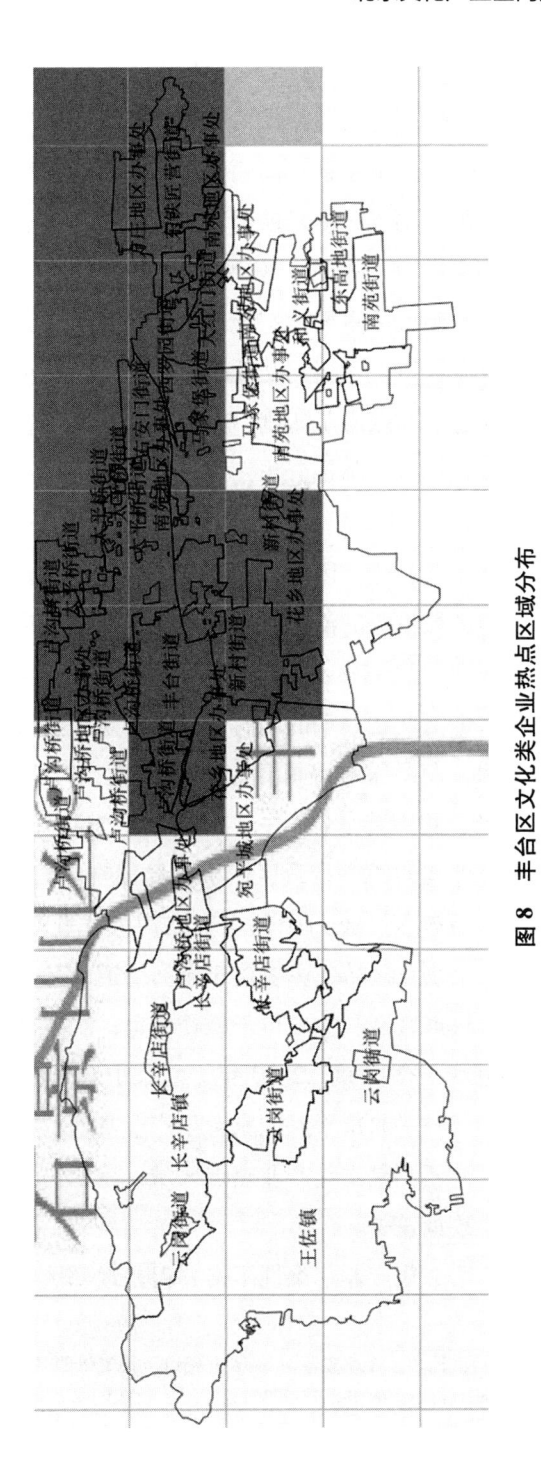

图 8 丰台区文化类企业热点区域分布

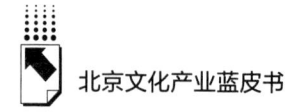

顺义区有 2 个文化产业热点区域，涉及胜利街道、光明街道的部分区域，平均每个网格有 31 家文化类企业。2020 年，顺义区有 3 家市级文化产业园区，分别位于天竺镇、空港街道和高丽营镇，这几个区域均位于首都机场以西，与朝阳区或昌平区临界，但目前均不是文化产业热点区域。大运河有一段位于顺义区，即潮白河顺义段，被纳入北京市大运河文化带建设范畴。潮白河顺义段是顺义新城的重要生态走廊。顺义区可以针对文化产业热点区域、市级文化产业园区以及大运河文化带等当前初具规模的区域，重点发展广告会展、设计创意、高端出版印刷、时尚体育休闲等在本区内已有一定发展基础和优势的文化产业，制定分步发展规划，提高文化产业发展质量和服务水平。

门头沟区有 1 个文化产业热点区域，主要位于永定镇与石景山区临界的地区。永定河是门头沟区最重要的河流，永定河由西北向东南贯穿整个门头沟区，流域面积占全区面积的 94%。[①] 门头沟区可根据"十四五"规划提出的要求，在讲好西山永定河文化故事的同时，打造永定河沿线文旅体验产业带，打造精品民宿品牌，发展休闲农业精品旅游线路。

（4）远郊区文化产业集聚特征

远郊区指北京市最外围的四个行政区，根据局部空间自相关分析结果，远郊区文化产业热点区域较少，且每个热点网格内的文化类企业数量也较少。其中，怀柔区有 3 个热点区域，主要位于泉河街道、怀柔镇、雁栖镇和北房镇；密云区有 1 个热点区域，主要位于鼓楼街道；平谷区有 2 个热点区域，主要位于兴谷街道和王辛庄镇。2020 年，北京市政府在远郊区只批复了一家市级文化产业园区——北京平谷国家音乐产业基地，园区位于平谷区的东高村镇，该区域目前还不是文化产业热点区域，表明园区的文化产业集聚性不强，文化类企业数量较少。

当前，北京市远郊区文化产业集聚性不强，但是远郊区山地广大、河泉

---

① 《门头沟区实现永定河治理"三个率先"》，"人民资讯"快资讯账号，2022 年 9 月 8 日，https：//www.360kuai.com/pc/9e9487b78c27332a2? cota = 3&kuai_ so = 1&sign = 360_ 57c3bbd1&refer_ scene=so_ 1。

众多、水源丰富、水质优良，有多个宜居宜游的自然风景区，远郊区可根据当地自然景区特点实现优化发展。如怀柔雁栖湖休闲旅游板块，位于怀柔区的文化产业热点区域，雁栖湖拥有得天独厚的自然旅游资源，但目前雁栖湖景区及周边的游客服务设施还有待提升，需要提高板块内文化类企业的数量和质量，向集食、住、行、游、购、娱于一体的5A级旅游景区迈进。另外，北京长城文化旅游休闲带主要位于远郊区，贯穿北京北部生态涵养区，分布在平谷、密云、怀柔、延庆、昌平和门头沟6个区。北京长城文化旅游休闲带可以长城遗产、相关文化和生态资源的系统整合为切入点，提高文化旅游休闲带文化类企业数量和质量，带动北京北部山区社会、文化、经济活力的整体提升。同时，由于远郊区的地理位置和地形地貌特点，可以借助当地文化景观资源大力发展民俗文化，提升远郊区的旅游热度。

五　北京市文化产业主要行业空间分布特征分析

根据网络爬虫数据，北京市文化产业中文化艺术业，广播、电视、电影和音像业，文化艺术经纪代理业，娱乐业，新闻出版业等行业企业数量较多。根据天眼查对文化产业主要行业的分类，揭示这些行业的空间分布特征，了解文化产业各行业空间分布的合理性和存在的问题，为进一步优化文化产业空间结构提供有益的参考。

（一）北京市文化产业主要行业全局空间自相关分析

根据上文对北京市行政区划分的1766个网格，针对企业数量较多的行业进行全局空间自相关分析，其中北京市文化产业主要行业企业数量的莫兰指数均为正值，表明文化艺术业，广播、电视、电影和音像业，文化艺术经纪代理业，娱乐业，新闻出版业5个行业存在空间集聚现象。5个行业企业数量Z值都较高，置信度大于99.99%，说明这5个行业的企业在北京市都不是均匀分布，而是比较集中地分布于某些区域，即热点区域。此外，通过5个行业的对比可知，新闻出版业和文化艺术经纪代理业的莫兰指数高于另外3个行业,说明新闻出版业和文化艺术经纪代理业在空间上的集聚现象更加明显(见表3)。

表3 北京市文化产业主要行业全局空间自相关分析结果

指标	新闻出版业	文化艺术经纪代理业	文化艺术业	娱乐业	广播、电视、电影和音像业
莫兰指数	0.66	0.658	0.636	0.6	0.56
Z值	28.56	28.54	27.58	25.74	24.5
P值	0.00	0.00	0.00	0.00	0.00

(二)北京市文化产业主要行业空间分布特征

由全局空间自相关分析结果可知,北京市文化产业主要行业的企业数量具有很强的空间集聚现象,为此需进一步分析北京市文化产业主要行业在各行政区的空间分布情况。通过对比北京市文化产业主要行业企业在各行政区的数量可以发现,朝阳区各主要行业的企业数量均为最多,其次是海淀区,平谷区和延庆区各主要行业的企业数量都很少(见表4)。下面分别针对新闻出版业,文化艺术经纪代理业,文化艺术业,娱乐业,广播、电视、电影和音像业5个主要行业的企业数量、空间分布、热点区域等进行分析。

表4 北京市各行政区文化产业主要行业企业数量

单位:家

行政区	新闻出版业	文化艺术经纪代理业	文化艺术业	娱乐业	广播、电视、电影和音像业
朝阳区	235	323	677	153	372
海淀区	195	207	289	118	127
通州区	82	81	230	58	107
丰台区	142	53	184	69	62
东城区	106	114	174	57	63
西城区	139	99	153	42	49
昌平区	63	40	127	103	44

续表

行政区	新闻出版业	文化艺术经纪代理业	文化艺术业	娱乐业	广播、电视、电影和音像业
房山区	35	26	91	41	42
顺义区	47	35	85	45	47
石景山区	20	28	80	29	29
大兴区	63	45	78	40	63
怀柔区	9	24	78	31	112
门头沟区	12	39	49	12	28
密云区	18	13	43	27	45
平谷区	9	30	33	19	19
延庆区	3	5	18	14	18

资料来源：根据天眼查爬虫数据整理。

1. 新闻出版业空间分布特征

新闻出版业的莫兰指数最高，说明北京市新闻出版业的集聚现象较其他4个行业更为明显。北京市共有新闻出版业企业1178家，其中主城区新闻出版业企业数量占71.1%，近郊区占25.6%，远郊区占3.3%。

从新闻出版业企业数量局部空间自相关分析结果（见表5）和空间分布热点（见图9-c）可知，置信度大于90%的热点网格共有76个，其中置信度大于99%的热点网格53个，平均$G_i(Z)$为7.52，平均每个网格新闻出版业企业数量为15家；置信度95%~99%的热点网格有15个，平均$G_i(Z)$为2.23，平均每个网格新闻出版业企业数量为4家；置信度90%~95%的热点网格有8个，平均$G_i(Z)$为1.74，平均每个网格新闻出版业企业数量为4家。

表5 北京市新闻出版业企业数量局部空间自相关分析结果

置信度(%)	网格数量(个)	平均$G_i(Z)$	平均每个网格企业数量(家)
>99	53	7.52	15
95~99	15	2.23	4
90~95	8	1.74	4

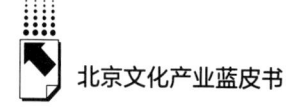

从图9-d可以看到，共有5个热点网格的新闻出版业企业数量大于30家，这5个热点网格的置信度大于99.99%，平均G_i（Z）高达13.66，分别位于东城区的北新桥街道、东四街道、东直门街道、朝阳门街道、建国门街道，朝阳区的六里屯街道、八里庄街道、朝外街道，海淀区的紫竹院街道、甘家口街道、北下关街道、北太平庄街道，西城区的新街口街道和展览路街道。

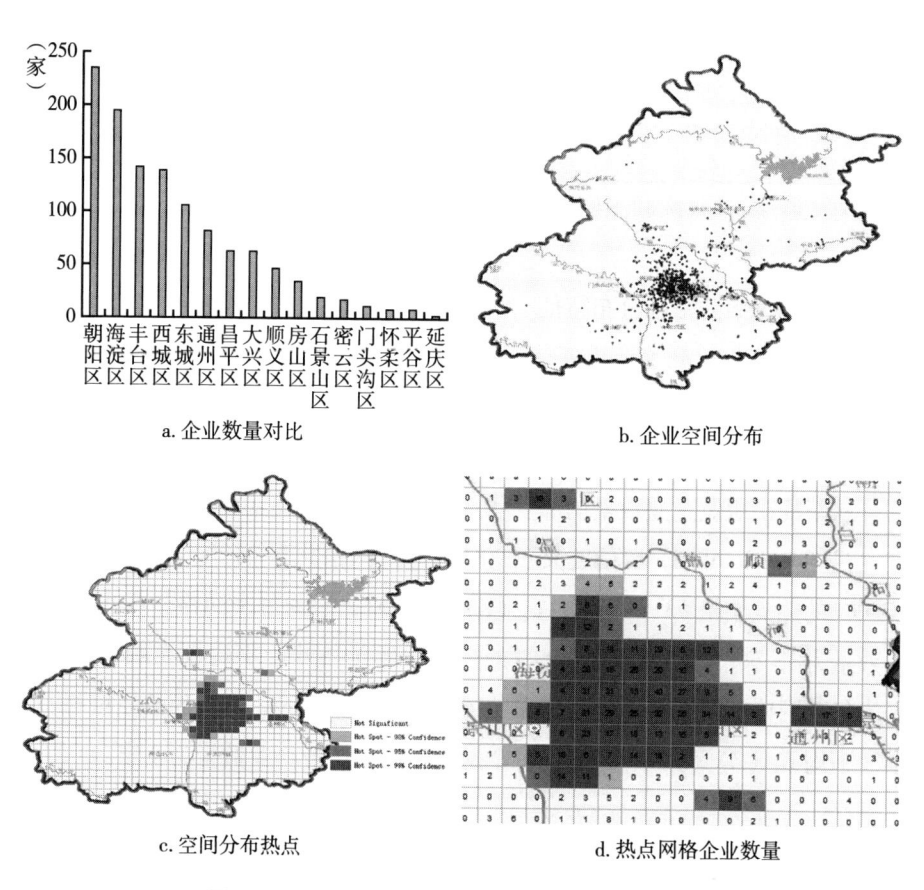

a. 企业数量对比

b. 企业空间分布

c. 空间分布热点

d. 热点网格企业数量

图9　北京市新闻出版业企业数量及空间分布特征

2. 文化艺术经纪代理业空间分布特征

文化艺术经纪代理业的莫兰指数为0.658，稍低于新闻出版业，说明北京市文化艺术经纪代理业也存在很明显的集聚现象。北京市文化艺术经纪代理业企业共1162家，其中主城区（海淀、朝阳、东城、西城）相关企业数量占64%，主城区的石景山区文化艺术经纪代理业企业数量只占2.4%，远郊区占比最少为6.2%。

从文化艺术经纪代理业企业数量局部空间自相关分析结果（见表6）和空间分布热点（见图10-c）可知，置信度大于90%的热点网格共有82个，其中置信度大于99%的热点网格53个，平均$G_i(Z)$为7.4，平均每个网格有文化艺术经纪代理业企业14家；置信度95%~99%的热点网格有12个，平均$G_i(Z)$为2.35，平均每个网格文化艺术经纪代理业企业数量为5家；置信度90%~95%的热点网格有17个，平均$G_i(Z)$为1.82，平均每个网格文化艺术经纪代理业企业数量为4家。

表6 北京市文化艺术经纪代理业企业数量局部空间自相关分析结果

置信度(%)	网格数量(个)	平均$G_i(Z)$	平均每个网格企业数量(家)
>99	53	7.4	14
95~99	12	2.35	5
90~95	17	1.82	4

从图10-d可以看到，共有6个热点网格的文化艺术经纪代理业企业数量大于30家，这6个热点网格的置信度大于99.99%，平均$G_i(Z)$高达14.64，分别位于东城区的北新桥街道、东四街道、东直门街道、朝阳门街道、建国门街道，朝阳区的六里屯街道、八里庄街道、朝外街道、建外街道、呼家楼街道，海淀区的紫竹院街道、甘家口街道、北下关街道、中关村街道、海淀街道。

3.文化艺术业空间分布特征

文化艺术业的莫兰指数为0.636，置信度大于99.99%，说明北京市文化艺术业的集聚现象很明显。北京市共有文化艺术业企业2389家，企业数量最多的3个行政区为朝阳、海淀区和通州区，企业数量占比分别为28.34%、12.1%和9.63%，密云区、平谷区和延庆区企业数量最少，占比

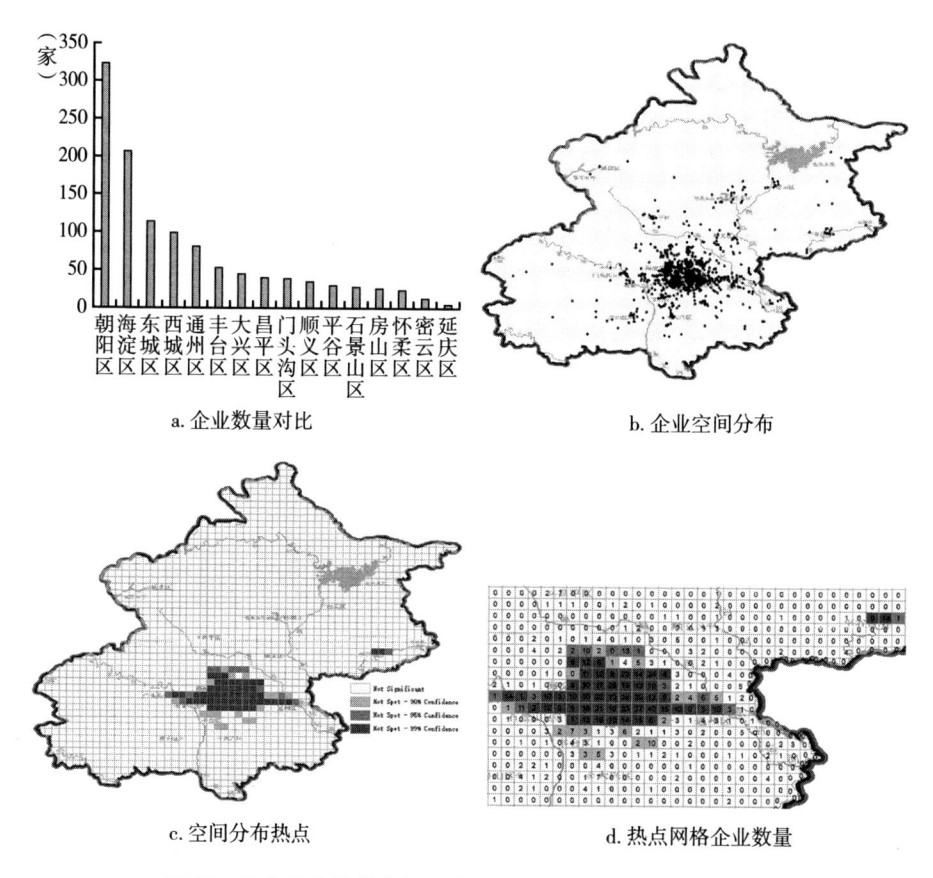

图10 北京市文化艺术经纪代理业企业数量及空间分布特征

分别为1.8%、1.38%和0.75%。

从文化艺术业企业局部空间自相关分析结果（见表7）和空间分布热点（见图11-c）可知，置信度大于90%的热点网格共有93个，其中置信度大于99%的热点网格有73个，平均$G_i(Z)$为6.04，平均每个网格文化艺术业企业数量为21家；置信度95%~99%的热点网格有10个，平均$G_i(Z)$为2.23，平均每个网格文化艺术业企业数量为7家；置信度90%~95%的热点网格有10个，平均$G_i(Z)$为1.85，平均每个网格文化艺术业企业数量为7家。

表7　北京市文化艺术业企业数量局部空间自相关分析结果

置信度(%)	网格数量(个)	平均 $G_i(Z)$	平均每个网格企业数量(家)
>99	73	6.04	21
95~99	10	2.23	7
90~95	10	1.85	7

从图11-d可以看到，共有11个热点网格的文化艺术业企业数量大于30家，这11个热点网格的置信度大于99.99%，平均 $G_i(Z)$ 高达12.6。这11个热点网格大致分布在朝阳、东城、西城、海淀和通州5个行政区，其中朝阳区有7个网格，主要位于朝外、建外、呼家楼、六里屯、八里庄、高碑店、三间房、劲松、潘家园、双井、团结湖、左家庄、三里屯和麦子店等街道和地区；东城区有2个热点网格，主要位于北新桥、东四、东直门、朝阳门、建国门、东华门等街道；西城区有1个热点网格，主要位于西长安街街道；海淀区有1个热点网格，主要位于紫竹院街道、北下关街道、中关村街道、海淀街道的交界位置；通州区有1个热点网格，主要位于新华街道和中仓街道。

4. 娱乐业空间分布特征

娱乐业的莫兰指数为0.6，置信度大于99.99%，说明北京市娱乐业的集聚现象很明显。北京市共有娱乐业企业858家，分布数量最多的3个行政区为朝阳区、海淀区和昌平区，占比分别为17.8%、13.8%和12%，平谷区、延庆区和门头沟区企业数量最少，占比分别为2.2%、1.6%和1.4%。

从娱乐业企业局部空间自相关分析结果（见表8）和空间分布热点（见图12-c）可知，置信度大于90%的热点网格共有107个，其中置信度大于99%的热点网格77个，平均 $G_i(Z)$ 为5.99，平均每个网格娱乐业企业数量为7家；置信度95%~99%的热点网格有16个，平均 $G_i(Z)$ 为2.36，平均每个网格娱乐业企业数量为3家；置信度90%~95%的热

a. 企业数量对比

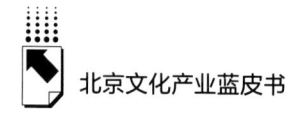

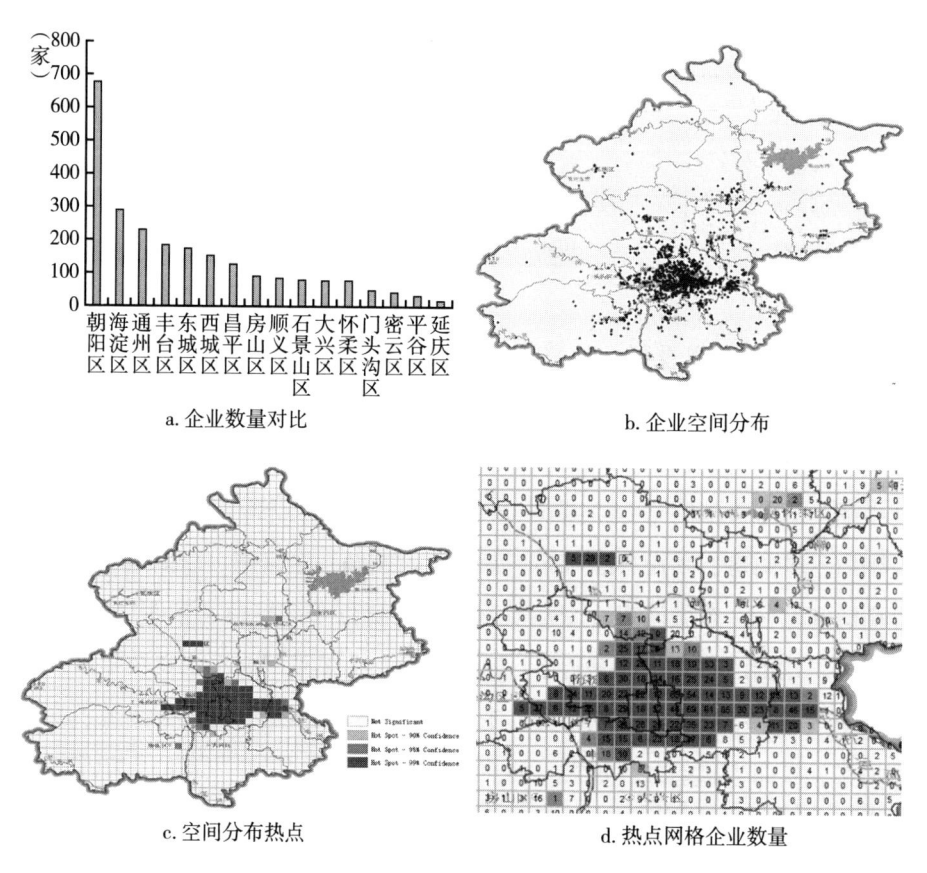

b. 企业空间分布

c. 空间分布热点

d. 热点网格企业数量

图 11　北京市文化艺术企业数量及空间分布特征

点网格有14个，平均$G_i(Z)$为1.83，平均每个网格娱乐业企业数量为3家。

表8　北京市娱乐业企业数量局部空间自相关分析结果

置信度(%)	网格数量(个)	平均$G_i(Z)$	平均每个网格企业数量(家)
>99	77	5.99	7
95~99	16	2.36	3
90~95	14	1.83	3

从图 12-d 可以看到，没有娱乐业企业数量大于 30 家的热点网格，企业数量大于 15 家的热点网格有 5 个，这 5 个热点网格的置信度大于 99.99%，平均 $G_i(Z)$ 为 12.38。这 5 个热点网格主要分布在朝阳、东城、西城和昌平 4 个行政区，其中朝阳区有 1 个热点网格，主要位于朝外、建外、呼家楼、左家庄、三里屯和麦子店等街道；东城区有 3 个热点网格，主要位于东城区的和平里、安定门、交道口、北新桥、东四、东直门、朝阳门、建国门、东华门等街道；西城区有 1 个热点网格，主要位于什刹海街道和德胜街道；昌平区有 1 个热点网格，位于城北街道和城南街道。

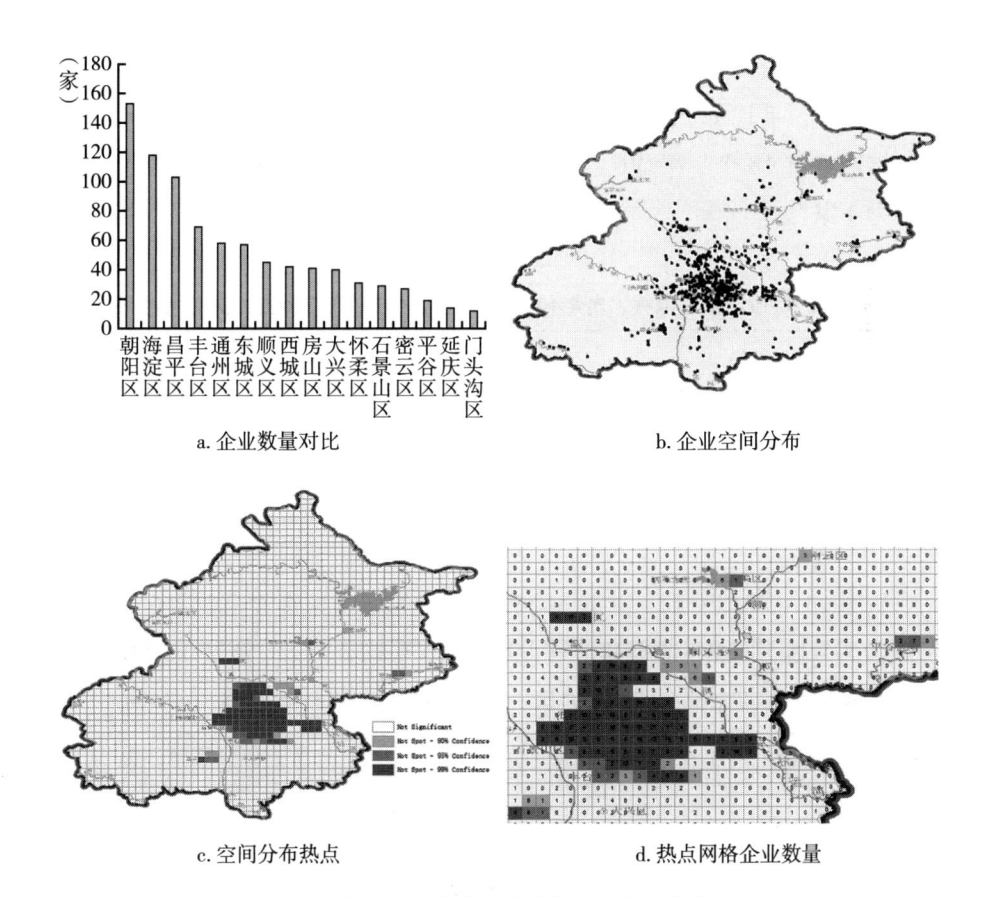

a. 企业数量对比

b. 企业空间分布

c. 空间分布热点

d. 热点网格企业数量

图 12　北京市娱乐业企业数量及空间分布特征

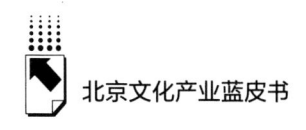

5. 广播、电视、电影和音像业空间分布特征

广播、电视、电影和音像业（以下简称"广电影音业"）的莫兰指数为0.56，置信度大于99.99%，说明广电影音业在北京市有很明显的集聚现象。北京市共有广电影音业企业1227家，企业数量最多的3个行政区为朝阳区、海淀区和怀柔区，占比分别为30.32%、10.35%和9.13%，门头沟区、平谷区和延庆区企业数量最少，占比分别为2.28%、1.55%和1.47%。

从广电影音业企业数量局部空间自相关分析结果（见表9）和空间分布热点（见图13-c）可知，置信度大于90%的热点网格共有103个，其中置信度大于99%的热点网格有68个，平均$G_i(Z)$为5.9，平均每个网格广电影音业企业数量为11家；置信度95%~99%的热点网格有17个，平均$G_i(Z)$为2.9，平均每个网格广电影音业企业数量为4家；置信度90%~95%的热点网格有18个，平均$G_i(Z)$为1.82，平均每个网格广电影音业企业数量为4家。

表9　北京市广播、电视、电影和音像业企业数量局部空间自相关分析结果

置信度(%)	网格数量(个)	平均$G_i(Z)$	平均每个网格企业数量(家)
>99	68	5.9	11
95~99	17	2.9	4
90~95	18	1.82	4

从图13-d可以看到，共3个热点网格的广电影音业企业数量大于30家，这3个热点网格的置信度大于99.99%，平均$G_i(Z)$高达16.56。这3个热点网格分布在朝阳区和怀柔区，其中朝阳区有2个网格，主要位于建外、呼家楼、六里屯、八里庄等街道；怀柔区有1个热点网格，位于北房镇。

六　总结

本文基于数据爬虫技术从天眼查和百度地图获取了北京市文化企业微观

北京文化产业空间分布特征研究

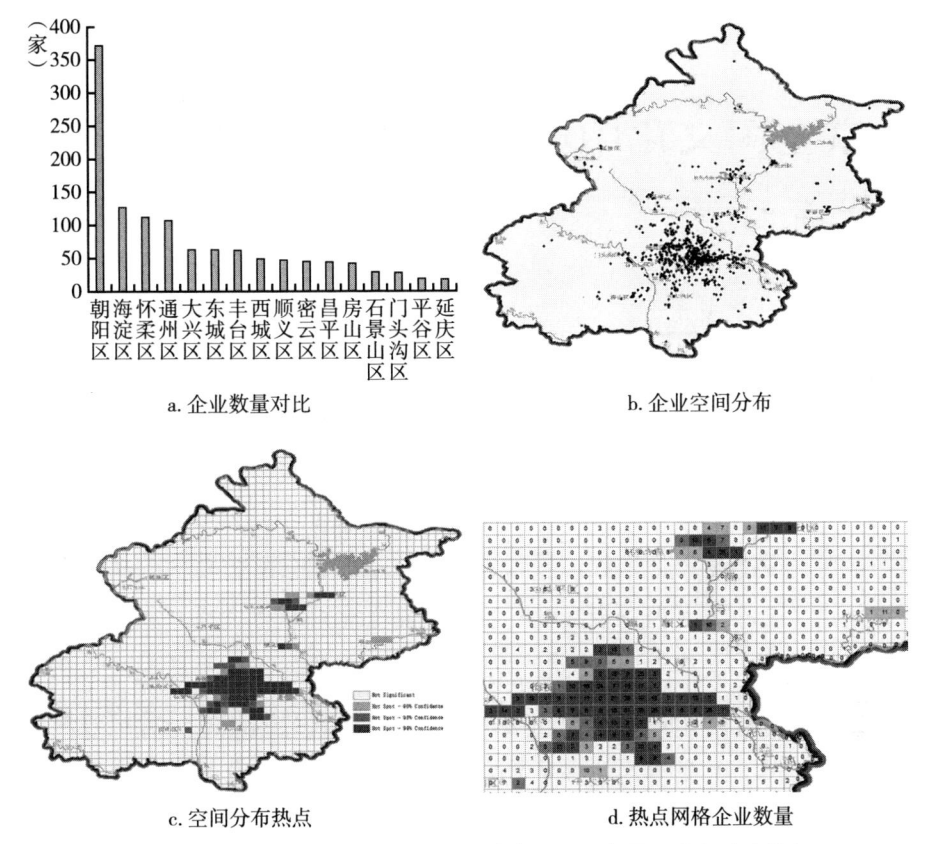

图13 北京市广播、电视、电影和音像业企业数量及空间分布特征

a. 企业数量对比
b. 企业空间分布
c. 空间分布热点
d. 热点网格企业数量

数据，运用Arcgis软件将北京行政区进行了网格划分，并对不同网格内文化类企业数量进行了全局空间自相关分析和局部空间自相关分析，通过全局空间自相关分析发现北京市文化产业存在较强的集聚现象，通过局部空间自相关分析识别出文化类企业分布热点区域，结合各行政区的文化产业热点区域、北京市文化产业园区分布以及"十四五"规划提出文化产业空间发展建议，对北京市文化产业的5个主要行业进行空间特征分析。

B.7 北京全国文化中心建设评价体系研究

曹宇 王涛 刘子瑞*

摘 要： 近年来，北京全国文化中心建设成果显著，但仍然存在提升空间。建立一套客观、全面、弹性、动态适应的评价体系对北京全国文化中心建设具有重要意义。北京全国文化中心建设评价体系的建立应当遵循客观性、系统性、动态性、针对性、目标导向性原则，从文化引导力、文化供给力、文化影响力三个维度构建评价体系。基于评价指标，北京全国文化中心建设可在三个方面进一步提升。首先，在文化引导力方面，坚定文化自信，发挥示范、引领作用，建设中国特色社会主义先进文化之都；其次，在文化供给力方面，全面推动文化供给侧结构性改革，提质增效，构建高质量文化供给体系；最后，在文化影响力方面，凝练北京文化精髓，凸显首都文化特质，构建面向全世界的北京城市文化形象。

关键词： 全国文化中心 先进文化 文化引导力 文化供给力 文化影响力

　　曾是六朝古都的北京，有着3000多年的悠久历史，文化积淀深厚，文化气息浓郁，文化吸引力强大，优秀传统文化与新思潮新观念交相辉映、融

---

* 曹宇，博士，北京印刷学院经济管理学院讲师，主要研究方向为传媒经济学、出版企业经营与管理；王涛，北京印刷学院经济管理学院硕士研究生，主要研究方向为会计理论与实务；刘子瑞，北京印刷学院经济管理学院硕士研究生，主要研究方向为会计理论与实务。

合创新。新中国成立后，尤其是进入21世纪，北京在全国的文化影响力进一步提升。2011年，党的十七届六中全会正式确定北京全国文化中心地位，首都文化建设进入崭新阶段，迎来繁荣发展黄金期。为了更好地扎实推进北京全国文化中心建设，2020年4月，《北京市推进全国文化中心建设中长期规划（2019年—2035年）》正式发布，提出"建立全国文化中心建设评价指标体系，跟踪分析规划实施情况，定期发布监测报告；建立一年一评估、三年一体检的常态化机制"[①]。全国文化中心建设评估工作逐渐受到政府和理论界重视，成为科学指导首都文化建设工作的有力武器。

建立北京全国文化中心建设评价体系，既是国家对首都文化建设工作的要求，也是北京的内在需要，具有重要的理论意义、实践意义和社会价值。站在两个一百年的历史交汇期，在建设社会主义文化强国的大背景下，建设一套客观、全面、弹性、动态适应的全国文化中心建设评价体系，检验北京文化发展的战略定位、基本框架、重点任务、实施效果与北京提出的目标是否符合，厘清北京文化资源现状和下一步开发建设的提升空间，为巩固和加强北京全国文化中心建设工作提供更科学更具体的对策建议。另外，为推动北京全国文化中心建设的良性循环，需要对其进行常态化分析和监测，及时发现问题，找出原因，着力解决。评价体系的建立和实施能有效评估首都北京在文化建设中的实力和短板，对政府了解北京文化发展状况并进行监测具有重要的实用价值，在助力北京文化建设的同时提高首都人民幸福指数，并进一步提升中华文化国际影响力，增强我国对外传播能力。

一 北京全国文化中心建设概况

近年来，北京大力加强"文化中心"功能建设，按下了推进全国文化中心建设的快进键，相继颁布了《北京市非物质文化遗产条例》《关于新时

[①] 《北京市推进全国文化中心建设中长期规划（2019年—2035年）》，北京市政府网站，2022年4月9日，http://www.beijing.gov.cn/zhengce/zhengcefagui/202004/t20200409_1798426.html。

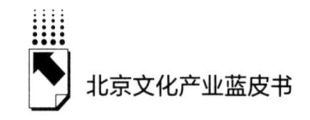

代繁荣兴盛首都文化的意见》《北京市推进全国文化中心建设中长期规划（2019年—2035年）》《北京历史文化名城保护条例》《北京市大运河国家文化公园建设保护规划》《北京中轴线文化遗产保护条例》等重要规划和法规政策，并认真组织实施，成效显著。

（一）历史文化名城保护力度加大

北京是闻名中外的历史文化名城，拥有众多世界历史文化遗产，保护和传承好这份珍贵的历史文化遗产是北京建设全国文化中心的重要使命。近年来，北京历史文化名城保护取得显著成绩。"十三五"时期，深入贯彻"老城不能再拆了"的要求，以"一轴三带"为抓手，加大力度保护、传承和利用好文化资源，增添北京历史文化"金名片"魅力，充分彰显了古代北京和现代北京的文化风韵和城市精神，实现历史文化和现代生活的深度融合。2021年，新版《北京历史文化名城保护条例》正式施行，老城保护是重中之重，范围包括"全市域"。经过几十年的实践探索，北京历史文化名城保护工作对象范围不断扩大，保护责任逐步严格，保护手段更加创新，全社会对历史文化名城保护的认识也日益提升。

当前，北京正在以"一轴三带"为核心，构建历史文化名城保护利用体系。"一轴"是北京中轴线，全长7.8公里，是世界现存最长的南北中轴线，沿线分布着钟鼓楼、故宫、天安门等重要建筑，展示着中华民族5000多年的灿烂文明。北京从2017年开始加速推动北京中轴线申遗，按照《北京中轴线申遗保护三年行动计划（2020年7月—2023年6月）》安排，百余项文物修缮工程相继启动，中轴线保护管理体系基本形成，文物修复和老城改造稳步推进。2021年"点亮中轴线"项目开始实施，6个核心建筑群，搭配6段场景故事，形成"一轴，国之正中；六境，广汇祥和"的寓意，[1]以中轴线申遗为抓手的老城保护复兴又添新成果。"三带"是指大运河文化

---

[1] 《"北京中轴线"申遗，百余工程引领老城复兴》，新京报网站，2022年6月13日，https://www.bjnews.com.cn/detail/165504113614786.html。

带、长城文化带和西山永定河文化带，涵盖了北京建城和建都的全部历史，对于北京建设全国文化中心具有重要的战略意义，也成为全国文化中心建设新标志。近年来，以大运河、长城、永定河为核心的文化遗产保护、传承、利用工作正在如火如荼地开展。大运河源头遗址公园、大运河博物馆（首博东馆）、中国长城博物馆扩建工程、三山五园国家文物保护利用示范区创建加速推进，大运河文化节、长城文化节成为极具吸引力的文化品牌，三条文化带上的文化遗产焕发耀眼光彩，进一步凸显千年京城文化魅力，历史文化名城保护新画卷正在徐徐展开。

（二）主旋律文艺作品精彩纷呈

文艺作品是文化最直接的载体，代表一个时代的风貌，也能够引领不同时代的风气。北京在建设全国文化中心过程中，坚持马克思主义文艺观，弘扬社会主义先进文化，聚焦重大选题，深耕精品力作，走出了一条独具特色的主旋律文艺作品创作之路。首都文艺界秉承以人民为中心的创作理念，以更好满足人民精神文化需求为奋斗目标，在积极探索文艺创新的同时，生动展现中华民族伟大复兴奋斗历程，以优秀的文艺作品谱写北京千年古都风韵和新时代精神风貌，引领全国文艺大发展大繁荣。

近年来，北京持续推出一大批"立得住、传得开、叫得响、留得下"的主旋律文艺作品，这些优秀作品题材广泛、表达方式多元，从不同视角和不同侧面挖掘北京文化资源特色，讲述中华民族千秋伟业和动人故事，描绘出人民群众对美好生活的热烈向往。北京坚持实施文化精品工程，提高文艺品牌影响力，在第十四届和第十五届"五个一工程"奖评选中获奖数量均位居全国第一，众多体裁多样的精品力作持续涌现：《读懂中国共产党》、"北大红楼与中国共产党创建历史丛书"、《远去的白马》、《新青年》、《少年读党史》等160种主题出版物在庆祝中国共产党成立100周年之际隆重推出，并配合一系列全民阅读推广活动，让读者在红色文化和传统文化的熏陶下不断汲取精神养分、坚定文化自信；北京出品、制作的电影《战狼2》《流浪地球》《红海行动》位列中国电影票房榜TOP10，《长津湖》等献礼建党100周年的红色电影克服困难如期保质上映,口碑票房双丰收;《太阳出来了》《觉醒年代》等革命历史题材电视剧立意深刻,鲜活生动,在全社会引起广泛关注和共鸣。尤其是《觉醒年代》持续热播,其创新的表达方式受到年轻观众青睐,70%以上网友给出"五星"好评,豆瓣评分9.3分。根据"中国视听大数据"最新发布的数据,其平均收视率达到1.29%,[①] 成为现象级革命题材影视剧;话剧《香山之夜》《上甘岭》、京剧《李大钊》《党的女儿》、歌剧《长征》《青春之歌》、交响乐《没有共产党就没有新中国》、评剧《母亲》、河北梆子《人民英雄纪念碑》、舞剧《天路》《五星出东方》、昆剧《国风》、儿童剧《北京童谣》等不同艺术形式的舞台艺术作品轮番上演,异彩纷呈,丰富了首都人民精神文化生活,增强奋进前行精神力量。[②]

(三)公共文化服务设施不断完善

近年来,北京市公共文化服务体系不断健全,大力推动服务设施、服务内容、供给主体、服务方式的创新,公共文化服务能力显著提升。作为历史文化名城,北京在文化遗产数量上占有先天优势,图书馆、博物馆、文化馆、剧院等公共文化设施齐全。根据《北京市2021年国民经济和社会发展统计公报》数据,截至2021年末,北京市共有公共图书馆24个,总藏量超过7000万册;档案馆18个,馆藏案卷超过1000万卷(件);博物馆204个,藏品总数超过1600万件(套);群众艺术馆、文化馆19个;电影院281家,全年放映电影335.4万场,观众4224.4万人次,票房收入22.3亿元;文化演出场所182家,全年举办演出超过2万场,观众500多万人次。2021年,全市实体书店超过2000家,每万人拥有实体书店

[①] 《〈觉醒年代〉收视数据大爆:万万没想到,陈独秀、李大钊、鲁迅"圈粉"能力这么强!》,"上游新闻"搜狐号,2021年3月25日,https://www.sohu.com/a/457248447_120388781。

[②] 《〈觉醒年代〉、〈香山之夜〉……北京推出26部重点文艺作品庆祝建党百年》,京报网,2021年6月10日,https://news.bjd.com.cn/culture/2021/06/10/105961t161.html。

0.93家，在全国城市中居于榜首。与此同时，居民综合阅读率在全国名列前茅，全市举办各类阅读活动3万余场，覆盖人群2000万人次。[①]"书香京城"持续推动全民阅读深入人心，增加首都文化生活新功能，助力全国文化中心建设。

北京还基本建成了"15分钟公共文化服务圈"。"十三五"时期，全市建有四级公共文化设施6844个，配送图书289万册，提供文化活动34万场，下基层演出4.7万场，培训6500名基层文化组织员；创办首都市民音乐厅，演出240场；年均举办首都市民系列文化活动2万场。[②]北京文化中心、北京人艺国际戏剧中心、北京歌剧舞剧院原址重建等一批文艺设施和特色文化空间加快建设，相继投入使用，北京又添标志性公共文化设施，首都市民又多了文化休闲新去处。目前，北京市共有2个国家公共文化服务体系示范区和5个首都公共文化服务示范区，这些示范区的公共文化服务模式各具特色，积极引入社会资本推动公共文化服务体系建设，发挥示范引领作用，带动公共文化服务供给提效升级，首都群众文化获得感和幸福指数显著增强。

（四）文化产业发展迸发新活力

文化产业是北京市支柱产业，也是全国文化中心建设的重要组成部分。近年来，北京以建设"满足群众高品质文化消费需求的创新创意中心"为主旨，立足全国文化中心定位，推进文化产业发展引领区建设，不断推动文化产业高质量发展，距离建设设计名城、影视高地、演艺中心、音乐城市、网络游戏中心、世界旅游名城、艺术品交易中心、会展中心的目标越来越近。2004年，北京市率先发展文化产业，这些年一直保持高速增长。中国人民大学文化产业研究院发布的中国省市文化产业发展指数显示，2016~2021年，北京文化产业发展综合指数保持第一名，尤其是品牌影响力等方

[①]《全国文化中心建设2021年度十件大事发布》，《北京日报》2022年7月26日。
[②]《"十三五"时期，北京按下推进全国文化中心建设的快进键，取得这些成就——》，北京市文旅局网站，2021年2月8日，http：//whlyj.beijing.gov.cn/zwgk/xwzx/szfdt/202102/t2021 0208_ 2279473.html。

面表现亮眼，相关数据位列榜首。① 2021年，全市规模以上文化产业实现收入17563.8亿元，同比增长17.5%；利润总额1429.4亿元，同比增长47.5%。文化产业六大核心领域齐头并进，占总收入90%以上，其中内容创作生产、文化娱乐休闲服务分别实现30.8%和38.5%的增长率，成为行业发展主动力。② 互联网文化娱乐平台、数字出版、版权和文化软件服务、可穿戴智能文化设备制造等新业态新模式势头强劲，对全市文化企业收入贡献率达到73.2%，成为北京文化产业非常重要的主体，也是最具活力的领域，发展潜力巨大。③ 经过近20年的全力发展，"文化+"深度赋能北京全国文化中心建设，"文化+科技""文化+旅游""文化+商业""文化+金融""文化+体育"推陈出新，深度融合，激发文化产业新活力，构建首都文化空间新格局。

（五）首都文化对外影响力持续提升

北京在国际社会具有广泛知名度，是展示国家形象的重要窗口。近年来，北京加强对外宣传，积极向世界展示大国首都风采和中华文明的独特魅力。截至2021年底，北京拥有亚、非、欧、美等六大洲50个国家的55个国际友好城市，还拥有173个区级友好城市及友好交流城市，构建了多层次对外交流平台。北京成功打造了"北京之夜""北京日""北京周"等品牌活动，受到友好城市的普遍欢迎。连续举办13届的"欢乐春节·赫尔辛基庙会"已成为赫尔辛基当地民众至关重要的冬季文化活动，不仅成为两个城市之间沟通的桥梁，更传递出首都特色的文化精髓，让当地民众感受到中国传统文化艺术的绚烂多彩。④ 连续举办的北京国际图书博览

---

① 《2021中国省市文化产业发展指数发布　北京近6年保持第一》，中国新闻网，2022年5月16日，http://www.chinanews.com.cn/cj/2022/05-16/9756015.shtml。
② 《规模以上文化产业情况》，北京市统计局网站，2022年2月7日，http://tjj.beijing.gov.cn/tjsj_31433/yjdsj_31440/wh/2021/202202/t20220207_2605342.html。
③ 《〈北京文化产业发展白皮书（2022）〉发布》，2022年7月26日，http://www.bjwzb.gov.cn/wzbdwdt/wzdt/ff80808182342828018238 3a13c60022.html。
④ 《参考消息：40年，北京的友城"朋友圈"遍布全球》，北京市委外事办网站，2019年11月13日，http://wb.beijing.gov.cn/home/yhcs/sjyhcs/zxdt/201912/t20191220_1354743.html。

会、北京国际音乐节、北京国际电影节、北京·中国文物国际博览会、中国国际服务贸易交易会、全球数字经济大会等品牌活动，加速搭建北京对外沟通平台，深化与世界各国在文化领域的交流合作，提升首都文化品牌国际影响力。2022年成功举办的第24届冬季奥林匹克运动会打响了北京"双奥之城"品牌，奥林匹克精神与古都文化、京味文化、红色文化、创新文化融合交汇，一个更加开放、包容、自信、创新的北京多维度呈现在世界各国人民面前，充分彰显大国首都风采。乘着冬奥会东风，世界目光再次齐聚北京，一系列集中展示北京新时代风貌和文明古国新风范的高水平文化交流活动精彩亮相，生动呈现了首都深厚的历史资源和文化底蕴，让世界各国人民领略了中华文化的博大精深，北京世界文化名城地位进一步提升。

二 北京全国文化中心建设评价指标构建及对标分析

北京全国文化中心建设虽然取得了较好成绩，但我们也应看到其整体水平与北京拥有的文化资源和历史底蕴不相适应，更与北京在全国乃至全世界的地位不相适应，还有很大的提升空间。根据《北京市推进全国文化中心建设中长期规划（2019年—2035年）》《关于新时代繁荣兴盛首都文化的意见》，北京推进全国文化中心建设的目标是"社会主义物质文明与精神文明协调发展、传统文化与现代文明交相辉映、历史文脉与时尚创意相得益彰，具有高度包容性和亲和力，充满人文风采和文化魅力的中国特色社会主义先进文化之都"[①]。本文以此目标为指导，尝试从文化引导力、文化供给力、文化影响力三个方面对北京全国文化中心建设进行评价，希望为提升北京全国文化中心建设能力提供一些借鉴。

---

① 《北京市推进全国文化中心建设中长期规划（2019年—2035年）》，北京市政府网站，2020年4月9日，http://www.beijing.gov.cn/zhengce/zhengcefagui/202004/t20200409_1798426.html。

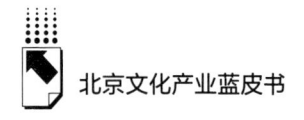

（一）指标构建的原则

1. 客观性原则

评价指标要客观、科学，并综合借鉴国际、国内文化大都市评价标准，采用科学研究方法对北京全国文化中心建设成果进行评估。评价指标不能以个人喜爱进行选择，也不能脱离实践、闭门造车，必须立足北京实际，使指标能够真实反映北京全国文化中心建设的各项成果，反映北京全国文化中心建设的现实情况，建立可信度高的评价体系。

2. 系统性原则

全国文化中心的建设是一个系统工程，建设成果的影响因素众多，文化供给因素、文化消费因素、特色文化因素等都会对评价结果产生影响。而且，北京全国文化中心建设的渠道和内容多种多样，各有特点，不能从单一方面构建评价体系。因此，要对北京全国文化中心建设效果进行全面评估，按不同建设渠道和建设内容的具体情况构建适合其特点的评价指标，形成多维度、全方位的评价体系。

3. 动态性原则

随着北京全国文化中心建设的不断深入，老城保护与复兴、公共文化服务体系构建、创新创意城市建设、文化对外传播等方面将面临新的挑战，其任务和目标将不断变化，因此评价体系也不能一成不变，要根据客观情况随时调整评价指标，动态与静态相结合，实时评价北京全国文化中心建设成效。

4. 针对性原则

关于城市文化建设的评价体系构建，国内外学者研究成果颇丰，研究水平也很高，给本文提供了很多借鉴。但对于北京全国文化中心建设评价体系的构建，除了参照一般性研究结论，更要立足北京文化建设现状，紧密结合北京特点、京味文化特色，有针对性地进行研究，这样才能更全面、科学地评价北京全国文化中心建设成果。

5. 目标导向性原则

北京全国文化中心建设评价体系构建的根本目的在于实践，除了评价功能以外，还应该具有导向功能，[1] 即引导北京在历史文化名城、公共文化服务体系、文化产业、对外文化交流等方面提升与创新，并引导先进技术、优秀人才、优势产业向北京集聚。这也是构建评价体系更重要的目标，因此评价指标一定要兼具评估与导向的双重属性，具有现实意义。

（二）全国文化中心建设评价体系

国内外关于城市文化建设和文化发展的评价体系研究非常广泛，国际上广泛认可的有联合国教科文组织城市文化建设评价指标体系、伦敦城市文化评价体系等，国内学者也对北京、上海等大都市的城市文化建设评价体系进行了系统研究，如《上海国际文化大都市建设评估报告》《全国文化中心核心指标体系建构研究》《国内外文化建设的比较研究及全国文化中心建设的启示》等。本文在参照以上评价体系的基础上，努力构建既能够普遍适用、统一的全国文化中心建设评价体系，又能反映北京鲜明特色和东方古国独特风韵的城市文化发展评价范式。该评价体系主要从三个维度评价北京全国文化中心建设，即文化引导力、文化供给力、文化影响力。

文化引导力排在第一位，指文化主体借助一定媒介输出文化内容，以此影响人们的感知，激发人民的爱国精神和奋进力量，进而使其文化内涵、价值取向和道德规范得到人民的认可，这是北京全国文化中心建设评价的最高层次。对文化引导力的评价主要看是否实现文化传播效果，而文化传播效果的测度，最终要看文化内容接受者对社会主义核心价值观、中华优秀传统文化的认同度以及其行为方式方面的变化。[2]

文化供给力是从供给角度对北京全国文化中心建设效果进行评价，指文化主体发掘利用文化遗产资源、文化设施资源等，向社会提供文化产品和文化服务，以满足人民群众精神文化需求。文化供给力着重评价城市的文化遗产资源、文艺创作生产、公共文化服务和文化产业，它不仅是评价北京全国

---

[1] 刘小龙：《天津市众创空间运行绩效评估体系构建及实证研究》，硕士学位论文，天津理工大学，2017。
[2] 李怀亮：《文化产业创新创造活力提升的重要渠道》，《红旗文稿》2020年第7期。

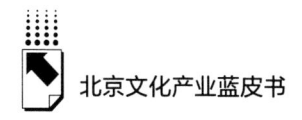

文化中心建设的基础指标，也是衡量一个城市文化发展水平和人民群众幸福指数的重要指标。[①]

文化影响力是从文化输出效果的角度来评价北京全国文化中心建设，指文化主体通过文化传播，对国内和国际文化市场及文化生活产生积极影响，由此塑造自身城市形象，在世界范围内被了解和接受。文化影响力包括面向国内和面向国外两个方面：对内打造北京城市品牌，增进首都人民文化认同感；对外展示新时代大国形象，借助重大文化活动提升国际影响力，赢得国际社会认可。在面向国外方面，文化贸易也是国际文化影响力的重要组成部分，很大程度上代表了首都文化在世界范围内被认同的广度和深度。

当然，文化的内涵和外延都很丰富，北京全国文化中心建设涵盖的范围也很广，很难建立一套适用于所有内容形式的评价体系。本文的评价体系难免有偏颇之处，希望在今后的研究中不断完善，动态调整，努力构建更符合客观性、系统性、动态性、针对性、目标导向性原则的评价体系。

（三）对标分析

在文化引导力方面，坚持社会主义核心价值观的引领是第一要义。北京作为首都，全国的政治中心和国际交往中心，具有得天独厚的优势。新华社、《人民日报》、《前线》、中央电视台、中央人民广播电台、宣讲家网等主流媒体的总部都设在北京，[②] 涵盖线上线下，全方位地进行主流价值观的引导，增强中国特色社会主义文化和中国优秀传统文化的传播效果。《觉醒年代》《长津湖》《香山之夜》《长征》等一大批文艺作品歌颂伟大祖国，彰显历史自信，弘扬时代精神，形成了强大的价值引导力。北京的精神文明建设走在全国前列，全国文明城区、村镇、单位、校园和家庭数量均处于国内领先水平，并在全市构建文明实践中心、文明实践所和文明实践站三级组

[①] 《建构高水平的文化供给体系》，中国经济网，2022年3月22日，http://views.ce.cn/view/ent/202203/22/t20220322_37421771.shtml。

[②] 范周：《国内外文化建设的比较研究及全国文化中心建设的启示》，《人文天下》2020年第22期。

织体系，覆盖面和影响力大大提升。

在文化供给力方面，北京作为历史文化名城，文化遗产资源丰富，尤其是物质文化遗产，其拥有的七大世界文化遗产在全国乃至全世界知名度都很高。但非物质文化遗产不占优势，没有形成合理的开发机制，有待进一步挖掘保护，提高公众认知度。北京已跻身国际一流文化大都市阵营，公共文化服务体系和文化产业发展在国内处于领先位置，但与国际文化大都市相比还有一定差距。北京的公共文化设施建设齐备，但人均指标不高。北京每10万人拥有公共图书馆数量为0.1个，与巴黎的8.5个相差很大；2021年，每10万人拥有书店数，北京为3.1个，与巴黎的10.2个存在不小的差距。[①]博物馆、美术馆、剧院、音乐厅的人均指标也都不高，还有很大提升空间。北京发展文化产业较早，近些年发展综合指数稳步上升，取得了令人瞩目的成绩和进步。但从全球视野来看，北京缺少具有国际竞争力的文化龙头企业和具有国际知名度的文艺精品，在提供高品质文化供给、丰富人民群众精神生活方面任重道远。

在文化影响力方面，北京的京味文化、古都文化、红色文化、创新文化是城市文化精神的高度凝练，凸显首都北京城特有的悠久、厚重，承载了一代代北京人的文化记忆，具有强烈吸引力。但纵观具有全球影响力的国际文化大都市，它们的文化标识更有辨识性、更具核心竞争力。例如，一谈到世界时尚之都，人们首先想到的就是巴黎。与此相比，北京的城市文化符号还有待进一步完善，文化活动的品牌效应也存在差距。北京的各类文化活动虽然比较多，但具有国际影响力的还很少。以北京国际电影节为例，该活动已成功举办12届，成为行业风向标，吸引了业内广泛关注，但尚未进入国际A类电影节。与久负盛名的国际三大电影节相比，知名度、影响力差距均较大。文化贸易方面，北京积极搭建线上线下平台，推动文化"走出去"，规模与活力明显提升，与共建"一带一路"国家的合作不断深化。但文化贸

---

① 卢明华、朱婷、李国平：《基于国际比较视角的北京"四个中心"建设体检评估探索》，《地理科学》2021年第10期。

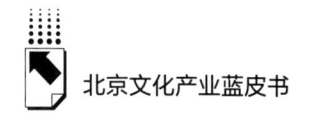

易逆差、文化附加值、文化产品和服务结构等方面存在的问题限制了文化在贸易中"走出去"的步伐，亟须解决。

三 基于评价体系的北京全国文化中心建设提升路径

（一）坚定文化自信，建设中国特色社会主义先进文化之都

文化是体现国家意志、民族精神的重要标志。中国特色社会主义先进文化源自中华民族5000多年文明历史所孕育的中华优秀传统文化，熔铸于党领导人民在革命、建设、改革中创造的革命文化和社会主义先进文化，植根于中国特色社会主义伟大实践，[1]是中国式现代化建设的重要内容和目标。北京作为全国文化中心，应成为国家形象和文化精神的代表，要以新时代中国特色社会主义思想为指导，继续努力建设中国特色社会主义先进文化之都，发挥示范和引领作用，成为中国特色社会主义先进文化传播高地。坚定文化自信，传播源远流长的古都文化、丰富厚重的红色文化、特色鲜明的京味文化、蓬勃兴起的创新文化，[2]在文化建设上服务人民群众、引导人民群众，为中华民族伟大复兴提供最深厚、最持久的文化力量。

建设中国特色社会主义先进文化之都要把提升主流媒体的引导力作为主要抓手，这关系着中华民族优秀文化能否有效传播，关系着主流价值能否被人民群众接受，关系着能否营造弘扬先进文化的社会氛围。主流媒体对传播社会主义核心价值观、培育健康向上的文化环境和舆论环境负有不可推卸的责任，具体可以从以下两个方面推进。一方面，强化受众思维，深入分析人民群众精神文化需求，优化文化内容的制作和传播，打造适合人民群众的话语传播体系，提高中国特色社会主义先进文化影响力。主流媒体要在了解受众需求基础上，深挖红色文化、古都文化、京味文化和创新文化，并将其凝

---

[1] 王晓慧：《论新时代北京全国文化中心建设》，《中国名城》2022年第2期。
[2] 《中共北京市委关于新时代繁荣兴盛首都文化的意见》，北京市政府网站，2020年4月10日，http://www.beijing.gov.cn/zhengce/zhengcefagui/202004/t20200410_1799129.html。

练成向善向美的文化符号和生动鲜活的事例，有效融入各种文化产品和文化服务，提高人民群众参与度，在潜移默化中进行引导，达到润物无声的效果。另一方面，充分利用先进的传播技术构建全媒体矩阵，积极推动5G、VR、AR、大数据、区块链等新技术应用，实现传统媒体和新兴媒体的有效融合，创新传播平台，畅通沟通渠道，实现多途径、全方位、立体化的有效传播。

（二）深挖资源要素，构建高质量文化供给体系

北京全国文化中心建设要以"增强人民群众文化获得感幸福感为出发点和落脚点"，全面推动文化供给侧结构性改革，提质增效，构建高质量文化供给体系，促进文化消费转型升级，更好地满足人民群众对精神文化的新需求和对美好生活的新向往。首先，在保护好文化资源基础上，利用好、传承好前人留下的文化遗产，积极推动北京物质和非物质文化遗产的盘活、创新，努力实现文化资源有效利用和价值最大化，探索文化资源向文化资本转化的最佳路径。其次，继续坚持以人民为中心的创作导向，围绕社会主义核心价值观、中华民族优秀文化、北京特色文化等主题，推出人民群众喜闻乐见的精品力作。始终把提高文艺作品质量作为重要宗旨，实施文化精品工程，加强文艺创作引导，把社会效益放在首位，实现社会效益和经济效益的有机统一。扶持优秀的原创文艺精品，丰富网络文学、网络音乐、网络视频等新兴文艺作品类型，丰富文艺形式，打造在全国以及全球叫得响的文艺品牌，提升人民群众幸福指数。再次，利用北京现有文化设施优势，尤其是博物馆数量及种类在全国的优势，对照国际标准，加大资金、人才、科研等方面投入力度，重点提升和打造博物馆之城，这也是国际文化大都市的重要标志性符号。在打造标志性公共文化设施的同时，建设更加便利、更加实用的基层公共文化设施，提高公共文化服务网络的覆盖率，为人民群众提供品质更高、项目更多元的公共文化服务。最后，积极壮大各类文化市场主体，加快健全结构合理、门类齐全、科技含量高、富有创意、竞争力强的现代文化产业体

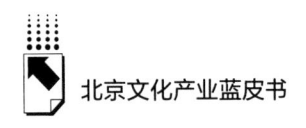

系和统一开放、竞争有序、诚信守法、监管有力的现代文化市场体系,① 建设满足人民群众高水平精神文化生活需求的创新创意城市。

(三)凝练首都特色,打造中外文明交流互鉴首要窗口

北京作为世界文明古都,传统文化与现代文化的融合特征显著,其文化的地方性和民族性更显珍贵,故宫、老城墙、历史文化街区等历史文化遗产构成了北京独具特色的城市形象,是北京的"金名片"。保护传承好这些宝贵的历史文化资源,在继承和弘扬传统文化的基础上与现代文化相结合,凝练北京文化精髓,凸显首都文化特质,构建面向全世界的北京城市文化形象,使首都成为中外文明交流互鉴的重要窗口。

首先,利用好北京原生而独特的历史文化遗产,凝练后形成北京的文化符号和文化地标,并与核心文化产业相结合,引领首都文化发展,塑造北京城市品牌,实现北京文化的有效传播和广泛认同。特别是北京各具特色的历史文化街区,其久经岁月沉淀下来的历史气质和原生态文化氛围极具价值,承载着六朝古都的文脉积淀,非常适合代表北京的品牌形象。国际文化大都市普通拥有标志性文化地标,如伦敦西区、法国香榭丽舍大街、纽约百老汇,它们不仅是世界知名旅游景区,更是所在城市的文化灵魂。北京要建设全国文化中心,扩大国际影响力,迫切需要这样的城市文化载体。

其次,通过重大活动集中展示北京城市魅力和文化形象。全球有国际影响力的文化活动大都以所在城市命名,如伦敦设计节、戛纳国际电影节、法兰克福书展、米兰时装周等,不仅会给所在城市留下深刻烙印,还会向全球展示与辐射城市的文化魅力。② 北京要有效盘活已有的艺术节、博览会、国际书展、国际电影节、国际音乐节等节展活动,精心策划、认真组织,通过这些平台进行文化沟通和对外宣传。同时,积极合作承办具有较高国际知名度和影响力的文化活动,吸引全球目光,对外展示中华文化独特魅力,不断

---

① 雒树刚:《以高质量文化供给增强人民群众的文化获得感幸福感》,求是网,2018年9月30日,http://www.qstheory.cn/dukan/qs/2018-09/30/c_1123498402.htm。

② 何芬:《推动北京建设国际文化中心城市的思考》,《中国国情国力》2016年第2期。

提升国际社会认可度。

最后，坚持全球视野，扩大开放合作，积极推动具有北京特色、蕴含中国智慧的优秀文化产品走出国门，提升文化贸易国际竞争力，提高国家文化软实力。进一步优化文化贸易布局、创新文化"走出去"路径、丰富文化出口产品和服务形态、增加文化附加值，将社会主义先进文化传播到世界各地，促进中外文明交流互鉴，推动构建人类命运共同体。

B.8
北京民俗文化资源整合与再生研究

刘统霞　李　玉*

摘　要： 民俗文化资源的价值已经被逐渐认同，但如何促使民俗文化资源整合与再生并使其良性发展是当下亟待探索的问题。国内外众多研究曾从乡村振兴、文化城市建设、工业遗产创新、文旅结合等多领域、多角度探讨民俗文化的再生。本文尝试利用现代传播技术构建民俗文化的"场景"，无缝嵌入现代日常生活，以不同表现符号进行创意传播，促使北京民俗文化资源的整合与再生，让其最大化传播，融入当下社会发展。

关键词： 民俗文化　文化再生　创意传播

中华传统文化历史悠久，文化本身的包容性不断发展，形成了形形色色、丰富多彩的民俗文化特色。北京城市化和国际化步伐不断加快，形成了北京市的多元文化氛围。保护传统文化、传统民俗至关重要。北京正在致力于建设全国文化中心，在"十三五"期间的2019年，北京制定了《推进北京全国文化中心建设中长期规划（2019年—2035年）》，全力打造中国特色社会主义先进文化之都。作为国际都市，北京在对国际文化包容开放的同时，也应该在国际文化传播过程中保持自身的民族地域文化特色。实现城市的文化功能和起到国际文化传播的示范效应的战略目标促使北京民俗文化资

---

* 刘统霞，博士，北京印刷学院经济管理学院副教授，硕士生导师，主要研究方向为传媒文化、文化产业管理；李玉，北京印刷学院经济管理学院硕士研究生，主要研究方向为传媒经济与管理。

源整合与再生的探索变得刻不容缓。

北京民俗文化资源丰富、历史渊源深厚，但又零散地分布在无名市井或日渐凋敝的京郊村落，处于极其尴尬的濒危处境，如何保护、如何促使其再生是棘手的问题。民俗文化资源传承与社会发展的传播大环境、传媒技术手段息息相关，由此本文从传媒技术角度提出策略，以使民俗文化实现最大化创意传播，融入当今的社会文化发展。

一 北京民俗文化资源例析

北京民俗文化资源众多，民间活动别有一番风味，可以简单地划分为节气民俗、文化民俗、工艺民俗、饮食风俗、礼仪习俗以及老北京行当。本文简单选取了一些北京民俗文化遗产作为案例分析。

（一）北京曲剧

北京曲剧以北京流行的曲艺单弦牌子曲为主发展而成，初名"曲艺剧"，1952年正式定名为"曲剧"。

北京曲剧是采用牌子曲连缀体，三弦伴奏，八角鼓击节演唱故事的一种说唱艺术，曲调丰富，形式多样。它的主要曲调有〔太平年〕〔云苏调〕〔南城调〕〔南锣北鼓〕〔数唱〕等，大多出自民间小曲，有的擅长抒情，有的适合叙事。单弦的演唱形式，有单唱、对口唱（拆唱）、群唱和彩唱。其中对口唱、彩唱等已发展为装扮角色的简单表演（仍保有说唱的特点）。[①]

（二）北京绢花

北京绢花，是流传于北京市的一种传统彩扎艺术。北京绢花以丝绸、洋纺等为原料，制作时需经过浆料、染色、攒活、包装等多道工序，制出

[①] 林茵、李想主编《戏曲音乐辞典》，远方出版社，2009，第359~360页。

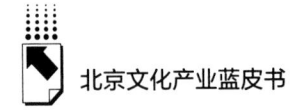

的成品工艺精湛，形态逼真，具有独特的观赏价值。

早在1700多年前，中国就有用丝织物制花的技艺。到了唐代，绢花更是妇女的主要装饰品，后逐步发展成独具风格的手工艺品——"绢花"。到了清代，绢花更为盛行。清宫内府御用工场所设的各种作坊中就有"花儿作"，专司承造各色绫、绸、绢、纸、通草等材质的供花、宴花、瓶花。

21世纪后，随着国家对非物质文化遗产保护的日益重视，北京绢花成功入选国家级非物质文化遗产，"花儿金"的第五代传人金铁铃成为北京绢花的国家级非物质文化遗产项目代表性传承人。[1]

（三）京西太平鼓

京西太平鼓，是活跃在北京西郊地区的汉族民间舞蹈。太平鼓是一种有柄有环的单面鼓，圆形，鼓面是用羊皮或牛皮纸做的，鼓边上配几个红色绒球，鼓柄下端拴几个闪亮的小铁环。京西太平鼓可边打边舞，也可间打间唱。太平鼓音乐主要由两部分组成，即"鼓点"和"唱曲"。太平鼓的"鼓点"既是套路名称，又是音乐曲牌，以2/4拍为多。鼓点节奏以四分音符为主的，艺人们称"单鼓点"；以八分音符和十六分音符为主的，被称为"双鼓点"。门头沟区的太平鼓有舞蹈，有唱歌，一般是打一遍鼓，唱一遍词，民间艺人称之为"唱绳歌儿"或"唱绳调儿"。他们唱花、唱古代圣贤，也有唱衣食住行、岁时风俗的。演唱时，先唱序，后唱主段。太平鼓的鼓点比较丰富，有"大扇鼓""小扇鼓""追鼓""圆鼓"等。[2]

二 民俗文化资源再生的措施

城市的文化符号是历史发展长河中逐渐形成的共识，也是城市形象的主

---

[1] 暴剑主编，李苍彦、滑树林编著《北京绢花》，北京工艺美术出版社，2009。
[2] 周雅琼编著《民间舞蹈》，贵州人民出版社，2017，第81~82页。

要表征手段，因此在互联网时代，城市形象的传播更加强调其文化符号体系的建构。① 城市化进程加快，很多城市都在竞相角逐，试图通过各种方式展现自己独特的城市形象和特质，强调城市发展历史中沉积的文化内涵是竞争当中脱颖而出的制胜法宝。传播技术手段则是展现城市符号的重要载体。利用当代传播技术，打造不同的场景，让居民以及消费者在体验中领悟本土民俗文化的魅力。

（一）文化符号的建构与日常生活的嵌入

作为国际化大都市，北京海纳百川，但是也应该重视自己的独特性，把当地本土文化重新"捡起来"。北京民俗文化资源多样，可以通过构建文化符号的方式打造一系列北京品牌。发掘北京民俗文化典型元素，将其绘制在相关产品的外包装以及形式上，引起消费者的兴趣，接着将"高傲"的艺术作品用于现实日常生活，让其成为常见事物。细化受众市场，在实际操作中依据不同的媒介平台打造文化符号。传统媒体和新媒体相结合，传播建构的文化符号，新媒体加深人们对于该符号的印象，让符号立起来，变成有血有肉的"灵魂"，加深人们对北京不同种类民俗文化的印象，明确不同媒介对北京文化符号的现有建构效果，继续巩固长板建设，同时补充短板不足。②

民俗资源具有极高的观赏价值，以北京曲剧为例，可在宣传册以及书本上用一些曲剧活动舞台的图案作为背景，或者在文创产品包装上印有曲剧图案，这样传统媒介就将曲剧的符号提取出来了，传播了建构的文化符号，促使曲剧文化再生。③

---

① 刘丹、李杰：《文化符号与空间价值：互联网思维下的城市形象传播与塑造》，《西南民族大学学报》（人文社科版）2016年第6期。
② 刘丹、李杰：《文化符号与空间价值：互联网思维下的城市形象传播与塑造》，《西南民族大学学报》（人文社科版）2016年第6期。
③ 黄文富：《民俗与文化再生产——对壮族铜鼓民俗文化再生现象的思考》，《企业科技与发展》2011年第3期。

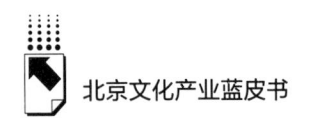

（二）构建文化场景，创意传播民俗文化

城市建设逐渐重视将文化和创意产业融合植入城区，强调民俗文化资源再生的实质在于对当地本土文化身份的保护以及不同于过去的现代身份表达方式的差异。文化适应当代社会生存环境的需要是再生的关键，因此利用传播技术搭建不同场景，把人纳入场景，让文化资源得到充分的发挥。参与者在场景中享受乐趣，巩固或重塑基本的文化认同意识。

1. 与多方主体展开合作，构建消费文化场景

任何时期，文化传播都不会是单打独斗的营销思路，跨界合作拓宽场景搭建的维度，衍生构建场景，从而扩大民俗文化的传播。由于身处不同空间的用户有着多样化的需求，这需要对用户所处场景进行定位分析，记录用户活动范围，预测用户行为方向，做到了解用户过去还有现在处于何处。[1]

如在公共交通空间里民俗年画、民俗节日、民俗文化的创意展示，让北京市民在急速的行走和驻足瞬间捕捉到北京的民俗文化特色，产生文化认同。

再如，北京绢花可以采取和博物馆合作的方式，利用VR技术陈列展览不同的样式，重现绢花的制作场景、展现历史记载的样式。VR眼镜可以让足不出户的消费者不仅亲身体验多样的民俗文化，还不受时空限制地体验北京不同区的文化场景。如京西太平鼓，用户只要带上VR眼镜，便可以体悟技术构造的古代戏台边上热闹的场景，即"穿越时空"回到过去，在古代的老街听戏、感受古时的京城文化和人文风情。

还可以与文具用品联名，将一些具有特殊含义的文化场景或当地手工特色如京剧、绢花通过等比例缩放，制作成书签、钥匙扣、发簪等多种文创产品，通过官方联名活动获得更多经济收入，场景再现不仅实现文化传播还收获经济效益。

2. 重塑城市公共空间，构建宜居的文化场景

文化场景为城市文化创新提供新理念。北京仍在不断生长与扩张，竞争

---

[1] 王军峰：《场景化思维：重建场景、用户与服务连接》，《新闻与写作》2017年第2期。

压力也与日俱增,生存成本的提高、对高薪工作的渴望以及改变居住地点的意图等多方面的生存压力,容易让在这座城市努力拼搏的人喘不过气来。当地政府可以有选择地把民俗文化与城市公共空间结合起来,建构有温度、有创意、轻松愉悦的城市文化氛围,例如北京西祠胡同文化场景,它打造一种有容乃大、无为而治的社区文化,强调参与者的自主参与和分享,使社区居民可以低门槛、低成本地分享自己的生活,在忙碌的生活中享受不一样的文化体验。①

(三)发挥教育功能,建设文化基地

独具特色的地理位置以及顾全大局的发展策略,让北京保护发展民俗文化资源有了更充分的理由。民俗文化资源丰富,但是从文化资源角度发展经济的研究者十分欠缺,因此将民俗文化保护发展规划纳入各级教育体系是重中之重。依托周边民俗文化,建设教育研发基地,使民众做到无缝观赏、全方位参与学习和专业调查研究的有机结合。为了培养不同年龄阶段学生的文化兴趣,学校和研究基地可以与一门一派的传承人签订长期契约,开创学校的第二课堂,让民俗文化和教育联结,扩大传播影响力。来自各地的学者在线上组织开展各种文化交流会议,让小众或濒危的文化再次回到大众面前,以推动民俗文化发展。②

民俗文化资源与校园文化在文化形态上相互支撑,在教育功能上相互保障,在实践特性上相互彰显。唯有发掘与促使北京民俗文化资源再生,才能凝练和传承地方特色文化的精神特质,才能更好地展示城市形象。③ 教育人才可以更好地挖掘民俗文化资源背后的内涵范畴,并在实践中不断完善理论建构,让民俗文化能够得到更好的传承。

---

① 禹建湘、汪妍:《基于文化场景理论的我国城市文化创新路径探究》,《城市学刊》2020年第2期。
② 王军峰:《场景化思维:重建场景、用户与服务连接》,《新闻与写作》2017年第2期。
③ 张显全、李雯雯:《红色资源嵌入高校校园文化场景构建研究》,《青岛职业技术学院学报》2022年第2期。

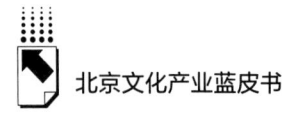

积极开设高校公共艺术课程，促进教学建设和改革成为当务之急。推进京西太平鼓音乐学科领域基础研究，构建京西太平鼓理论，从而让传统文化专业化传承，搭建课程体系和理论体系。①

在全球化时代，北京作为现代化的国际大都市正在被打造成为一个文化繁荣、开放包容、和谐宜居的首善之城，呈现更加丰富的多元文化特色。本土民俗文化资源传承得当与否是衡量一个城市能否坚持民族文化特色、打造城市文化品牌的重要标志，也是和其他城市区分开来的一个关键性、标志性要素，因此要推动民俗文化资源整合与再生，让其适应当下的社会生活环境，并创新利用传播技术打造民俗文化适应的场景，带动文化消费结构的转型，实现文化效益和经济效益双丰收。重塑城市的公共空间，营造良好的城市民俗文化氛围，构建城市特色文化品牌形象。加快民俗文化进课堂的步伐，建构完整的文化濡化理论体系，让民俗文化更好地再生和创意传承。

参考文献

马玉洁、苏继红：《乡村振兴战略背景下的磁州窑特色村落再生策略研究》，《安徽建筑》2018年第1期。

许昕然、罗立：《村落文化的选择与重构：论泛传统文化形象的再生》，《湘潭大学学报》（哲学社会科学版）2022年第1期。

于丹等：《北京文化符号的媒介建构分析》，《现代传播》（中国传媒大学学报）2015年第4期。

黄劭光、石雯源：《郑州黄河文化公园创意传播研究》，《新闻研究导刊》2021年第23期。

Daniel Silver, "Terry Nichols Clark. The Power of Scenes," *Cultural Studies*, 2015 (29).

Zhang, K., Zhang, M., Law, R., et al., "Impact Model of Tourism Production and Consumption in Nanjing Yunjin: The Perspective of Cultural Heritage Reproduction," *Sustainability*, 2020 (12).

---

① 马莉、刘晓静：《荆楚传统舞蹈创作与传播研究——汉族打莲湘进课堂》，《戏剧之家》2022年第28期。

B.9 北京一站式公共数字文化服务平台建设研究

蔡春霞　张浩然　张启晗　李鸿毅*

摘　要： 文化数字化战略背景下，公共文化数字化对于消除数字鸿沟、推动公共文化服务均等化等具有重要意义，北京目前的公共数字文化服务平台虽然提供了较为丰富的数字文化资源，开展了较为活跃的文化服务活动，但是存在数字文化资源条块分割、重复建设，数字文化资源的科技内涵不足，新媒体平台的宣传不充分，数字文化资源总量不高、资源分布不均衡，特色数字文化资源开发不足、特殊群体的资源供给匮乏等问题。因此，应该建设北京一站式公共数字文化服务平台，统筹整合所有公共数字文化资源，让用户可以一站式无障碍、无差别地获取公共数字文化资源。为此需要加强顶层设计，统筹整合数字文化资源，并通过科技赋能，使公共数字文化服务平台智慧化；优化数字文化资源，打造数字文化服务品牌；建立全媒体宣传推广渠道等。

关键词： 文化数字化　公共数字文化服务　一站式公共数字文化服务平台

---

* 蔡春霞，博士，北京印刷学院经济管理学院讲师，硕士生导师，主要研究方向为传媒经济管理；张浩然，北京印刷学院经济管理学院硕士研究生，主要研究方向为会计理论与实务；张启晗，北京印刷学院经济管理学院硕士研究生，主要研究方向为会计理论与实务；李鸿毅，北京印刷学院经济管理学院硕士研究生，主要研究方向为会计理论与实务。

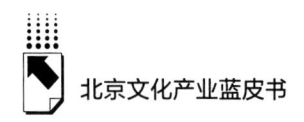

党的二十大报告提出，要实施国家文化数字化战略，数字化已经成为推动公共文化服务均等化的必要手段。2022年3月，《关于推进实施国家文化数字化战略的意见》明确提出，到"十四五"时期末基本建成文化数字化基础设施和服务平台，到2035年，建成物理分布、逻辑关联、快速链接、高效搜索、全面共享、重点集成的国家文化大数据体系。2023年1月1日起实施的《北京市公共文化服务保障条例》也要求建立标准统一、互联互通、便捷实用的公共数字文化服务平台。北京作为全国文化中心，在数字化战略的不断推动下，应进一步优化公共数字文化服务平台，对于消除数字鸿沟、提升数字文化服务平台的服务效能、满足人民群众日益增长的精神文化需求、推动公共文化服务的均等化发展具有重要意义。

目前，北京与国家公共文化云对接的省级公共数字文化服务平台有北京数字文化馆、北京群众文化云、首都图书馆及首都图书馆公共文化云，区级文化云平台有海淀文旅公共服务数字平台、北京·顺义公共文化服务云、门头沟文化云。博物馆、美术馆、科技馆等由于承担不同的公共文化服务职能也开通了数字博物馆、数字美术馆、数字科技馆等。但目前的公共数字文化服务平台缺乏统筹管理，存在条块分割、重复建设等问题，互通共享也不深入，影响公众在更大范围内共享公共数字文化资源，影响公众的使用效率和分享交流，也不利于平台通过大数据分析给公众提供精准推送服务，新冠疫情的影响又使得数字文化服务平台的重要性日益凸显。因此，探索一站式公共数字文化服务平台的建设，可以推动公共文化服务的均等化，提高公共数字文化服务的效能，为政府制定相关政策提供参考。

一 北京公共数字文化服务平台的现状

公共数字文化服务是公共文化服务在数字化时代的产物，是政府以公共财政为基础，依托数字化资源，以网络化传播为载体，向全体社会公众提供公共文化产品和服务，是公共文化服务网络化和数字化的延伸和拓展，最终以满足社会公众的公共文化需求为目标。

公共数字文化服务平台是展示公共数字文化资源的平台，平台向用户提供数字文化资源、文化活动、文化设施资源、文化交流等服务，并以网站、微信公众号、微博、App 等形式展示图片、音视频、电子图书、VR 等资源，用户可以使用电脑、手机、电子阅读器、公共文化一体机、电视等终端进行访问。

目前北京的公共数字文化服务平台是在对接国家相关公共数字文化服务平台的过程中逐步建立的。较早的公共数字文化服务平台源于 2002 年率先开展的文化信息资源共享工程，首都图书馆响应号召率先启动。随后 2010 年和 2011 年分别启动了公共电子阅览室建设和数字图书馆推广工程，北京都积极加入试点建设。在数字文化政策的支持下，2016 年朝阳区开始探索"互联网+公共文化服务"模式，打造了"文化朝阳云"平台，目前已经有 9 个区级政府上线了文化云平台。2017 年，全国公共文化发展中心会同国家图书馆，统筹整合文化共享工程、数字图书馆推广工程、公共电子阅览室建设计划三大文化惠民工程，于 2017 年 11 月上线了国家公共文化云平台，海淀文旅公共服务数字平台于 2018 年与国家公共文化云对接，北京文化馆于 2019 年 2 月上线北京市数字文化馆与国家公共文化云对接，北京群众文化云等平台也先后与国家文化云对接。数字图书馆、数字文化馆、数字科技馆等公共数字文化服务平台的不断开放，使得公共数字文化服务集群不断扩大，给公众提供了海量的数字文化资源，满足其公共文化服务需求。北京的公共数字文化服务平台是以"文化云"、数字文化馆、数字图书馆为主形成的公共数字文化服务网络，因此下面主要介绍这三类公共数字文化服务平台。

（一）"文化云"数字文化服务平台现状

目前，北京有两个省级"文化云"平台，分别为北京群众文化云及首都图书馆公共文化云。首都图书馆公共文化云是联动全市公共图书馆资源打

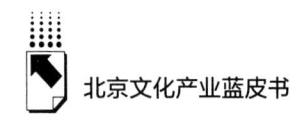

造的文化云平台,及时推送首都图书馆、国家图书馆、区图书馆的相关资讯及一些原创作品,2021年以后基本停止更新。北京群众文化云平台是北京市文化馆在2020年上线的旨在宣传、展示各种群众文化活动的公共文化服务平台,该平台在2022年6月后也几乎没有更新。因此,这里主要讨论各区级文化云平台。

在区级文化云平台中,北京市朝阳区最早在2016年12月上线了"文化朝阳云"平台,通过活动信息、票务咨询、阅读推广、场馆场地、数字资源、交流互动六大功能满足居民的多元文化需求,并于2020年升级为"朝阳文旅云"平台,随后海淀、东城、西城、丰台、石景山、门头沟、顺义、平谷都相继上线了各自的公共文化云平台。

这些"文化云"数字文化服务平台多数统筹了区域内文化馆、图书馆、博物馆、美术馆、社区文化中心等各方资源,提供了大量的电子图书、视频、音频、演出、培训、展览、讲座、晚会等文化资源和信息,还形成了网站、微博、微信公众号、App、有线电视、快手、抖音、头条号、央视频号等多媒体服务矩阵,对公共文化云进行宣传,满足群众的文化需求。如海淀文旅公共服务数字平台有网站、微信公众号、App、微博、抖音多个访问入口,截至2022年10月,其微博平台有粉丝16万人,视频累计播放量5.4万次,抖音平台有525个作品,获7.3万赞,粉丝7935人。部分街道(乡镇)文化活动中心、社区(村)文化活动室也相继将街道、社区的活动安排、场馆信息等发布到这些数字文化平台,方便居民了解信息并预约场馆等,切实提高了居民的文化获得感、幸福感。

同时,各个"文化云"平台在资源统筹、平台设计、内容发布及管理等方面的差异较大。第一,各区"文化云"平台的数字文化资源情况及对图书馆、博物馆、文化馆等公共文化服务机构资源的统筹情况大有不同。海淀和顺义的公共文化服务云平台提供了丰富的数字资源,并且首页可以直接链接各区文化馆、图书馆、博物馆的网站,可以点击浏览相关数字文化资源;西城和朝阳的"文化云"平台提供了图书馆、文化馆和博物馆的相关介绍及活动预约服务；东城和门头沟"文化云"平台只提供了图书馆等相关场馆的导航信息，石景山文化E站在设施地图板块介绍了图书馆、文化馆、博物馆、电影院以及街道文化中心等各种文化设施的位置及部分浏览链接；丰台区公共文化产品与服务配送平台侧重公共文化的配送，数字文化资源的建设滞后。第二，各"文化云"平台的设计、服务板块的设置自主安排，缺乏一致性。海淀文旅公共服务数字平台在2022年11月改版后，整体页面更加典雅、大气，对板块设置进行了微调，在线讲堂板块从首页的主题板块分类中调整到了精品栏目的慕课学习板块，板块分类更科学合理，也方便用户浏览学习；北京·顺义公共文化服务云于2021年10月上线，其官网页面布局有序、导航清晰明了，但2018年2月上线的门头沟文化云存在官网首页显示混乱的情况。从各区"文化云"平台的板块设置来看，各区自主安排板块内容和名称，即使都是直播内容，名字也各不相同，有文化直播、视频直播、精彩直播等，较为混乱。第三，各区"文化云"平台的内容管理也不尽相同。北京·顺义公共文化服务云从2021年10月上线至2022年10月底，网站访问量为17.25万余次，各种数字文化资源更新及时，但2018年2月上线的门头沟文化云资源更新不及时，其中"西山讲堂"板块的信息停留在2020年；微信公众号石景山公共文化服务的活动发布板块在2016年5月30日后没有更新内容（见表1）。

表1 北京各区"文化云"平台建设情况

平台名称	上线时间	访口	访问地址	板块
文旅@海淀——海淀文旅公共服务数字平台	2017年8月	网站	hdggwh.com	活动预约、新闻资讯、精彩专题、文艺讲堂、视频直播、书香海淀、文化图库、全景海淀、文化遗产、文化空间 首页底部链接：国家公共文化服务云、海淀文化馆、海淀图书馆、海淀博物馆、北京海淀、中关村创业大街、圆明园遗址公园、颐和园

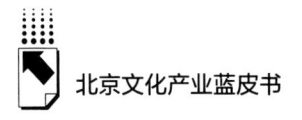

续表

平台名称	上线时间	访口	访问地址	板块
文旅@海淀——海淀文旅公共服务数字平台	2017年8月	App	文旅海淀	活动报名、书香海淀、场馆预约、数字资源、热门推荐
	2020年6月	抖音	文旅海淀	内容分类：争咏三山五园喜迎二十大、品鉴民族 巧手绘梦、艺术+课程、精彩直播回放
	2020年8月	微信公众号	文旅海淀	活动预约、精彩专题、文化遗产、全景海淀、慕课学习、视频直播、文化讲堂、海淀玩家、书香海淀、文化图库
	2021年2月	微信小程序	一机游海淀	限时特惠、文旅动态、海淀礼物、特色服务、漫步中关村、热门推荐、攻略推荐等
	2022年11月	微博	https://weibo.com/haidianlvyou	视频内容分类：争咏三山五园、云游三山五园、海淀里的四季
西城文化云	2017年8月	微信公众号	文化西城	首页：活动预约、场馆预约、积分商城、互动专区、西城非遗、文化社团、文化政策、畅游西城、西城剧场、文化品牌等 首页底部：图书馆、文化馆、博物馆
石景山文化E站	2016年5月	微信公众号	石景山公共文化服务	服务指南（文化馆使用说明、区图书馆使用说明、少儿图书馆使用说明、我有话说）、志愿者、非遗申报
	2017年6月	网站	https://www.sjsggwh.com/	精彩活动、设施地图、群艺风采、文化遗产、文化E空间 设施地图：文化馆、图书馆、博物馆、电影院、街道文化中心、社区文化室、24小时智能书店、实体书店
		App	石景山文E	数字资源、活动日历、服务目录、每日签到、留言反馈
东城公共文化云	2018年4月	微信公众号	东城公共文化云	新闻资讯、活动预约、场馆导航、视频点播、在线培训、电子书刊、志愿之家、故宫以东、戏剧东城 场馆导航：文化馆、图书馆、博物馆、美术馆、旅游景点

续表

平台名称	上线时间	访口	访问地址	板块
朝阳文旅云	2016年12月	微信公众号	朝阳文旅云	活动预约、场地预定、文旅资讯、积分商城、数字展厅、视听朝阳、精彩直播、发现更多 首页底部：艺术馆、体育馆、文化站、文化景点
丰台区公共文化产品与服务配送平台	2017年4月	网站	http://www.whft.bj.cn	新闻公告、网上艺苑、文化资源、活动场馆、配送预告、用户中心
门头沟文化云	2018年2月	网站	http://mtgwhy.hanyastar.cn/#/	新闻资讯、阅读空间、非遗展示、视听空间、直播观看、文化场馆、活动、永定河文化、西山讲堂、服务点单 场馆资源：文化场馆导航
北京·顺义公共文化服务云	2021年10月	网站	www.shunyicloud.cn	文化活动、公益培训、影剧演出、艺术展览、网上书苑、文化直播、通知公告、政策指引、文化资讯、文旅地图 首页链接：图书馆、文化馆、博物馆、影剧院（建设中）
平谷文化云	2021年3月	电视端	文化平谷	文化推荐、文化动态、文化平图、文化共享、文化同行
		微信小程序	文化平图	文化推荐、文化动态、文化平图、文化共享、文化同行

资料来源：根据各区文化云官网、微信公众号或小程序等基础数据整理。

（二）数字图书馆平台服务现状

早在2002年，首都图书馆就构建了北京市公共图书信息服务网络平台，目前已经建成市、区、街道（乡镇）、社区（村）四级公共图书馆总分馆制服务体系，服务北京市的四级公共图书馆、"一卡通"成员馆、24小时自助图书馆、数字文化社区、共享工程基层点。以首都图书馆为龙头馆的公共图书馆服务体系通过整合中国知网、超星、万方、维普期刊等信息资源数据

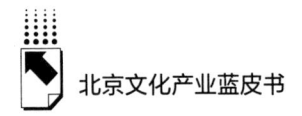

库，为公众开放了海量的数字图书资源，持有公共图书馆"一卡通"的居民，可以通过公共图书馆的官方网站、微博、微信公众号、App等，享受数字图书馆691.5万册电子书、1500种期刊、300余种报纸、1460.3万篇学术论文和一些畅销书等数字文化资源。此外，中文在线与东城区、丰台区和石景山区图书馆合作，提供在线数字图书10万册、有声图书3万集及期刊500多种，资源总量超过20TB。超星读书小程序也提供电子书3.8万册、大众期刊3500种、优质视频1万集、绘本1000套、文化慕课400门等各类阅读服务和视频资源，满足公众多样化的阅读需求。①

《首都图书馆2021年度报告》显示，截至2021年，首都图书馆数字文化资源达630.9TB，资源使用量3532.4万次。其中，"首都图书馆"App、"首图数字图书馆"微信服务号和"首都图书馆公共文化云"微信订阅号平台及资源总使用量为811.3万次，微信、微博发布文章3580余篇，501万余人关注，阅读量达1200万次。②首都图书馆官网为居民提供31个数据库，包括QQ阅读、云图数字有声图书馆等25个外购数据库，以及"首图动漫在线""北京记忆""首图讲坛"等6个自建数据库。2022年8月30日，首都图书馆还推出了网借服务平台，北京市读者可以使用快递线上外借百万册中文图书，还书时读者可选择寄递回馆，或自行到全市424个"一卡通"成员馆还书，这一业务扩大了公共文化服务的范围，有效提升了图书馆资源服务效能，对丰富居民文化生活起到积极的推动作用。

各区图书馆也通过网站、微信公众号、App、掌上图书馆、自助图书馆、手持阅读器、解屏读报、畅听阅读等推出丰富的数字文化资源，使读者享受多样化的数字阅读体验。但是根据各图书馆年报数据，截至2021年，北京各区图书馆之间以及区图书馆与首都图书馆之间的数字文化资源总量有较大差异。如区级图书馆中通州区图书馆的数字文化资源总量最多，达492TB，但与首都图书馆的数字文化资源总量相比仍有较大差距；朝阳区图书馆数字文化

---

① 《7077个数字文化资源库提供公共文化服务》，《北京日报》2022年5月18日。
② 《首都图书馆2021年度报告》，首都图书馆网站，2022年6月，https：//www.clcn.net.cn/guide/default/index? page_ id=68&top_ pid=11&page_ pid=46。

资源总量达452.6TB，但是密云区图书馆、平谷区图书馆、延庆区图书馆的数字文化资源总量分别仅有60TB、36TB、43TB，远不及城区图书馆。从数字文化资源的访问来看，多数数字文化资源平台都建立了微信、微博、官网等跨平台的数字文化资源服务网络，公众对数字文化资源的访问量也较高，公众在馆内外都可以浏览各类数字文化资源，既提高了数字文化资源的使用率，又满足了公众的数字文化需求，更体现了公共文化服务的公平性原则。值得注意的是，不少图书馆微信公众号、微博、App等新媒体平台的使用量超过了官网的使用量。如西城区图书馆官网的使用量为13.39万次，微信公众号和微博的使用量分别为19.07万次和259.02万次；朝阳区图书馆微信公众号的使用量累计高达515.6万次，远高于网站175.26万次的使用量。主要原因是智能手机普及的情况下，用户通过移动端的新媒体平台可以随时利用碎块时间浏览阅读，方便、快捷、便于操作、便于互动等。因此，公共数字文化服务平台应重视加强新媒体渠道的建设、宣传。

从表2可以看出，市、区两级图书馆都提供了两个及以上的访口入口供居民访问其数字文化资源，也有个别图书馆虽然开通了微信公众号，但是其官网并没有显示微信公众号链接，如门头沟区图书馆。从官网数字文化资源的类型看，多数图书馆按数字文化资源的类型进行了图书、报刊、展览、视频等分类，也有图书馆按照资源的来源（自建资源、试用资源、共享资源等）进行了分类。但是也有图书馆如丰台区图书馆、顺义区图书馆等对数字文化资源没有任何分类，把所有的数字文化资源一一罗列出来，显然这种方式不方便居民搜索查看数字文化资源。另外，大部分图书馆针对青少年儿童都有专门的少儿部，也有一些区级图书馆建立了专门的青少年儿童图书馆，如西城区图书馆、朝阳区图书馆等，可以给青少年儿童提供电子图书、动漫数字资源、网上英语资源及其他多媒体资源等，但是各图书馆针对老年人、残疾人等特殊群体建设的数字文化资源或开展的活动比较少。还有一些区级图书馆建立了特色资源板块推广馆藏特色资源和地方特色文化，如朝阳区图书馆建立了老工业遗址数据库、CBD文化创意图书馆、朝阳区公共文化信息服务平台特色资源板块；海淀区图书馆建

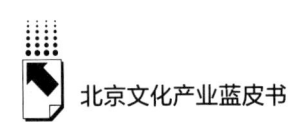

立了三山五园、中关村之路、丹棱文苑特色资源板块；平谷区图书馆建立了冰心奖特色资源库、休闲平谷特色专题文献库等。

表2　北京市、区两级图书馆官网的数字文化资源类型及访口情况

图书馆名称	官网显示的访口	数字文化资源类型
首都图书馆	官网、App、微信订阅号、微信服务号、微博、豆瓣	图书、报刊、数值事实、多媒体、学习考试、少儿、古籍、党建、自建资源、开放获取、其它、试用
东城区图书馆	官网、微信公众号、移动阅读App	参考咨询、专题文献、互动专栏、网上展览、图书频道、基层服务
西城区图书馆	官网、微信公众号	自建资源、电子图书、学术检索、少儿、多媒体、电子期刊、资源试用
西城区青少年儿童图书馆	官网、微信公众号	方正阿帕比电子、点点动漫书库、网上报告厅、中国艺术品数据、少儿多媒体数据
朝阳区图书馆	官网、微信公众号	在线阅读（热门读书阅读、电子期刊、视频资源、下载中心）、在线下载、电子版
朝阳区少儿图书馆	官网	平台简介、新闻资讯、示范教学包、知识微课、特色阅读服务、教师研修、资源库、党史学习专栏、成长教育
海淀区图书馆	官网、微博、微信公众号	QQ阅读、掌阅精选、电子期刊、有声读物、懒人听书、"悦"读空间、少儿期刊、有声绘本、少儿视频、少儿有声、网络书香阅见美好、疫情防控知识库
石景山区图书馆	官网、微博、微信公众号、App	QQ阅读、掌阅精选、馆藏书目、电子图书、数字国学、上业百科、在线音乐、连环画、电子期刊、文化专题、网上报告厅、冬奥专题库、地方文献、万方数据、石展芳华、石图讲坛、贝贝国学、双语阅读、辉煌足迹、简笔画、西山永定河文化、少儿绘本阅读、中国大百科全书、经典美术作品等
丰台区图书馆	官网、微信公众号、微博、微信小程序	家庭书房阅读卡、丰图讲坛、万方数据知识服务平台、51CTO学堂、掌阅精选、懒人听书、Artlib世界艺术鉴赏库、冬奥百科、宝宝智库、上业百科、云图有声、汇雅电子图书、中华连环画数字图书馆、方正电子数据库、中华诗词数据库、绘声绘色课堂、星星历史故事库、数字国学馆、数字戏曲、古籍数据库等

220

续表

图书馆名称	官网显示的访口	数字文化资源类型
房山区文化活动中心图书馆	网站、微信小程序、微信公众号、App	App数字资源：中华诗词库、民俗文化、党建平台、我的朗读库、党建天地 线上服务：名师讲坛、每日新书、云图有声、线上阅览室
顺义区图书馆	官网、App、微信公众号、微博	职业全能培训库、网上报告厅、博看有声、庆祝中国共产党成立100周年专题、汇雅电子书、中国大百科全书数据库、易趣少儿数字漫画、首图动漫在线、北京记忆、人大报刊复印资料、龙源期刊数据库、读秀学术搜索、中华数字书苑、雅昌数据库、新东方多媒体学习库、首都图书馆市民学习空间、"百链云"图书馆、馆藏古籍真善本图像数据库、国图资源、公共文化知识资源总库、顺义图书馆看展平台、"知识视界"视频图书馆、库克音乐、中华连环画数字阅读馆等
通州区图书馆	官网、微信公众号、App、微博	馆藏资源、共享资源、试用资源
大兴区图书馆	官网、微信公众号、App	微信公众号：中华优秀传统文化百科库、中小学数字图书馆、汇雅电子书、龙源微读书、龙源微听书、疫情防控知识库、超星少儿有声绘本、学术资源、热门图书、公开课、报纸、杂志精选、斑点小D、智编牛、红色故事绘、QQ阅读、懒人听书、维普考试、习书在线、老年活动中心
门头沟区图书馆	官网	中国报纸资源全文数据库、超星电子书、读秀学术搜索、"书香首图"数字图书馆、中华连环画数字阅读馆、龙源期刊数据库、库克数字音乐图书馆、Artbase中国艺术品图片库、凤凰视频、市民学习空间、新东方多媒体学习库、智客网——英语学—练—改—管在线学习平台、创业数字图书馆、首图"掌上图书馆"客户端、"首图移动知网"客户端、"首图读览天下"客户端、中国知网
怀柔区图书馆	官网、微信公众号、App、微博、抖音号、微信小程序、视频号	图示资料、影像资料、多媒体资源、其他、特色库、音视频、学位论文、报纸、图书、期刊等
平谷区图书馆	官网、微信公众号、App、微信小程序、移动图书馆、抖音号、视频号	数字资源（电子图书、多媒体库、电子报刊）、特色资源

续表

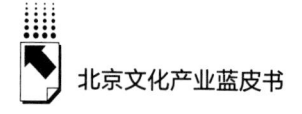

图书馆名称	官网显示的访口	数字文化资源类型
延庆区图书馆	官网、微信公众号	电子图书、电子报刊、多媒体库、特色资源
昌平数字图书馆	官网、微信公众号、微信小程序	图书、视听、法源数据库、知识服务空间、文创产业、非遗专题
密云区图书馆	官网	图书、视频、音频、其他

资料来源：根据各区图书馆网站的基础数据整理。

（三）数字文化馆平台服务现状

文化馆担负着全民艺术普及的重要职责，相较于图书馆，数字化建设起步较晚，北京文化馆于2019年2月上线北京数字文化馆，平台由PC端、H5端、App、微信公众号四大端口组成，居民可以通过汇资讯、看直播、享活动、学才艺、订场馆、读好书、赶大集、志愿者、文旅号、聚行业十大板块享受各种艺术普及资源，其中享活动板块上线了以"舞动北京""歌唱北京""戏聚北京""艺韵北京""影像北京"5个文化品牌为主的首都市民系列文化活动，学才艺板块上线了"全民艺术普及系列课程"，包括舞蹈、音乐、书法摄影、非遗文化、自然科学讲堂等，资源总量累计达638.9小时。目前，北京数字文化馆平台汇集艺术普及慕课、教学视频、微视频等各类数字文化资源5万多种，资源总量已经达到6.24TB,[1] 并通过新媒体矩阵在学习强国、微博、微信公众号、快手、抖音等平台陆续发布。到2022年10月，北京数字文化馆在微博有粉丝18.9万人，获得转评赞3.1万次，视频累计播放量1545.2万次；在快手有粉丝20.1万人，获得点赞3.9万次。

北京各区文化馆也积极建设数字文化资源，东城区文化馆于2017年3月上线北京首家数字文化馆，居民可以通过微信公众号、App、网站访问其数字文化服务平台，并获得文化馆展览、演出、讲座、艺术培训等相关信息。其他各区文化馆也纷纷建设数字文化服务平台，向上与国家文化云、北

---

[1] 《北京数字文化馆升级线上艺术普及服务》，《北京日报》2022年12月2日。

京市数字文化馆对接联通，向下对接街道分馆，打造全天候的线上公共文化数字资源体系。

根据截至2022年10月25日北京数字文化馆网站"文旅号"板块对接的北京市文化馆及各区文化馆的资源数量、浏览信息等数据，市、区两级文化馆上线的数字文化资源有质的差别，区级文化馆提供的资源数量、资源点击量、粉丝数量都远不及市级文化馆，但是多数区级文化馆的活动数量比市级文化馆多（见表3）。总体来看，文化馆数字平台的数字文化资源数量和使用量都远不及图书馆数字平台。从粉丝数量来看，公众从北京数字文化馆网站获取数字文化资源的积极性不高。但是北京市文化馆及一些区级文化馆在抖音、快手、微博等平台的受关注度相比网站要高很多。截至2022年11月，朝阳区文化馆的微博有粉丝2054人，视频累计播放量达8.1万次；海淀区文化馆在抖音平台有粉丝4672人，获赞1.1万次。另外据2022年10月国家公共文化云平台发布的"国家公共文化云热力排行榜"，在群众文化活动直播榜、文化馆热度榜中，北京各级"文化云"平台和活动都没有入围，因此北京文化馆数字文化资源的建设和宣传还需进一步加强。

表3 北京市、区两级数字文化馆资源数量及使用情况

文化馆名称	资源数量(TB)	点击量(次)	活动数量(次)	粉丝数量(人)
北京市文化馆	1014	4847412	5	235
西城区第一文化馆	193	7458	125	27
东城区文化馆	211	50677	196	40
朝阳区文化馆	184	3399	150	29
海淀区文化馆北馆	2	437	1	28
海淀区文化馆	178	4201	43	38
石景山区文化馆	183	3241	41	18
丰台区文化馆	262	7799	205	12
房山区文化活动中心	224	23849	182	14
顺义区文化馆	179	2704	13	15
通州区文化馆	189	12885	151	17

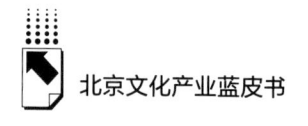

续表

文化馆名称	资源数量(TB)	点击量(次)	活动数量(次)	粉丝数量(人)
大兴区文化馆	199	2799	1	13
门头沟区文化馆	176	49	0	11
怀柔区文化馆	182	6603	133	11
平谷区文化馆	299	243887	0	10
延庆区文化馆	180	993	176	27
燕山区文化馆	1	67	0	21
昌平区文化馆	245	2047	0	21
密云区文化馆	212	1205	0	11

资料来源：根据北京市文化馆官网的基础数据整理。

总体来看，目前北京已经建成覆盖市、区、街道（乡镇）、社区（村）的四级公共数字文化服务网络，提供了较为丰富的数字文化资源，开展了较为活跃的文化服务活动，居民可以在公共数字文化服务平台体验图书借阅、在线阅读、听书、线上游展观演、艺术培训、演出门票预约、从师学艺、文化点单等众多功能，能在一定程度上满足居民的公共数字文化服务需求，这一点可以从"国家公共文化云热力排行榜"得到证实，在最具流量地区榜和直播地区热榜的排名中，北京都名列第一；从最具活力地区榜来看，北京排名第二，仅次于安徽。但目前北京公共数字文化服务平台的资源建设滞后、平台孤岛、媒体宣传不足等问题还需进一步解决。

二 北京公共数字文化服务平台的主要问题

（一）数字文化资源条块分割、重复建设、数量少且更新速度慢

我国公共数字文化服务供给主体是各类公共文化服务机构，但他们隶属于不同的文化主管部门，如首都图书馆、北京文化馆等隶属于北京市文化和旅游局，首都博物馆、老舍纪念馆等隶属于北京市文物局，北京市青少年科技馆、市属高校图书馆等隶属于北京市教委。由于隶属关系不同，要实现的

公共文化服务目标也不同，所以各部门囿于自身业务内容建设数字文化资源，导致数字文化资源条块分割、互联共享不够深入，造成资源浪费。如北京数字文化馆"学才艺"板块开设了自然科学讲堂，而数字科技馆有大量关于自然科学的数字内容。同时，这些公共文化服务机构建设的数字文化资源都是为了展示传播公共文化，社会职能的相似性导致数字文化资源的重复性建设问题。如北京市文化馆除了上线北京数字文化馆，还建设了北京群众文化云平台，该平台主要以图片、视频、直播、活动等形式展示北京的各种群众文化活动，所展示内容与北京数字文化馆平台的内容有很大的交集。

还有一些机构虽然搭建了公共数字文化服务平台，但平台或板块的资源数量少，资源更新速度也较慢。如北京数字文化馆的"读好书"板块，提供的电子书刊种类少，年份也比较老，对公众的参考价值不大；东城区公共文化云微信公众号的视频点播栏目的音频资源仅有6个，活动预约栏目只显示6个活动，其中5个活动的时间为2021年2月，2021年5月增加了1个活动，之后没有再更新；石景山区公共文化服务微信公众号的推文到2016年5月30日后没有再更新。还有一些平台的板块内容仍在完善中，内容链接很少或没有任何内容链接。如房山区文化活动中心网站的图书服务板块目前还没有任何数字文化资源；门头沟文化云网站的活动板块中书法、美术、摄影、舞蹈栏目下各自仅有1个内容链接。

（二）机构数字文化资源分布不均衡，互联共享待深入

从"文化云"平台来看，各区"文化云"云平台上线的数字文化资源数量、质量等都有较大差异；从图书馆、文化馆的公共数字文化服务平台来看，图书馆的数字文化资源整体上比文化馆丰富；从不同行政区域来看，市、区两级的数字文化资源比街道（乡镇）、社区（村）丰富；从城区划分来看，城六区（东城区、西城区、朝阳区、海淀区、丰台区、石景山区）数字文化资源大多比郊区丰富。目前，数字文化资源建设滞后的机构和地区，多数在资金、技术、人才等方面存在困难，短期内难以提高服务水平和质量。因此，目前的解决方式是通过建立和布置电子阅览室、数字文化社区、公共文化一

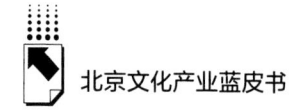

体机、网络电视互动播出终端等在一定程度上实现数字文化共享服务，但这种方式不能从根本上解决公共数字文化服务的资源条块分割和重复建设问题。

另外，由于公共文化服务机构各自建设公共数字文化资源，数字文化资源存在标准不统一、分类混乱、命名混乱、音视频等资源质量参差不齐问题，所以互联共享存在技术困难。图书馆数字文化资源分类及命名方式不统一，更不用说不同公共文化服务机构之间的资源标准问题了。现有的数字文化资源互联共享也不够深入，如北京数字文化馆的"文旅号"板块有各区文化馆的介绍，但是没有提供官网、App等链接，大多数介绍也不显示预约窗口，居民想了解这些机构的数字文化内容或参与他们的活动需要再查阅相关链接，造成使用上的不便，这可能也是北京各场馆没有入选"国家公共文化云热力排行榜"中的订场馆发布榜的原因之一。

因此，可行的方法是将有限的资金集中起来，整合所有的数字文化资源于一个平台，形成集聚效应，打造全城数字文化资源一张图，使居民可以一站式获取公共文化机构的所有数字文化资源，方便快捷地共享所有文化信息和活动。

（三）新媒体的宣传与推广不充分，公众知晓率低

现有公共数字文化服务平台已经建立网站、微信公众号、App、微博、快手、抖音组成的媒体宣传矩阵。这些宣传渠道各有利弊，网站的内容更全面、服务更完善，但是网站的缺点是不能随时随地及时获取信息；微信公众号的优点是及时性比较强，公众通过移动端可以方便快捷地获取平台发布的图片、音视频、资讯、活动信息等，进行全方位的沟通和互动，但是微信公众号的内容相比于App更碎片化；App的内容较全面，用户的主动性和自由性更强，但缺点是开发成本高；微博、抖音、快手等渠道最大的优点是短视频引流更加快捷，具备天然的社交属性。

根据前述部分图书馆的年报数据以及文化馆官网和微信公众号、微博、App等新媒体平台的关注数据，微信公众号、微博、App等平台在公共数字文化服务的宣传中发挥着越来越重要的作用。但是大多数图书馆将

网站作为公共数字文化服务的主要推广方式，对以短视频为主的社交媒体平台使用不充分也不够重视，有些图书馆根本就没有在这些社交媒体平台注册账号，有的虽然注册了账号但是没有利用优质数字文化资源对平台进行宣传，如怀柔区图书馆的微博粉丝只有986人。文化馆也存在同样的问题，如西城区文化馆抖音账号的粉丝仅为241人，获赞仅317次；东城区文化馆微博账号的视频累计播放量仅为5275次。根据第50次《中国互联网络发展状况统计报告》，截至2022年6月，我国手机网民规模已达10.51亿人、短视频用户规模达9.62亿人，短视频用户数快速增长的主要原因是微信、抖音、快手等社交媒体赋予了公众弹幕文化、互动交流、社群特征等新的文化需求，所以公共文化服务机构有必要了解这些社交媒体对公共数字文化服务宣传范围、力度及效果等的积极影响，积极利用社交媒体平台使公共数字文化服务的宣传更广泛，提高公众知晓率。

（四）数字文化资源科技内涵不足，居民的参与率低

《"十四五"公共文化服务体系建设规划》指出，公共文化服务的数字化、网络化、智能化建设与其他领域相比仍显滞后。从资源内容表现形式来看，目前的数字文化资源多是图片、音频、视频、文字等，对5G、AI、VR、AR、XR、三维全景等新技术的应用不足，不能产生有足够吸引力的沉浸式体验和互动效果，不能充分吸引公众的眼球从而产生文化黏性。各区级数字文化馆粉丝数量都是两位数，数字文化资源的点击量也不高，说明公众参与率较低。

文化与科技的融合，可以拓宽我们的体验空间，催生文化服务新业态。如数字敦煌数据库通过新技术实现了30个石窟高清图像的全球共享，观众通过AR等体验方式可以畅游莫高窟；2022年7月，中国国家博物馆近150件世界级藏品在"8K展示+5G直播+AR沉浸"的技术加持下，吸引了超200万名网友观看。[①] 因此，推动公共数字文化和科技的融合发展，

---

① 吕帆：《屏幕里的博物馆：文博也能超越时空》，《光明日报》2022年8月25日。

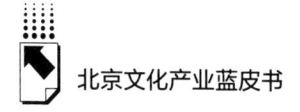

既可以提升公共文化服务的品质和水平，也可以给公众打造全新的文化体验环境。

（五）特色数字文化资源开发不充分，特殊群体的数字文化资源供给不足

北京部分区级图书馆的数字资源板块专门设立了特色库或特色资源，但北京作为文化中心，体现其古都文化、红色文化、京味文化、奥运文化等特色的数字文化资源还没有被系统开发，特色数字文化资源的系统呈现更无从说起。

另外，大多数图书馆都有专门针对青少年儿童的数字文化资源或主题活动。如首都图书馆针对未成年人网上阅读自主研发的大型原创动漫短片库"首图动漫在线"，针对听障、视障等特殊群体在康复文献阅览室放置了电子助视器、有声朗读机、盲文点显器、指纹识别器、盲文编辑软件等，帮助他们更顺畅地阅读文献，图书馆服务体系还开展了"心阅书香"助盲阅读文化志愿服务、"语阅书香"手语培训文化志愿服务等活动，但是这些活动的参与人数有限。截至2021年9月，北京市范围内，盲人大约有6万人，如果算上没有办证以及患白内障疾病的视障人群，总人数早已突破10万人，[1] 目前为特殊群体提供的数字文化资源和活动比较稀缺，并且他们更需要坐在家里通过手机等无障碍地获取数字文化资源。针对老年人，一些公共文化服务机构经常开展防诈骗培训、健康讲座、诗歌朗诵、艺术培训等线下活动，由于老年人不能熟练使用智能手机或电脑，针对老年人的数字文化资源或活动也比较少。相较于青少年儿童，其他特殊群体能够享受的数字文化资源严重不足，这有悖于推动公共文化服务均等化的目标。

---

[1]《噱头大过功能，识别十分有限，助盲软件听着很炫用着不便》，"北京日报客户端"百家号，2021年9月24日，https：//baijiahao.baidu.com/s？id＝1711774617462163651&wfr＝spider&for＝pc。

三 一站式公共数字文化服务平台建设的策略建议

北京各区各类公共数字文化服务平台数字文化资源条块分割的现状，使得居民"眼花缭乱、手忙脚乱"，不得不关注每个公共文化服务机构提供的网站、App、小程序、微信公众号等，在各种服务渠道间不断切换检索所需资源，导致使用不便、效率不高。因此，有必要建立一个覆盖整个北京市的一站式公共数字文化服务平台，把图书馆、文化馆、博物馆、美术馆、科技馆、影剧院等不同类型、不同区域、不同属性的公共数字文化资源整合到一个平台，形成一个全链条、全方位、个性化的公共数字文化服务平台，使所有居民在一个平台就可以根据兴趣爱好等使用信息资讯、书籍借阅、艺术鉴赏、展览展示、预约场馆、在线培训等所有功能，无障碍、无差别地获取公共数字文化资源和服务。一站式公共数字文化服务平台的网站、App、微信公众号、视频号等任何服务渠道都可以实现所有数字文化资源的浏览和检索，用户不用再登录不同的网站、App 等，不用再适应各种不同的浏览搜索界面，这可以优化用户获取数字文化资源的环境，更好地满足社会公众的数字文化需求，也可以避免数字文化资源重复建设造成的资源浪费，并解决资源分布不均衡问题。

（一）通过顶层设计建立协调机制，统筹整合资源

构建一站式公共数字文化服务平台，首先需要解决数字文化资源条块分割、重复建设问题，相应地需要改变相关部门的职能交叉、多头管理现状。应建立北京市公共数字文化服务体系建设协调小组，在其统一安排下对各平台进行统筹整合，明确公共数字文化服务的目标和对象。针对公共数字文化服务平台的整合技术制定统一的标准规范，可以参照文化和旅游部印发的《公共文化云建设项目"十四五"建设指南》；内容整合上，界定整合的数字文化资源类型、标准、范围，确保相关机构密切配合，形成以用户需求为中心的公共数字文化服务平台，建立用户需求表达机制，重视用户的体验和反馈，使资源供给与用户需求有效衔接，实现数字文化资源的有效供给。

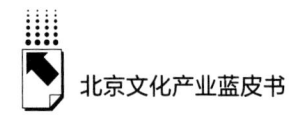

（二）通过科技赋能提供技术保障，使文化服务平台智慧化

5G、物联网、云计算、大数据、区块链、人工智能、元宇宙等技术，给公共数字文化服务的全面智慧化提供了技术保障。可以将所有的公共文化服务平台整合为一个统一的智慧化服务系统，实现管理体系、运营体系、内容呈现体系等的全面智慧化，通过大数据分析等技术实现更精准的供需对接、用户精准画像、用户分层服务或宣传，以及为数字文化资源优化提供数据支持等，最终在更高水平上满足人民群众日益增长的精神文化需求，增强其参与感、获得感和幸福感。

智慧化的管理体系可以将公共文化数字化管理从局部各部门、各区域的管理扩展到整个公共数字文化服务平台的全面管理；在智慧化运营体系方面，实现公共文化服务各端口的对接，各个服务环节的可视化、智能化等，实现平台数据的智慧分析、平台资源的智慧评估并使服务平台开放化，公共文化服务机构及企业、社会组织、公众等主体均可参与，共建共享所有公共数字文化资源和服务；在公共数字文化的呈现体系方面，《"十四五"公共文化服务体系建设规划》提出，运用人机交互、虚拟现实、全息影像等信息技术，加强公共文化"沉浸式""互动式"体验服务。人机交互、VR技术已经在沉浸式演艺、虚拟场景再现、虚拟艺术制作互动等艺术呈现方面有所应用，但由于技术水平的限制，这些借助高科技装备的艺术呈现和体验还没有被普遍应用，随着数字文化技术的不断升级和应用领域的扩展，探索文化生产管理新模式、文化表现新形式、文化互动新场景将提上日程，推动公共文化数字化走向新高度。

（三）建立全媒体矩阵作为宣传推广的制胜法宝

国家公共文化云构建了网站、微信公众号、抖音、快手、App、学习强国、微博、央视频、今日头条等跨平台的多媒体矩阵，使公众可随时随地通过移动端便捷地享受全国各地的各种数字文化资源，最大限度提高了公共文化服务的便利性、可及性，提升了公共文化服务的效能，解决了公共文化服务的供给不均衡问题，推动了公共文化服务的均等化。

针对北京数字文化资源供给不均衡、公众知晓率低等问题，建议建立一站式公共数字文化服务平台，并通过全媒体宣传推广渠道提高公众的知晓率和参与率，以有效解决这些问题。随着微博、抖音、快手等新兴社交媒体平台的出现，移动端已经成为宣传推广的重要渠道和阵地，一站式公共数字文化服务平台应充分发挥这些社交媒体平台易操作、方便即时互动、传播速度快等特点，以移动端为重点，加强特色内容的应用开发，利用碎片化时间宣传特色数字文化资源及文化活动，根据用户的停留时间、参与程度等为用户提供精准推送，提高用户黏性，使用户参与内容生产和传播。同时，发挥不同宣传渠道的优势，延伸服务触角，打造全媒体宣传推广渠道，对不同媒体进行组合应用，满足用户的多元化需求，使传播效果最大化，打造全媒体融合新高地。

（四）将优化数字文化资源和打造品牌作为安身立命之本

在多元化的全媒体时代，内容为王始终是公共文化服务的核心竞争力。《"十四五"公共文化服务体系建设规划》提出，要以全民阅读和全民艺术普及为建设方向，不断丰富数字资源总量，提升数字资源建设质量。建设一站式公共数字文化服务平台，可以节约重复建设的资源，用于优质内容的生产及延伸，思考如何让有思想、有内涵的内容与公众产生共鸣。目前，北京的公共数字文化服务平台已经产生"阅读北京""首图动漫在线""舞动北京"等知名文化品牌，但资源的优质不仅限于内容，还需要更好的呈现方式、更多元的传播渠道、沉浸式互动式体验等。因此，一站式公共数字文化服务平台在目前文化品牌的基础上，应向纵深探索"内容+社交""内容+技术""内容+应用"等多元化发展方向，改变传统线性的内容生产模式，重视内容生产与消费的双向互动。公共文化生产主体在生产内容时要更加注重用户需求，提供更有内涵、表现形式更有创意、传播渠道更加多样的文化产品和服务。用户在使用过程中通过社交宣传及加工也具备了文化生产者角色，从而增加数字文化资源的供给，提高数字文化资源的竞争力,推动更多优质数字内容的生产,构建首都数字文化品牌体系。

此外,数字文化资源的优化还需要向社会开放平台端口,广泛整合文化主管部门以外的优质数字文化资源。如可以整合科协、共青团、妇联、残联等部门的数字文化资源,一些社会公益组织、民间团体等社会力量的优质数字文化资源也可以积极争取,实现资源获取的多元化,并进一步统筹优质数字文化资源。

(五)丰富特色数字文化资源,关注特殊群体的数字文化需求

《北京市公共文化服务保障条例》坚持突出北京特色,促进古都文化、红色文化、京味文化、创新文化等特色文化融入公共文化服务体系。公共数字文化服务平台既是为公众提供文化服务的平台,也是各级政府进行文化宣传的重要窗口。北京作为首都,集聚了得天独厚、丰富多元的文化资源,其公共数字文化服务平台应充分体现北京文化特色,探索能够充分展现北京文化资源禀赋的"北京路径",通过设置专门的文化特色板块,深度挖掘北京源远流长的古都文化数字资源、丰富厚重的红色文化数字资源、特色鲜明的京味文化数字资源、蓬勃发展的创意文化数字资源等,充分展现"首都风范、古都风韵、时代风貌"的文化名城特色。

老年人、残疾人等特殊群体大多出行不便,他们对于数字文化服务平台有更高需求和依赖性,一站式公共数字文化服务平台需要解决他们使用数字文化服务平台时存在的困难和供给侧的数字文化资源问题。对于使用困难,平台应设立特殊群体专区,提供语音交互、阅读配色器等无障碍浏览功能,满足他们的人机交互需求;对于使用过程中的常见问题,通过人工智能技术等进行语音指导解决;对于特殊需求,通过在线人工协助进行一对一解决;还可以通过智能识别技术等帮助特殊群体解决使用过程中的问题。一方面在平台上建设特殊群体使用的专有数字文化资源,另一方面在平台上组织特殊群体参与的各种文化活动并实现常态化,丰富他们的精神文化生活,让他们积极融入社会文化生活,进一步推进公共文化服务的均等化。

四 总结

加强顶层设计、统筹资源建设是一站式公共数字文化服务平台突破体制问题的机制保障；5G、大数据、云计算、VR、AR、人工智能、区块链、元宇宙等新技术，为一站式公共数字文化服务平台提供了技术引擎；推动更有内涵和思想的内容创新和品牌建设是一站式公共数字文化服务平台的安身立命之本；全媒体矩阵传播体系是一站式公共数字文化服务平台满足用户多元化需求的制胜法宝；特色数字文化资源建设是一站式公共数字文化服务平台宣传北京文化的重要窗口；特殊群体数字文化资源建设是一站式公共数字文化服务平台推动公共文化服务均等化的重要举措。

总之，一站式公共数字文化服务平台的建设可以消弭数字文化鸿沟、避免资源浪费，能够让人民群众方便快捷地共享优质的数字文化资源，推动文化成果共创共享。

参考文献

戴艳清、李玉雨：《基于用户需求的公共数字文化网站优化研究》，《四川图书馆学报》2020年第2期。

李臻：《"广图筋斗云"公共数字文化服务品牌创设案例研究》，《国家图书馆学刊》2020年第1期。

谭俊超：《"互联网+"环境下公共数字文化一站式服务建设探究》，《四川戏剧》2019年第3期。

徐望：《公共数字文化建设要求下的智慧文化服务体系建设研究》，《电子政务》2018年第3期。

B.10 北京市文化产业数字化发展对策研究

张书勤　徐莹慧　吕梦洁*

摘　要： 随着数字经济的兴起，数字化推动了文化产业各个领域的创新，全面提升了文化领域的科技含量和技术水平。北京作为我国的文化中心和科技中心，不仅拥有丰富的文化资源、完备的文化设施、活跃的文化市场，而且科技资源丰富、科研机构众多、科研实力雄厚、科研成果丰硕，在推动文化产业数字化方面具有得天独厚的优势，也肩负着义不容辞的责任。本文从北京市文化产业数字化的现状入手，分析北京市文化产业在数字化过程中存在的问题，有针对性地提出了创新机制体制、依托5G进行科技创新、推动传统文化产业模式升级、培养文化科技复合型人才、提高文化科技企业投融资能力、拓展海外市场等符合北京实际情况的文化产业数字化对策，从而加快推动北京市文化产业数字化。

关键词： 文化产业　数字化　北京市

一　相关概念的界定与理论基础

（一）相关概念的界定

研究文化产业数字化发展的相关问题，究其根本是对文化产业和文化产

---

* 张书勤，北京印刷学院经济管理学院副教授，硕士生导师，主要研究方向为文化产业政策与法规、传媒经济与管理；徐莹慧，北京印刷学院经济管理学院硕士研究生，主要研究方向为文化产业管理；吕梦洁，北京印刷学院经济管理学院文化产业管理专业本科生。

业数字化的本质化概述，并在此基础上思考文化与科技之间的关系。本部分重点对文化产业的相关概念进行界定，通过了解文化与科技融合的潜能，探究文化产业数字化发展的可能性和可塑性。

1. 文化产业

根据国家统计局发布的《文化产业及相关产业分类（2018）》，所谓文化产业，可以理解成为社会公众提供文化产品和文化相关产品的生产活动的集合。换句话来说，其本质上意味着文化的生产交换和消费将通过产业化或商业化的形式完成。文化产业的范围大致分为两方面。一是通过创作、制造、传播、展示等文化生产活动直接输出文化，以满足人民日益增长的精神文化需求，涵盖新闻信息服务、内容创作生产、创意设计服务、文化传播渠道、文化投资运营和文化娱乐休闲服务等活动。二是通过与文化产业流程对应的活动间接输出文化，以实现或推动文化产品的生产，包括文化装备生产、文化消费终端生产以及文化辅助生产和中介服务等活动。

2. 文化与科技的关系

文化与科技相互作用、相互影响，是对立统一的辩证关系。

一方面，科技对文化具有能动作用。一是科技成果是文化的重要组成部分。文化涵盖的范围广泛，包括物质文化、精神文化、制度文化和价值系统。其中，物质文化具体包括工具、工艺、技术文明等。科技本身作为一种文化，也可以作为文化的重要载体和表现形式。尤其是在5G时代，基于传统文化行业与传统业态的发展，以AI技术为代表的现代智能技术介入生产、消费等经济环节，文化创造者进行文化数字化生产与文化数字化传播，创造出新的文化业态与文化产品，并且丰富了传统文化产业的产品内容和业态类型，例如AI主播与算法新闻等智媒体形式的应用。二是科技创新带动文化产业的焕然一新。纵观人类社会的发展历程，无论是农耕时代还是工业革命时期，抑或是信息化数字时代，科技的革命性变革承载了人类社会的智慧结晶，以直接或间接的方式对文化产生巨大影响，源源不断地为文化发展提供新鲜血液。随着云端、物联网等现代科技的发

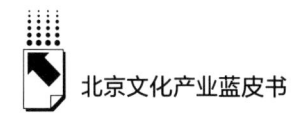

展,以大数据、物联网、VR、AR、云计算等技术为代表的现代科技推动数字文化产业从高速度发展向高质量发展转变,在加速传统文化产业创造性转化的同时,推动新兴文化产业以新业态面貌进行创新性发展,为社会大众输出更加优质的文化内核和精神文化产品,从而满足群众日益增长的美好生活需要。

另一方面,文化发展为科技进步提供源泉和发展空间。科学技术的进步在某种程度上对社会文化发展水平极其敏感,要求和平宽容的社会文化环境和开拓创新的社会科技工作者。以大数据、物联网、AR、VR云端等技术为代表的现代科技作为文化产业数字化和数字文化产业业态创新的驱动器,需要数字文化赋能未来,指明更多的发展方向。与此同时,文化的发展状况在一定程度上为科技的研究方向和使用场景起到导向作用,为其提供更多的方向和平台。从本质上看,文化是否朝着正向发展波及科技是否符合人伦和合理性原则,如果文化在发展过程中尤其是如今数字化大背景下偏离轨道,那么科技发展所可能引发的风险性和危害性将大大提高。从表面上看,人们对文化的多样性需求决定了科技的多样化发展和深层次发展,科技将在"广"和"精"的道路上齐头并进。

总之,智能科技的发展不仅推动传统文化产业的升级与转型,而且牵引新兴文化产业在原有基础上进行业态革新与模式创新,引领新一轮文化消费,展现文化与科技融合的巨大潜力。

3.文化产业数字化

要了解文化产业数字化,首先要知道什么是数字化。数字化的出现表明计算机网络深刻改变了人类社会的经济结构和产业组织形式,在当代社会的重要地位不言而喻且日益凸显。产业数字化管理将使产业实现颠覆性革新,这无疑会极大地提高整个产业流程的效率,同时推动各经济环节进行数字化变革以实现高效化从而满足现代社会高速发展的需要。如今,人工智能、区块链、量子计算机、图像生成、5G等技术的发展进一步推动了产业制造、生产、运输、销售等各环节智能化,极大地提高了传统产业资源转化、流程运作和产能产出的效率且广泛运用在信息领域、生态领域等各行各业。

文化产业数字化既包括对文化产业价值和价值实现方式的创造性革新和根本性改变，也包括对文化产业体系和产业链的结构性转化。在产业经济学的视阈下，产业可以视为一个有机生态圈。这个生态圈是由独立的产业组织之间相互联系组成一定的产业结构，在发展过程中，产业组织不断摸索尝试，积极采取不同的资源开发手段和商业组织模式，灵活运用供求关系形态和价值生成逻辑，最终提供各类产品或服务以满足现代社会的各项需求。基于这一理解，文化产业数字化可以理解为在文化产业这一有机生态圈中，随着科技的进步和时代的发展，运用各项数字技术，譬如网络通信、智能算法、数字版图、影音编码等促进有机生态圈不断更新再造，最终反作用于现代社会，实现社会效益和经济效益更大化的过程。文化产业数字化既是一个过程也是一个系统，应从系统化的视角看待文化与数字技术融合的进程。

从现有文献来看，多数学者认为，数字化能够从多方面推动文化产业创新发展。一是宏观调控方面。有学者指出，过去市场治理机制空白、文化产业价值链低端、科技创新动力欠缺等问题阻碍了我国文化产业建设发展。随着云计算、大数据等数字技术的发展，数据搜寻成本下降，信息来源渠道拓展，各级政府宏观调控能力不断提升，制定和出台相关政策更具有前瞻性。可以说，通过提升宏观调控效率，数字化的发展对文化产业生产要素的组合分配进行进一步优化，为文化产业高质量发展营造了良好的市场环境。二是微观经济方面。数字化通过推动产业结构升级、加强产业联动，推动文化产业高质量发展。近年来，在VR、AR、物联网等数字技术影响下，数字文化特征明显的文化核心领域细分行业，如内容创造生产、创意设计服务等，逐渐成为拉动我国文化产业增长的重要力量。而数字技术的运用也进一步拓展了文化产业的影响边界，提升了文化产业和其他产业的融合效率。据此，健全现代文化产业体系应顺应"智能+"时代的发展趋势，在数字化与高质量发展的双轮驱动下实施四维战略。与此同时，在文化辅助生产行业和中介服务中，数字媒体作为新型生产方式和传

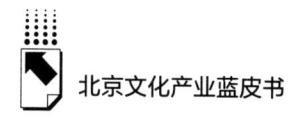

播途径，不仅助力内容创造生产行业和文化传播渠道行业发展，而且直接或间接地加快了文化产业产品和技术的更迭换代，助推文化产业向数字化转型升级。此外，在文化消费终端生产行业中，数字化向文化产业生产、流通、消费各环节的渗透催生了新产品和新商业模式，提升文化产业链运行效率，推动文化产业体系的建设，在为高质量文化供给提供强有力支撑的同时，引领新的文化消费热点，激发文化市场活力，为文化产业技术创新注入持续动力。

（二）理论基础

文化产业的发展离不开相关理论的加持。探究文化产业数字化发展中产生的各种要素及发展规律，可以为文化产业数字化发展提供理论依据。

1. 文化产业发展的核心要素：创意人才、技术和环境理论

创意经济理论由理查德·佛罗里达在《创意阶层的崛起》中提出，其核心的要素是创意人才（Talent）、技术（Technology）和包容（Tolerance），即"3T"理论。创意人才也称"创意阶层"，分布在科学、工程、设计、艺术、管理等多领域。而文化创意阶层的生活方式无疑会对未来城区发展方向和发展模式产生一定的影响。创意人才可以分为"具有特别创造力的核心"和"创造性的专门职业人员"。其中，"具有特别创造力的核心"定义较为笼统，具体可以理解为科技工作者、教育工作者、文学创作者、艺术创作者、设计师、建筑师等。"创造性的专门职业人员"专指智能、设计等知识密集型行业的专门职业人员。

创意人才的创新性和开拓性思维推动技术进步，同时通过对技术的运用，可以推动高新技术产业等发展，推动城市经济发展。而城市经济在发展过程中，城市面貌朝着更加包容的方面发展，为高新技术人才的培育提供了更加适宜的环境，也吸引更多高精尖文化创意人才，形成文化产业生态的良性循环，推动文化产业高质量发展。

2. 文化的消费端理论：创意效用理论

创意经济学最早由澳大利亚学者大卫·罗斯比提出。在此基础上，他引入了创意模型,其中创意效用理论的提出具有极大的学术价值。根据创意所带来的文化价值判断其效用价值,换句话来说,创意者的效用大小既要考虑其经济价值,也要重视其文化价值。只有实现两个价值的共同最大化,才能实现创意效用的最大化。

二 北京市文化产业数字化发展现状

(一)传统文化产业数字化发展现状

1. 新闻出版

北京作为我国的新闻出版中心,新闻出版行业的发展起到了引领示范作用。据《北京市2021年国民经济和社会发展统计公报》,2021年北京地区登记在册的报刊总量3403种,出版社525家,出版物发行单位10393家;2021年引进出版物版权7633件,版权(著作权)登记102.6万件,新闻出版行业发展态势良好且将持续发展。

随着5G、VR、AR等数字技术以及人工智能的发展,传统的新闻出版已不再适应社会发展需要,为此,北京市积极探索传统新闻出版模式转化升级并致力于发展高质量新闻出版行业。数字阅读的快速发展,不仅推动了首都新闻出版精品库的建设,而且丰富了新闻出版的传播方式和展现形式,实现了传统阅读向数字阅读的转化以及线上阅读与线下阅读的互补,这无疑大大提升了全民阅读的覆盖率,推动了北京市新闻出版行业的发展。2022年,北京市新闻出版行业规模以上法人单位收入合计766.2亿元,同比增长0.2%;企业营业收入达到685.4亿元,同比增长0.6%;利润总额143.9亿元,同比增长8.8%。[①] 除此之外,相应从业人员人数为6.4万人,同比增长0.5%。

[①] 《北京市2021年国民经济和社会发展统计公报》,北京市统计局网站,2022年3月1日,http://tjj.beijing.gov.cn/bwtt_31461/202203/t20220301_2618685.html。

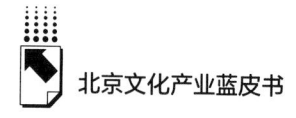

2. 广播电影电视

北京在广播电影电视行业一直不断探索。《北京市2021年国民经济和社会发展统计公报》数据显示，2021年北京有线电视实际用户612.5万户，其中高清电视实际用户373.5万户，超过半数，超高清（4K）实际用户201.5万户，约占33%；2021年制作电视剧41部1580集，电视动画片22部5184分钟，网络剧66部，网络动画片27部，网络电影158部。广播电影电视数字化、网络化已达到较高水平。

近年来，在政府和高新技术人才的努力下，北京市广播电影电视产业通过技术创新，推动广播电视联动，实现一体化发展。利用卫星传输、综合业务数字网（ISDN）、互联网和数字微波等技术，北京各大广播电台支持传统媒体转型升级，助推新兴媒体发展，在采编等工作环节向数字化推进，以实现信息传播的高效化。同时，计算影像设计、VR等数字技术以及巨幕系统等先进技术的发展，使北京市电视业态实现了新的突破。电视制作手段和表现形式多元化，且人工智能技术的引入增强了与用户的互动性和娱乐性。2021年11月9日发布的《北京市广播电视局关于推动广播电视和网络视听高质量发展的意见》明确提出，要推动"5G+8K"赋能首都广电提质升级，主要从打造首都广电重点实验室、推进基于5G的新型传播网络体系构建以及拓展"5G+8K"新应用新场景三个方面入手。2022年，北京市广播、电视、电影和录音制作业规模以上法人单位收入合计713.2亿元，企业营业收入达到653.1亿元。[1]

3. 文化艺术

北京市作为文化创意之城，近年来积极探索创新文化艺术表现形式，展现文化艺术活力与魅力，激发经济发展新动能，促进生态发展，发展城市新面貌。2022年，北京市文化艺术行业规模以上法人单位收入合计174.8亿元，企业营业收入达到52.6亿元，利润总额达2.3亿元，同比增长8.9%，

---

[1] 《北京市2021年国民经济和社会发展统计公报》，北京市统计局网站，2022年3月1日，http://tjj.beijing.gov.cn/bwtt_31461/202203/t20220301_2618685.html。

发展前景广阔。①

在乡村文旅方面,根据《中共中央 国务院关于做好2022年全面推进乡村振兴重点工作的意见》的工作部署,文旅部等六部门在2022年3月21日联合印发《关于推动文化产业赋能乡村振兴的意见》,文旅部牵头、相关部门共同参与,从当下乡村经济社会发展需要和现存文化资源入手,主要从文旅融合等8个重点领域助力乡村振兴。北京市积极响应号召,尤其是在数字文化赋能方面,鼓励数字文化企业发挥优势,挖掘优秀乡村文化资源,提供以特色乡村文化为核心的数字文化产品,带动乡村地域文化塑造,助力乡村数字化经济发展。近年来,5G与VR技术的深度融合推动了北京市在旅游开发领域的发展,虚拟旅游的出现以及升级,使人文景观与自然景观的保护与开发呈现良好发展趋势。

在文博非遗方面,北京市大力推动文物单位投入文化创意产品的创作与开发。《北京市2021年国民经济和社会发展统计公报》数据显示,在北京204个博物馆中,免费开放的博物馆共94个;群众艺术馆、文化馆达到19个。随着数字文化的发展,文博非遗资源与文旅、文创等产业进行了深度融合,优秀传统文化得到进一步传播与开发。在现代各项先进技术的助力下,北京数字博物馆与全国多个省级博物馆、科技馆联动,为大众带来一场又一场沉浸式的文创全场景盛宴,令人大饱眼福。在"5G+AI"技术支持下,虚拟博物馆、云中博物馆等已不再止步于想象,无数珍贵文物可以无缝整合至真实场景中,全国各地的游客即使坐在家中也能实现与文物"面对面"的交流。除此之外,遥感、3D打印等技术已广泛运用于文物清点、修复等工作。通过5G等数字技术,各行各业的专家实现跨地域远程交流。世界各地的考古学家得到了更全面和更权威的学术帮助和技术支撑,大大便利了文物鉴定、修复等考古工作的开展。

在沉浸体验方面,随着物质生活水平和人民精神生活追求的提高,

---

① 《北京市2021年国民经济和社会发展统计公报》,北京市统计局网站,2022年3月1日,http://tjj.beijing.gov.cn/bwtt_31461/202203/t20220301_2618685.html。

体验逐渐成为消费者选择文化产品时考虑的重要因素之一。《北京市2021年国民经济和社会发展统计公报》数据显示，截至2021年末，北京地区共有30条院线281家影院，全年放映电影335.4万场，观众突破4224.4万人次，票房收入达到22.3亿元。可见人民群众对精神文化产品的需求不减反增。在此基础上，北京市沉浸式文化体验飞速发展，以满足人民群众不断增长的文化消费需求和日益提高的娱乐消费质量。例如在自动驾驶领域，5G技术的发展实现了高速传输，进而提高了车载屏幕的利用率，而其他智能装置如导航在大数据分析手段支持下能够提供更加精准的路线方案。

（二）新兴文化产业的数字化发展现状

1. 网络游戏

游戏电竞产业是文化产业重要的朝阳产业，而北京市网络游戏产业的发展无疑具有极强的前瞻性和一定的引导力。北京市政府很早就开始重视网游产业的发展，多次强调要大力提升网游产业的创作与研发能力，并且注重原创性和民族特色，坚持正确价值导向，保障网络游戏产业健康发展。北京市网络游戏产业以理论研究、内容建设、技术创新、品牌培育、社会推广为重点，以精品研发、新技术应用、宣传推广、电子竞技产业品牌中心为支撑，不断健全完善产业体系和产业链条，培育了一批具有行业引领力的龙头企业，并且吸引了国际知名的创意人才和原创游戏团队扎根北京。同时，北京不仅建设了一批在内容研发、发行推广、科技应用、消费体验、电竞赛事等方面具有明显优势的主题园区，而且积极举办国际性电竞创新发展大会、国际网络游戏节展活动和电竞品牌赛事等一系列活动，形成集成果展示、互动体验、行业交流于一体的服务平台，提升北京电竞行业的影响力。

近年来，北京市网络游戏产业在融合数字科技与美学创新方面不断取得新突破，结合中国自然山水风光、传统民乐、戏剧文化、传统民俗节日以及中式建筑艺术之美，通过数字技术的加持，将传统与现代相融合，让经典与时尚相碰撞，展现中华优秀传统文化的内在魅力，为中华优秀传统文化的继承、表达、传播与发扬提供了多元路径。中关村科学城数字文化产业园是北京市唯一正式设立的精品游戏研发基地，2021年园区产值达到100.12亿元，为首都打造国际网络游戏中心奠定基础，成为一张亮丽的网络游戏开发"金名片"。北京市网络游戏产业正稳步发展，形成布局科学合理、竞争影响力显著增强、创新思维不断涌现的新态势。

2. 动漫

近年来，北京市动漫产业一直保持稳步前进的良好势头，原创动漫精品纷纷涌现，动漫内容和相关服务产品数量和质量双提升，北京动漫产业辐射范围持续扩大。北京动漫游戏产业协会的数据显示，2020年北京市动漫游戏产业总产值达到1063亿元，占全国动漫游戏产业产值的19%，相较于2019年的806亿元增长了32%。与此同时，2020年北京上映动画电影33部，其中国产动画16部，总计票房17.12亿元，占比73%；进口动画12部，合计票房6.26亿元，占比27%。"十三五"期间，北京市动漫游戏市场规模迅猛增长，总产值达到168.71亿元，实现翻倍增长。在此基础上，北京市已初步建设并不断推动原创动漫平台转型升级，同时加强动漫出版物内容审核监管平台建设并不断提升服务效能，强调尊重知识产权。此外，北京动漫产业借助人工智能的语言翻译等功能，支持原创游戏产品出口，致力于弘扬中华优秀传统文化。

3. 网络视听

从北京市网络视听行业细分市场来看，不论是短视频行业、综合视频行业、网络直播行业、OTT/IPTV行业还是网络音频行业，市场规模和产业内容都得到了极大的发展。北京市视听媒体依托各项数字信息技术，在新的媒体形态下不断加快转型升级，同时在数字化方面积极探索，向产业基础高级化和产业结构专业化方面发展。近年来，北京市网络视听产业发展迅速，已成为带动北京经济发展与文化繁荣的新引擎。根据北京市广播电视局公布的数据，2020~2022年北京网络视听行业持续稳定发展，实际创收不断增长，未来发展态势良好，将持续为北京经济文化发展增添新活力（见图1）。

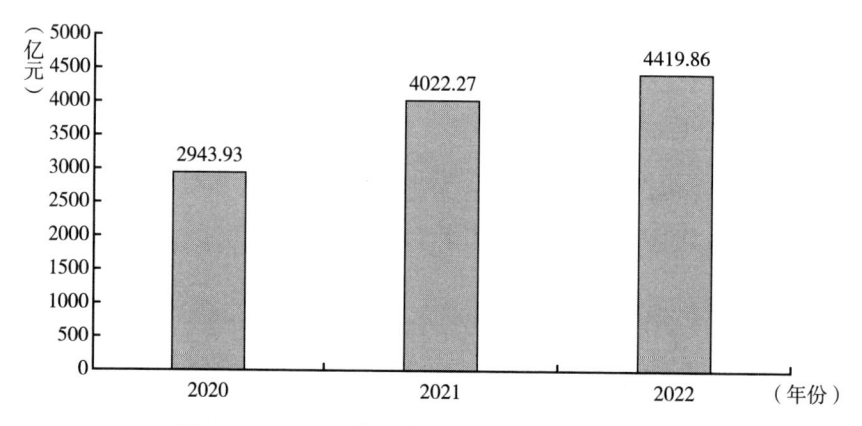

图 1　2020~2022 年北京市网络视听实际创收收入

资料来源：根据北京市广播电视局相关资料整理。

（三）文化创意产业数字化发展现状

北京文化创意产业不断探索与现代科技融合的新业态和新产能，产业结构不断转型优化，社会劳动生产率大幅提高，已经成为培育北京新经济业态的重要引擎，为北京市经济与社会发展做出了巨大贡献。从北京市统计局公布的数据来看，2018~2022 年，北京市规模以上文化创意产业总收入稳步增长，2021 年增长幅度较大，总收入达到 17563.8 亿元（见图 2）。文化与科技的深度融合，将为北京文化创意产业发展营造良好的环境。为贯彻落实党的二十大精神，北京市立足首都城市发展战略定位，按照全国文化中心建设"一核一城三带两区"总体框架，着力培育全球知名文化团体和文化创意人才，打造具有行业影响力的龙头企业，构建具有示范引领效应的文化创意产业集聚区，建成高端文化创意产业引领区，形成极具中国特色的现代文化市场体系。当前，以 5G、VR 为代表的现代科技在文化创意产业领域的运用推广，推动文化创意产业发展结构优化升级，有利于系列文化原创精品产出，打响具有民族特色和地域特色的文化品牌，突出文化创新引领作用，助推文化创意产业蓬勃发展。

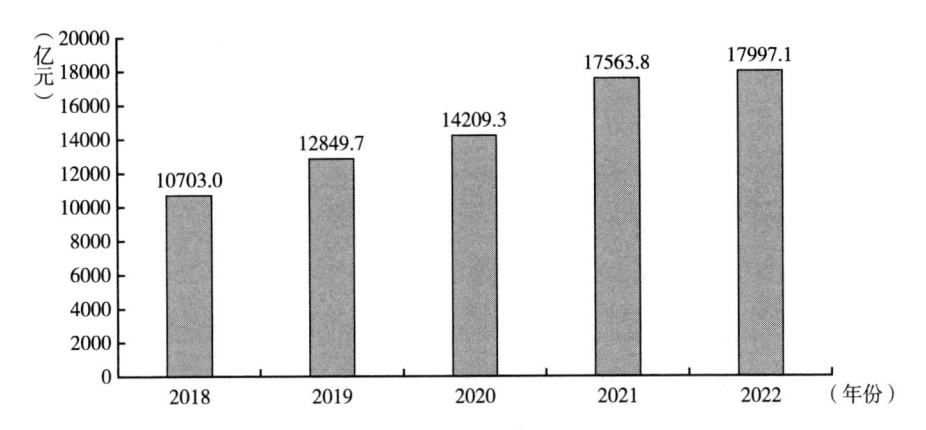

图2　2018~2022年北京市规模以上文化创意产业总收入

资料来源：根据北京市统计局公开资料整理。

（四）北京市文化产业数字化发展政策梳理

北京是我国最早提出发展文化创意产业的城市，产业发展经历了由市场自发走向政府推动的曲折进程。而原有的北京文化集聚区缺乏规划，产业发展良莠不齐，行业环境鱼龙混杂。2006年以来，北京市政府出台了一系列有关文化产业数字化发展的政策方针和配套措施，为北京市数字文化产业的发展提供了组织保障、资金支持和方向引领。在此基础上，北京市不断完善相关规划和政策措施，一方面从大的方向上制定政策促进文化产业数字化发展，另一方面紧抓新闻出版、广播影视电视、网络游戏、动漫视听等行业，从小处入手，制定有针对性的政策措施，形成"一带多"的政策体系。与此同时，各区县积极响应，精准落实上层政策，形成上下协同、共创共赢的局面，为北京市文化产业与科技的融合创造了良好的政策保障体系。

党的十九届五中全会进一步指出，要实施文化产业数字化战略。2020年4月发布的《北京市推进全国文化中心建设中长期规划（2019年—2035年）》提到，要加快公共文化服务数字化建设。2021年7月30日发布的《北京市关于加快建设全球数字经济标杆城市的实施方案》提到，要打造引领全球数字经济发展的"六个高地"（见表1）。在政策支撑下，北京市新型数字业态不

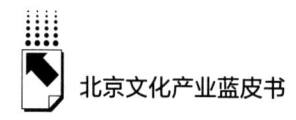

断涌现，不仅为高质量数字文化产品和服务的供给提供了有力保障，更为文化产业的高质量发展创造了新的经济增长点，推动数字文化产业体系构建。

表1　北京市文化产业数字化发展政策文件及会议

发布/召开日期	政策文件/会议名称	内容
2014年5月26日	《北京市文化创意产业功能区建设发展规划（2014—2020年）》《北京市文化创意产业提升规划（2014—2020年）》	构建文化科技融合带，把握产业融合发展趋势，建设文创功能区、文化科技融合示范功能区、动漫网游及数字内容功能区和文化金融融合功能区
2018年6月21日	《关于推进文化创意产业创新发展的意见》	全面推动文化科技融合，打造数字创意主阵地。加快新型产品开发，推动新型人机交互、文化资源数字化处理等技术创新发展。同时，鼓励人工智能等先进技术在新闻出版等领域深度应用；探索新型文化商业模式，发挥新一代数字信息技术的支撑作用
2020年2月20日	《北京市文化改革和发展领导小组办公室关于应对新冠肺炎疫情影响促进文化企业健康发展的若干措施》	鼓励北京地区数字出版企业及相关文化机构在疫情期间免费对公众开放优质内容资源及公益性线上演出、功能性小游戏等数字文化内容服务，催生"云展览""云旅游""云演艺"等新业态
2020年4月	《北京市推进全国文化中心建设中长期规划（2019年—2035年）》	加快公共文化服务数字化建设。开展首都非物质文化遗产等数字化工作，构建首都特色公共文化数字资源库。加快科技馆、文化馆等公共文化设施数字化转型升级，加快超高清制播体系建设，扩大地面无线广播电视覆盖，丰富无线、有线、卫星和网络信息服务，加强新型移动通信技术应用，完善智能终端服务网络，促进公共文化资源共建共享，充分发挥数字文化服务在公共文化服务体系建设中的重要作用
2020年6月9日	《中共北京市委、北京市人民政府关于加快培育壮大新业态新模式促进北京经济高质量发展的若干意见》	运用物联网等技术推动云游览、云观赏等服务发展。同时，运用数字化技术推动线上体育健康活动和线上演出发展，实现线上线下活动双联动

续表

发布/召开日期	政策文件/会议名称	内容
2021年1月27日	《北京市国民经济和社会发展第十四个五年规划和二〇三五年远景目标纲要》	围绕新业态、新模式以及数字贸易等相关服务业,加快推进文化与科技融合的基础性设施建设,拓展前沿科技应用场景。围绕文博、文旅、等创新文化的传播方式和内容生产形式,推出文化内容产品,构建数字文化创新生态
2022年2月23日	《关于加快北京城市副中心元宇宙创新引领发展的若干措施》	加快推动"元宇宙"相关技术、管理、商业模式等在城市副中心的创新应用,培育新业态和新模式。同时,加速"元宇宙"发展落地,强化通州文化旅游区等区域文化与科技之间的"双向赋能",打造多元"元宇宙"应用场景和示范主题园区
2022年7月30日	《北京市关于加快建设全球数字经济标杆城市的实施方案》	提升数字消费供给水平,助力传统消费数字化转型,充分发挥北京数字经济领先优势,强化数字技术赋能消费创新引领作用,促进数字消费新模式持续健康发展,不断激发消费升级新动力
2022年10月24日	《北京市关于深入推进新时代书香京城建设的实施意见》	积极推动央地共建、项目合作,推动出版深度融合发展,组织开展数字阅读精品遴选计划,实施有声读物出版工程,建立数字出版精品库。充分利用语言交互、全息呈现等数字技术,实现传统阅读与数字阅读转化融合、线上活动与线下推广结合互补
2023年1月10日	北京文化产业园区协会第一届会员大会第二次会议	围绕"数智服务年"主题,创新服务模式,筹建"园区协会I数智服务联盟",创建园区服务"大礼包",开展"服务进园区"系列活动,为园区提供各类智慧园区建设等全方位的数智化服务,促进文化与科技的双向融合创新,推动北京文化产业数字化转型升级

资料来源:根据北京市统计局、央广网和北京市广播电视局相关资料整理。

三 北京市文化产业数字化发展的问题

(一)体制机制层面:法规体系不完善

北京文化产业数字化发展的政策体系已经基本成型,文化产业数字化发

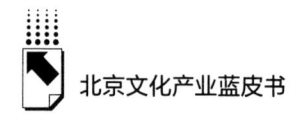

展也得到了足够的重视。但纵观整个政策更新与演变过程，从2015年全国两会提出推进"互联网+"，促进北京市传统文化产业转型，到2017年推动数字文化产业创新发展，到2019年促进文化和科技深度融合，再到2022年借助北京数字经济领先优势刺激消费等，若把北京市文化产业数字化发展进程比喻为拓荒建桥的过程，那么目前北京市政策整体重心偏向不断开拓新道路的前端，而忽略了后方稳定桥体的维持与保护工作。

例如，数字文化产业经常在知识产权保护方面遇到问题。究其原因，是文化产业数字化与互联网之间联系密切，而传统的文化产业市场规则并没有涉及互联网的相关领域，使得一些规则在数字文化产业领域失去了有效的监管作用。以数字音乐版权为例，我国《著作权法》已经有数字音乐版权保护的相关条例，但依然出现许多纷争与矛盾。目前，线上音频分享领域做得比较出色的喜马拉雅每年都会面临大量的版权纠纷。近年来，仅从公开资料中能查到的与喜马拉雅相关的版权纠纷就多达500起。当著作权人向平台维权时，阻力重重，侵权界限模糊、维权困难等问题逐渐浮现。在喜马拉雅面临的众多司法纠纷中，王某传播权侵害案具有一定代表性。此案经过三审，在一审中著作权人王某胜诉，并获得了经济赔偿15000元，但原告王某与被告喜马拉雅双方均不满意判决结果，提起上诉。二审驳回王某诉讼请求，并要求原告负担案件受理费用。最终，在2000年5月12日的三审判决中著作权人王某胜诉，同时获得经济赔偿10000元。① 整个诉讼过程耗时两年，判决一波三折，赔偿金额也十分有限。在王某的案件中，主要矛盾点在于版权的界定与监管。个人用户上传了音频后的版权归属如何判定，而平台方又如何监管音乐、相声、有声书等各式各样的音频版权问题。这样的版权纠纷不仅出现在音频平台，在短视频、微信公众号等其他UGC平台也存在。知识产权保护力度与保护需求之间的差距、知识产权保护评估体系的不健全等使人才的积极性受到打击、技术安全受到威胁、和谐的产业发展环境失去

---

① 参见（2019）湘0103民初7646号，https：//susong.tianyancha.com/c878bda205c84474b475e586fabe2ad5；（2019）湘01民终13454号，https：//susong.tianyancha.com/83cb472e7b3244118a9a89af84fa6493。

保障，而创意人才、技术和环境都是文化产业数字化发展过程中的核心要素。因此，北京市促进文化产业数字化的法规体系亟须完善，否则将成为北京市文化产业数字化的障碍。

（二）产业层面：发展不平衡

文化核心领域仍是文化产业发展的主动力，2021年1~12月，北京市规模以上文化产业中，文化核心领域收入共计15848.3亿元，同比增长17.8%，其中，新闻信息服务、创意设计服务、内容创作生产、文化传播渠道四大行业领域收入占全市规模以上文化产业总收入的89.3%（见表2）。2021年1~12月，北京文化新业态特征较为明显的16个行业小类企业实现营业收入10246.5亿元，同比增长22.6%。虽然文化核心领域收入与文化产业新业态收入相比要高出5600多亿元，但是在增速上文化新业态比文化核心领域高出4.8个百分点，且文化核心领域的产业发展时间远远早于文化新业态，按理说发展模式应更成熟，与数字化内容有更好的融合态势。

表2 2021年北京市规模以上文化产业情况

项目	收入合计(亿元) 1~12月	同比增长(%)	利润总额(亿元) 1~12月	同比增长(%)	从业人员数(万人) 1~12月	同比增长(%)
文化核心领域	15848.3	17.8	1343.3	48.2	54.8	6.5
其中：新闻信息服务	5124.9	21.5	54.7	-79.6	14.8	4.6
内容创作生产	3912.8	30.8	1131.8	132.6	17.5	6.6
创意设计服务	3925.3	6.2	84.6	12.7	11.1	0.2
文化传播渠道	2727.4	12.5	97.1	51.4	8	11.7
文化投资运营	45.2	11.1	16.3	-36.2	0.3	-0.1
文化娱乐休闲服务	112.6	38.5	-41.2	—	3.2	31.5
文化相关领域	1715.6	14.4	86.2	37.7	9.2	-4.1
其中：文化辅助生产和中介服务	761.7	11.4	38.9	49.1	7.6	-4.7
文化装备生产	120.3	8.3	3.7	24.9	0.7	-10.8

续表

项目	收入合计(亿元)		利润总额(亿元)		从业人员数(万人)	
	1~12月	同比增长(%)	1~12月	同比增长(%)	1~12月	同比增长(%)
文化消费终端生产	833.6	18.4	43.6	30	0.9	7.1
合计	17563.8	17.5	1429.4	47.5	64	4.8

资料来源：《2022北京文化产业发展白皮书》。

然而，在北京市文化产业数字化的过程中却呈现相反的结果，甚至存在发展严重不平衡的现象。在文化产业新业态中，与互联网相关的产业发展速度始终走在前列，也成为文化产业新业态产值的最大贡献者，动漫、网络游戏等新兴数字文化产业发展也持续向好。但一些传统的文化产业在数字化转型中出现了许多棘手的问题，仍存在一批没有数字化的传统文化产业形态，也有已经进行数字化但数字化程度与效果不尽如人意的。根据中国人民大学文化产业研究院发布的《2022年中国文化创意产业最具影响力的十大城市排名》，北京市在全国城市中排名第一，但大多仍依靠文化产业新业态实现盈利。根据《2022北京文化产业发展白皮书》，2021年北京市文化新业态企业营业收入达到10246.5亿元，同比增长22.6%，营业收入占全国文化新业态企业收入的25.9%，对北京市文化企业收入增长的贡献率更是达到了73.2%，传统文化产业业态对北京市文化企业收入增长的贡献率仅有26.8%。

产业发展不平衡的根本原因有两个，其一是盈利能力的差距，其二是思维定式的阻碍。从第一个原因来说，与传统文化产业相比，投入相同的成本，文化产业新业态具有更高的盈利能力，能带来更大的经济效益。因此，文化产业新业态对一个城市的GDP贡献必然要高于传统文化产业。资本天生是逐利的，这必然会吸引更多企业进入文化产业新业态，政府为了促进城市经济发展也会加大对文化产业新业态的扶持力度。在这种局面下，传统文化产业必然会面临被忽视的困境。从第二个原因来说，一些文化内涵和价值较高的传统文化，在进行数字化的过程中可能会遭到破坏，因而大多以保护为主。但随着数字化进程加快，这些传统文化产业已然面临发展的困境，但人们依然习惯性固守传统思维，出于保护目的不愿意将传统文化与科技结合，因此限制了传统文化产业潜力的发挥。

（三）企业层面：平台垄断、数字化差异大

文化产业数字化步伐加快，北京文化产业的科技赋能态势愈发明显。根据《2022北京文化产业发展白皮书》，2021年北京市规模以上核心数字文化企业达1708家，实现营业收入11409.8亿元，同比增长23.5%，拉动全市文化企业营业收入增长14.9%，其中"互联网+文化"领域营业收入占比87.8%。新业态新模式发展强劲，但企业与企业之前仍存在许多问题。

一些大型的平台型企业对市场进行垄断，小型企业生存困难。由于文化产业数字化对网络的依赖性较高，因此大部分文化内容都依靠互联网的某些数字平台来传播、消费和交易。少数平台型企业依靠其掌握的更多资源与渠道，建立了不公平的运营与交易规则，对文化内容的生产和传播进行垄断。根据《中关村科学城独角兽企业可持续发展报告（2022年）》，2021年北京市共有独角兽企业92家，中关村科学城独角兽企业从2016年的32家、估值9220亿元、占北京市独角兽企业估值的70%，增长到2021年的42家、占北京市独角兽企业估值的74%，一直占据国内独角兽企业集群的核心位置。而且中关村科学城独角兽企业偏重平台型、商业模式创新型行业，在内容生产、发行宣传等方面掌握了绝大部分的市场话语权。一些优质的内容只能够通过这些平台观看，而其他平台推出的内容很快就会被淹没，甚至被收购或下架。即使是一些不够精良的作品，在这些垄断资本的推动下，也依然能够收获大批流量。平台一旦形成垄断，就必然存在不公平的现象。平台的势力过于庞大，就使文化内容创作者处于不利地位，"霸王条款"、超低价格的版权让渡、平台独享内容等问题层出不穷。

除了平台垄断，还存在不同企业之间数字化差距过大的问题。数字化推动了产业组织形式和企业发展方式的创新，目前行业的文化科技领军企业，例如腾讯、阿里巴巴、百度等大型互联网企业，都是通过企业并购跨行业踏

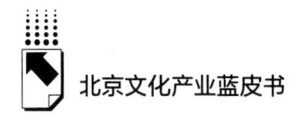

入文化领域的，他们在数字技术上具有天然的优势，因此才成为推动文化产业数字化的主力军。而那些传统的文化企业并不具有数字技术优势，在数字化转型过程中存在战略不清晰、数字化能力不强、数字化人才不足等诸多难题，甚至难以在数字化进程中生存下去。如此一来，文化企业之间的数字化差距进一步拉大。在这种市场条件下，中小型传统文化企业和缺乏竞争优势的平台都会遭遇不同程度的困难，进而影响整个行业的发展，最后阻碍整个文化产业的数字化进程。

（四）要素层面：人才缺乏、融资受阻、技术受困

1. 人才要素

在人才方面，主要存在人力资源结构不合理、人才素质与职位需求存在差异和缺少国际化管理人才三个问题。首先，在人力资源结构方面，北京市文化产业数字化的人才主要集中在产业链的中下游，缺乏创新空间与数字化能力的提升。以动漫产业为例，动漫的建模设计与后期剧情设计、发行出版往往是由多家企业共同完成的。甚至关于动漫产业前端的建模设计，大多数企业的选择是直接外包给专业从事技术的企业，动漫企业仍缺乏数字技术与文化一体化的高端人才。与把业务外包出去相比，培养这种高端人才的时间成本与金钱成本过高，企业培养人才的意愿一直较低。其次，在人才素质与职位需求方面，自从文化产业普遍开始进行数字化，许多岗位的需求也发生了质的改变，单一科技型或文化型人才在市场上不再具有优势，复合型人才的需求增加。但由于目前教育体制和其他客观因素限制，复合型人才少之又少，现有人才难以满足职位的需求。最后，文化产业的数字化既需要"引进来"，更需要积极地"走出去"。但是目前既懂文化又懂科技的人才本就不多，要"走出去"就要具备国际视野。外语素养、文化产业与科技的双重专业技能、经营管理能力、国际战略能力等都是国际化管理人才的必备能力。北京市乃至全国都少有兼具这些素质的国际化人才。

除了人才本身的稀缺性，北京市基础人才持续流失，人才供给面临持续压力。根据腾讯发布的《中国城市人群迁移意向报告》，北京在最受求职者欢

迎的城市中仅名列第五。2021年,北京地区的高校毕业生,包括一些科研院所的研究人员在京就业量占比连续三年下降。一个重要原因是较高的落户门槛。在上海工作满7年基本就可落户,而北京既看积分也看分数线。2021年北京积分落户公示名单显示,落户需在京工作16年,平均年龄达40.5岁。如何培养人才与如何留住人才成为制约北京市文化产业数字化发展的双重难题。

2. 资金要素

在融资方面,文化产业数字化过程需要大量的资金支持,但目前北京市文化科技企业的投融资能力大多比较弱,融资难度大、资金短缺成为北京市文化企业数字化发展中的难题。一方面,投融资渠道单一。北京市文化科技企业的资金来源大多仍是金融机构贷款,然而金融机构更倾向于为申请中长期贷款的规模较大的文化科技企业发放贷款,规模较小的企业在贷款方面经常遭遇阻碍。尽管中小企业成功拿到了贷款资格,但也会因为文化企业无形资产的盈利能力与市场需求的不确定性,在进行资产判定时存在很大难度,拉长贷款的审批周期。另一方面,中小企业的投融资渠道与大企业相比更少,申请补贴或税费减免时的门槛也更高。以上都是文化科技企业在融资过程中所要面临的重重困难。

3. 技术要素

在技术方面,中国在技术创新方面起步较晚,北京在发展融合技术上走在全国前列,但仍处在应用科技强于基础科技阶段。在文化产业数字化的关键技术方面,特别是在游戏产业、视频产业、芯片产业方面受制于人。一些关键技术一般具有较高的壁垒且被大公司垄断,企业在攻破这些技术时耗时较长且需要投入大量资金及其他资源,即使投入大量资源也不一定能够实现突破。

在游戏产业方面,在北京市手游市场中,市场占有率最高的游戏引擎依然是美国的 Unreal Engine 和 Unity,国内研发的平台与国外先进平台相比存在很大差距。此外,在超高清摄像领域,国家超高清视频创新中心有专业编解码技术实验室、8K/4K影院实验室、8K超高清视频专业监测平台等,一条超高清视频产业链已见雏形。但是超高清视频产业的发展,离不开技术创新。在技术创新方面，中央广播电视总台联合广州博冠公司开发了首台国产8K摄像机并在冬奥会开、闭幕式上得到实际应用。但由于技术受困且投资过大，目前仅有2套国产8K摄像机，尚难以满足"5G+8K"技术升级的广泛市场需求。在芯片产业方面，驱动IC芯片国产化率不到5%，高端驱动IC芯片国产化率不到1%。而且全国最先进的芯片技术在深圳，并不在北京。不仅如此，还有核心元器件及其供应链等关键技术创新能力不足，大数据、云计算等服务商水平参差不齐并缺乏统一标准等问题。这一系列问题都加大了北京市文化产业数字化实现的难度。

四 促进北京市文化产业数字化高质量发展对策

（一）创新机制体制，加大改革力度

首先，要加强政府的战略管理能力，推进文化产业的数字化变革。要明确文化与科技的关系，以技术为支撑、以文化为核心，加速文化产业的数字化进程。既利用好市场这只"无形的手"，更要将政府"有形的手"的作用发挥到最大化。针对知识产权问题，在文化产业数字化过程中加大知识产权保护力度，完善知识产权立法体系，建立长效机制保护产权人的合法权益。为了提高企业对知识产权申报以及保护知识产权的积极性，有必要加强奖励机制的建设。对于申请专利的文化与数字融合的优秀文化产品，要进行有力的宣传和推广。其次，要加强对文化企业在科技创新方面的指导，积极引导企业学习国内外文化与数字相融合的成功经验。培养文化企业提高数字化转型能力，制定相应的政策优惠措施，为中小企业提高自主研发创新能力提供政策扶持，减少税收负担，加强技术指导。最后，要在北京市内形成良好的创新氛围，继续推进产学研结合，以市场为导向，刺激企业创造高质量的数字文化产品。

在积极引导企业进行数字化转型、给予政策鼓励的同时，更要加强配套的审查制度建设。为确保政府补贴最大化地发挥效力，要对符合补贴政策的

企业进行审查，在政府补贴发放后也要有同步的审查制度。不仅要跟进企业的研发进度以考察其研发成果，更要监测把控补贴给企业的研发资金的用途，以此为基础建立相应的奖惩机制。对于那些滥用补贴资金或未能研发出优秀科研成果的企业，要取消其补贴资格或降低补贴金额；对于表现优秀的企业，可以奖励其资金、信息资源或设备等。北京市政府可以组织一些文化数字融合创新大赛等相关赛事，激发文化企业数字化转型的积极性，带动全社会进行文化科技创新。

总而言之，要深化北京市数字文化产业发展规律和政策研究，利用5G时代全产业数字化的契机，推动文化产业由内到外的系统升级，进而实现文化产品和文化服务的数字化，文化企业管理与商业模式的数字化，文化产业与文化事业协同发展的数字化。

（二）依托5G技术进行文化与科技融合创新

在技术创新方面，创新与应用是相辅相成的。创新虽难，但是可以通过北京市强大的技术应用背景，将现有技术投入现实制造与使用，在技术应用过程中发现和突破。踏入5G时代，要巧妙利用人工智能、大数据、VR等新兴技术不断渗透传统文化产业，将文化与科技进行融合，创造种类与形态都更加多元的文化产品。在广播电视领域，要积极推广和普及"5G+4K"和"5G+8K"超高清视频技术，应用于赛事、晚会、大型会议等各种直播场景。随着AR与人工智能的结合，虚拟主持人、虚拟主播等将成为流行趋势，它们能够流利地切换各国语言、不受主观影响更直接地传达信息，具备比真人更强的业务能力。在新闻出版领域，可以利用大数据与云计算，精准挖掘用户需求与阅读偏好，为用户提供更个性化的新闻服务。将传统文字产品与AR、VR技术相结合，为用户带来数字化阅读的新体验和沉浸式的阅读场景。在文化旅游领域，5G与文旅的结合将带来全新的智慧旅游业态。无人机、AR、VR、AI等技术的使用将为用户带来"身临其境"的旅游体验。同时，要将景区打造成智能景区，让智能机器人、AI旅游助手等为游客带来更好的旅游体验。在文遗馆藏领域，利用"5G+虚拟数字技术"使参观者能够在真实的场景中参观文物,更深刻地了解文物的历史背景与实际用途;除了沉浸式的参观体验,还可以利用"5G+AI"建造虚拟博物馆,用技术对有破损或瑕疵的文物进行修复,将文物"复活"。同时,这种网络虚拟博物馆打破了时空的限制,全世界各地的文化爱好者都可以在线上参观,这也是弘扬中华传统文化的契机。在动漫游戏领域,5G技术的普及将改变游戏产品的市场,各种云游戏、VR游戏将成为主流。在音乐领域,可以利用5G进行远程彩排、合奏与演出,另外5G智能时代也会激发远程音乐教育、智能家居嵌入音乐等新的音乐形态。无论在哪些领域进行文化与科技的融合,都要考虑"创意效用",发挥文化与经济的双重价值,将文化与科技融合的价值充分体现出来。

(三)利用技术推动传统文化产业模式升级

通常意义上讲,龙头企业带动、产业关联发展、体制转型、公共平台支撑、产业集聚等是北京市文化产业发展的传统模式,大体都是从宏观角度出发的。但是文化产业在数字化过程中激发了微观的文化产业新模式,这种新模式是指通过文化与科技的融合而产生新的产业发展与经济发展模式。这种新的模式将带动整个文化产业的数字化升级,主要包括娱乐体验模式、平台模式、消费模式和产业链延伸模式(见图3)。

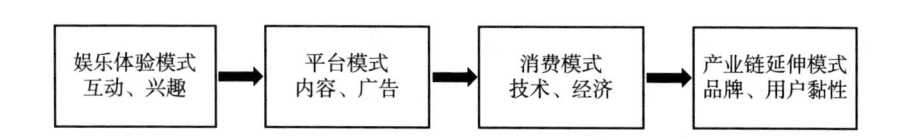

娱乐体验模式 互动、兴趣 → 平台模式 内容、广告 → 消费模式 技术、经济 → 产业链延伸模式 品牌、用户黏性

图3 数字文化产业模式创新

资料来源:根据相关研究资料整理绘制。

1.娱乐体验模式

在推动数字文化产业发展的若干力量中,娱乐内容体验是最有效的。究其根本,娱乐的本质是互动,能为用户带来更强的体验感。因此要把核心转

移到以技术为主的影视行业和以技术和体验互动为主的游戏行业，借助北京市的技术与内容优势，实现动漫、电视、演出、游戏等全方位的数字化转型，实现娱乐的数字化和无边界，提高用户娱乐体验。

2. 平台模式

平台模式主要依靠优质内容与广告的融合。例如，抖音是目前国内最大的短视频平台之一，起初只是简单的用户分享内容的社交类型平台，发展到现在，抖音已经成为广告商集聚的社交功能与电商功能于一体的综合性平台。

3. 消费模式

消费模式主要围绕移动互联网，依靠数字技术来带动。通过技术打造优质的数字内容，由于内容的煽动性，消费者存在冲动的不理智消费行为，同时技术的便捷性使消费者在购物过程中便利且迅速地完成购物过程。内容与技术的双重加持与巧妙设计在无形之中带动了消费，促进了经济的增长。

4. 产业链延伸模式

数字内容可以对传统产业链进行延伸。例如，在音乐领域，原本专辑唱片的销售是产业链的最后一环，但在数字技术的加持下出现了数字音乐与数字专辑，这是对传统音乐产业链条的补充和延长。不仅是音乐，图书、电影、动画、游戏等的产业链都可以延伸。产业链条在网络上延长之后能够更系统地进行品牌的培养与营销，提高用户黏性。

（四）培养高质量的文化科技复合型人才

人才是"3T"理论也是文化产业发展的核心要素之一，高质量文化科技复合型人才的培养需要政府、企业、高校三方同时发力。就政府角度而言，文化企业难以进行数字化转型的根本原因在于科研技术人员的缺乏，那么政府可以加大对文化企业培养技术人才的财税补贴力度。政府若从人力资本税收方面给出优惠政策，那么企业自然愿意增加科研方面的投入，技术人员的创新活力也会被激发，企业探索并完善数字化转型的积极性也将大幅度

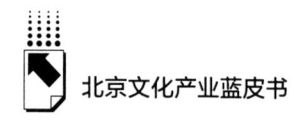

提高。另外，要积极建立科技文化人才培养基地，形成人才的集群效应。还可以建立海外人才基地，给予政策优惠和资金支持，以吸引优质的文化科技复合型人才到北京工作。

北京市拥有众多高校、科研机构和中央文化机构，企业要利用好北京市得天独厚的环境条件，加强与各大高校和科研机构的合作，积极培养文化科技人才。与此同时，还应重视对本企业内的职工进行在职培训，提升其专业技能和数字化素质。北京高校也要加快人才培养，以市场需求为导向，增设文化产业与数字技术融合的专业，同时要为学生提供与企业交流合作的机会，提高其实践能力，培养具有北京特色的文化科技复合型人才。

如何培养人才固然重要，如何留住人才更是关键。政府和企业要分别制定和完善文化科技复合型人才的保障措施，吸引国内外优秀的文化科技复合型人才，建立健全文化科技复合型人才吸引激励机制。对于高质量的文化科技复合型人才，经济激励和福利保障要"两手抓"。在经济激励方面，企业可以通过提高年薪、股权分红等方式进行激励；在福利保障方面，政府可以给予住房、交通、落户等优惠政策。在留住人才以后，要特别重视给予人才发挥能力的空间和平台，大力支持具有国际视野的文化科技复合型人才"出海"，与在全球有影响力的企业进行跨国交流与合作，拓宽文化科技人才视野，提高其文化创新能力，创造更为优秀的数字文化产品，提高北京市文化科技复合型人才在世界范围内的知名度和影响力。

（五）提高文化科技企业的投融资能力

由于投融资渠道单一、申请补贴困难等，文化企业在数字化转型中以及文化科技企业在发展过程中经常面临资金不足的问题，这是制约企业发展的主要瓶颈。为了解决资金难题，可以从合理规划现有资金、建立公正的资产评估体系以及拓宽融资渠道三个方面入手。

在资金有限的情况下，企业更要谨慎使用资金并合理分配每一分钱，因此要加强对文化科技企业的金融咨询服务。只有将现有的资金利用好，将研究成果落实，生产出优质的数字文化产品，直至产品迈入市场，企业才能一步步发展壮大。如此一来，企业便进入了资金的良性循环（见图4），之后，再去考虑投融资事宜。前文已探讨过中小企业在申请贷款时经常面临资产以及盈利能力评定的难题。因此，为了更好地推进文化与科技的融合，要重新审视旧的评价体系，建立一个全新的、公平公正的、适应产业发展新模式的第三方评价体系。数字文化产品的形式载体和盈利模式都与传统文化产品有很大的不同，不能用旧的指标与方法去评判新的产品，因而文化产业资产评估体系的改革是大势所趋，也势在必行。有了公正的评价体系，数字文化产业的融资才能顺利进行。同时，要拓宽企业的投融资渠道，建立一个政府、企业、社会多元化和多渠道的投资格局。由政府财政资金带领，吸引社会金融资本和文化科技企业共同参与投融资。还要在业内大胆引进风险投资与私募股权投资。私募股权投资周期长，正好与文化产业投入周期长与资金回收时间长的特征相契合。此外，由于文化产业的特殊性，还可以将金融资本与智力资本相融合，推动知识产权资产证券化。这是一种以金融实力为基础，以知识产权信誉为担保，以证券为载体的融资模式。借助文化产业知识产权密集的天然优势，加上知识产权资产证券化这种融资方式，通过债券变现提高资金周转率，增加现金流，将资金用在企业核心技术研发上，为企业赢得更大的市场空间。

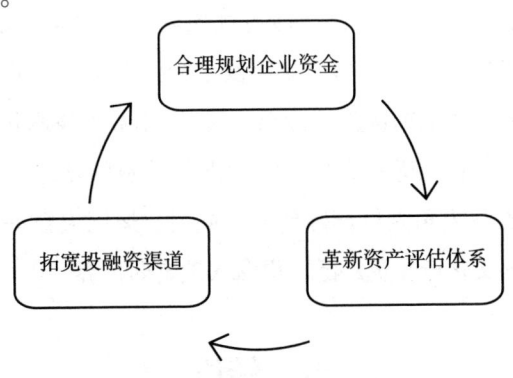

图 4　企业资金良性循环

资料来源：根据相关研究整理绘制。

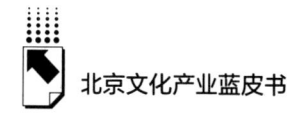

北京银行开创的文化金融新模式值得其他金融机构学习和推广。为了助推北京市文化产业更好发展，北京银行顺应市场变化，不断延伸文化金融内涵和领域。北京银行官网数据显示，截至2022年3月，北京银行文化金融贷款余额高达703亿元，户数超过3400户。针对不同成长阶段和行业特质的文化企业，北京银行推出了文创普惠贷、文化英才贷、创意设计贷、文化IP通、智权贷、书香贷、影视贷、文园贷等不同的文化金融产品或服务方案，搭建集市场研究、政策制定、营销拓展和风险管理于一体的综合服务平台。

（六）激活数字文化消费，拓展海外市场

由于要加快文化产业数字化进程的迫切需求，加快数字文化产品"走出去"、拓宽海外市场变得迫在眉睫。目前，数字游戏与视频平台在"出海"的数字文化产品中表现较为突出。因此要继续加速游戏的大规模"走出去"，同时加快视频平台的海外扩张。在游戏方面，要继续推行精品化游戏战略，既要把控主要的游戏类型，也要进行差异化的区分，找到适合我国游戏产品生存的市场空间，提高我国游戏产品的国际竞争力。在视频平台方面，我国短视频平台已经在海外具备一定的影响力，但在本土化与知名度方面仍存在不足。在本土化问题上，可以积极与当地媒体平台合作，引入本地的文化内容，积累本土用户。但更重要的是要积极输出优质的文化内容，尤其是电视剧、电影等大众媒体传播的文化产品。通过优质内容迅速拓展市场、积累口碑，在提高本土化水平的同时，提高产品以及平台的知名度。除此以外，其他文化产品也要借助数字赋能的优势"走出去"。利用数字技术积极开发文化产业的新内容与新业态，找到优势文化产业在海外消费的新路径。正视"文化折扣"问题，使用国际视角做好国际传播。同时，运用大数据技术推动网络内容传播，推动我国文化产品更广泛、更深入地走向世界。

五 结语

文化产业数字化，是社会经济发展的必然结果，也是提升我国文化软实

力的必然要求。本文从传统文化产业、新兴文化产业以及文化产业数字化发展政策梳理等几个方面对北京市文化产业数字化的现状进行分析,找出北京市文化产业数字化发展面临的问题和原因。根据我国其他地区以及国外文化产业数字化的发展经验,从体制机制、科技创新、模式升级、人才培养、市场拓展五个方面为北京市文化产业数字化发展提出了有针对性的建议,为北京市早日实现文化产业高质量数字化提供决策支撑与参考。

参考文献

左迎年:《北京市文化创意产业政策分析研究》,硕士学位论文,北京交通大学,2014。

王怡娇:《税收优惠和政府补贴对数字文化产业 R&D 激励效应分析》,硕士学位论文,河北经贸大学,2021。

毕英乐:《北京市文化产业与科技融合的对策研究》,硕士学位论文,北京理工大学,2015。

赵倩倩:《世界城市的文化科技融合研究及对北京的启示》,硕士学位论文,首都经济贸易大学,2014。

姬新军:《北京市文化创意产业发展问题研究》,硕士学位论文,东北师范大学,2015。

肖昕、景一伶:《中国文化产业数字化政策及其策略研究》,《民族艺术研究》2021年第3期。

吴承忠:《5G 智能时代的文化产业创新》,《深圳大学学报》(人文社会科学版)2019年第4期。

王海鹰、薄瑞华、刘丽凤:《沈阳市文化科技融合产业现状分析》,《经济师》2015年第10期。

陈少峰:《以文化和科技融合促进文化产业发展模式转型研究》,《同济大学学报》(社会科学版)2013年第1期。

陈知然等:《数字赋能文化产业的发展趋势与策略选择》,《宏观经济管理》2022年第10期。

张振鹏:《文化产业数字化的理论框架、现实逻辑与实现路径》,《社会科学战线》2022年第9期。

黄岚:《5G 时代数字文化产业的技术创新与跨界发展》,《出版广角》2020年第

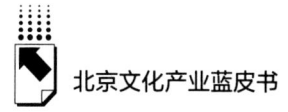

17 期。

陈娴颖、郑裕茵：《疫情之下数字文化产业结构性困境的突破路径》，《艺术评论》2020 年第 5 期。

靳雨露：《域外数字文化产业发展新态势——以数字文化产业政策法律对比研究为切入点》，《中国广播电视学刊》2021 年第 11 期。

张伟、吴晶琦：《数字文化产业新业态及发展趋势》，《深圳大学学报》（人文社会科学版）2022 年第 1 期。

王言：《文化创意产业政策支撑体系的研究综述》，《东南大学学报》（哲学社会科学版）2009 年第 S2 期。

匡小娟、蒋苏、曾艳梅：《文化创意产业理论研究综述》，《产业与科技论坛》2014 年第 1 期。

黄江杰、汤永川、孙守迁：《我国数字创意产业发展现状及创新方向》，《中国工程科学》2020 年第 2 期。

姜玲、王丽龄：《文化创意产业集聚效益分析——以北京市文化创意产业发展为例》，《中国软科学》2016 年第 4 期。

闫坤、于树一：《支持文化产业发展的财税金融政策研究》，《华中师范大学学报》（人文社会科学版）2015 年第 3 期。

张苏秋：《文化金融创新发展模式研究》，《文化产业研究》2020 年第 2 期。

韩松、王洺硕：《数字经济、研发创新与文化产业高质量发展》，《山东大学学报》（哲学社会科学版）2022 年第 3 期。

李有文：《"互联网+"文化产业模式创新研究综述——基于产业链、供应链和价值链的视角》，《长江师范学院学报》2020 年第 5 期。

Abstract

This book focuses on serving the construction of the Beijing Cultural Center and the transformation and upgrading of the national and Beijing publishing and media industries, integrating school research resources, refining research directions, and conducting interdisciplinary research on major needs and key issues related to the development of Beijing and the industry.

The general report systematically describes the changes and trends in Beijing's cultural industry in cultural industry policies, the development of cultural industry segments, the development of cultural enterprises, and the development of cultural undertakings in 2021.

The industry analysis focuses on Beijing auction enterprises, especially the leading enterprises represented by China Jiade, Beijing Poly and Beijing Rongbao, explores the development strategy of Beijing art auction industry, proposes to promote the improvement of legal norms and appraisal system, and pays attention to talent training; found that the development of cultural industrial parks in the main urban areas of Beijing has its own characteristics, showing regional, public welfare and cultural characteristics; suggested that Tangshang Village of Xianyunling Township in Fangshan District should integrate "red" and "green" resources, expand new business forms of rural tourism, strengthen local ecological construction, create green ecological brands, increase red experience venues, strengthen product diversification, and create an ecological development path of red rural tourism; response to the current problems in the protection and activation of cultural heritage in Beijing, the article proposes ways to activate the IP industry chain, increase funding and talent support, promote cross-border integration, and promote digital protection.

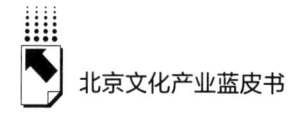

The special reports use big data technology to obtain micro data of cultural enterprises in Beijing, using Arcgis software to analyze the spatial distribution characteristics of Beijing's cultural industry, it is concluded that there is a very significant agglomeration phenomenon in Beijing's cultural industry, and the current hot spot regional distribution of cultural industries in various administrative regions is identified; suggested that the establishment of the evaluation system of Beijing National cultural Center construction should follow the principles of objectivity, systematization, dynamic, pertinence and goal-oriented, and construct the evaluation index system from the three dimensions of cultural guidance, cultural supply and cultural influence; based on the current situation that the value of folk culture resources has been gradually recognized, explores how to promote the integration and regeneration of folk culture resources and make them develop helathily; in the context of cultural digitization strategy, explore the significance of a one-stop public digital cultural service platform in eliminating the digital divide and promoting the equalization of public cultural services. Starting from the current situation of Beijing's cultural industry digitization, this book analyzes the problems existing in the digitization process of Beijing's cultural industry, and puts forward targeted countermeasures and suggestions to promote the integration of cultural industry and digital technology in line with Beijing's actual situation.

Keywords: Cultural Industry; Red Culture; Characteristic Industry; Cultural Center

Contents

Ⅰ General Report

B.1 General Report on the Development of Beijing's Cultural

Industry (2022)

Tong Dong, Tian Ziyu, Hou Yanxiang and Fu Haiyan / 001

Abstract: As a national cultural center, Beijing is constantly improving in the implementation of cultural industry policies, the development of cultural industries, the development of cultural enterprises and the development of cultural undertakings. This report reviews the current situation of the development of Beijing's cultural industry in recent years, especially since 2020, from four aspects: cultural industry policy, development of cultural industry segments, development of cultural enterprises and development of cultural undertakings. Since 2021, the central ministries and commissions and various departments in Beijing have issued 81 policies in 12 categories to promote the development of Beijing's cultural industry. Through the analysis of the key sub-industries such as publishing industry, radio, film, television industry and tourism, it is found that each sub-industry of the cultural industry shows different degrees of contraction. Through the analysis of the development of radio and television enterprises, animation enterprises, cultural and entertainment enterprises and other cultural enterprises, it is found that the development of cultural enterprises has slowed down due to the impact of COVID-19. Through the analysis of cultural institutions, it is found that cultural institutions tend to develop slowly.

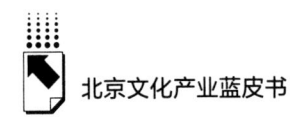

Keywords: Cultural Industry; Cultural Enterprises; Cultural Institutions; Beijing City

Ⅱ Industrial Analysis

B.2 Development Report of Beijing Art Auction Industry (2022)

Li Jianfeng, Zi Yulin, Jia Wenqiao and Zhou Shengnan / 064

Abstract: The online transactions in the domestic and international art auction market in 2022 is active. The art market heated up as the impact of the epidemic gradually receded. The market potential of new art auctioneers in Beijing was released, with Chaoyang District and Dongcheng District being the most active in art trading activities. In addition, Beijing's art transactions showed a new trend, with unit prices gradually probing down, basic market dynamics emerging, and digital art practices beginning to emerge. In terms of future development strategies, the macro level promotes the improvement of relevant legal norms and the art identification system, and strengthens the popularization of art knowledge and talent cultivation; the meso level innovates the operation mindset, upgrades traditional business and improves the integrity system; the micro level does a good job of product line segmentation and shapes a good corporate culture.

Keywords: Artwork; Auction; Beijing City

B.3 Research on the Development Status and Countermeasures of Beijing Cultural Industrial Park

Han LiWen, Tang Yun / 095

Abstract: Cultural industrial parks are not only the spatial carrier for the integrated development of cultural industry and related industries, but also an important support for the government to implement cultural industry policies. The development of cultural industrial parks is mainly based on industrial cluster theory and scene theory. In recent years, Beijing has promulgated the conditions for the identification and management of city-level cultural industrial parks. Since 2019 (except 2021), the municipal cultural industry parks have been identified every year and divided into three categories: Beijing Cultural Industry Demonstration Park, Beijing Cultural Industry Nominated Demonstration Park and Beijing Cultural Industry Park. The development of cultural industrial parks in the main urban areas of Beijing has its own characteristics, showing regional, public welfare and cultural characteristics. The development of Beijing cultural Industry Park has achieved remarkable results, showing the leading characteristics of the national cultural center. The characteristics of the red theme park are prominent, and the integration of culture, technology and cultural finance is remarkable. The 14th Five-Year Plan period is a key stage for the high-quality development of Beijing's cultural industry. Beijing's cultural industry park needs to be highly matched with the needs of industry and market development. The countermeasures for the development of Beijing cultural industry Park need to be improved from the aspects of normative policies, high-quality demonstration of cultural attributes, high-quality integration of "culture + science and technology", high-quality agglomeration of cultural elements market, and high-quality construction of cultural brands.

Keywords: Cultural Industrial Park; Public Welfare; Cultural Science and Technology

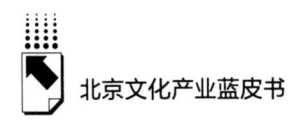

B.4 Research on the Integrated Development of Red Cultural and Rural Tourism in Beijing Suburbs

Wang Lei, Kong Haofei and Ju Dexin / 127

Abstract: It is extremely important practically to pass on red culture and red gene in order to progress socialist culture and establish cultural self-confidence. Red tourism is an important carrier of red culture and plays a key role in promoting and inheriting red culture. Beijing is rich in red cultural resources and is very well-liked, but there is a big issue with the uneven development of the city and its suburbs. The village of Tangshang in Xiayunling Township, Fangshan District, has exceptional rural ecological tourist characteristics and is rich in red culture deposits. It is appropriate to integrate "red" and "green" resources, broaden new rural tourism formats, strengthen local ecological construction, build the green ecological brand, promote red culture experiential venues, and enhance product diversification, to create new ecological development path for red rural tourism.

Keywords: Red Culture; Rural Tourism; Ecotourism; Cultural and Tourism Integration

B.5 Research on the Protection and Activation of Cultural Heritage in Beijing

Fan Wenjing, Liu Bixian and Song Xiaoyu / 142

Abstract: The protection and utilization of cultural heritage is an important part of the construction of Beijing National Cultural Center. This paper traced the origin of the concept of cultural heritage, and analyzed the concept of "cultural heritage" in the context of China, and concluded that the research scope of Chinese Cultural Heritage includes material cultural heritage and intangible Taking Beijing as an example, this paper combs and summarizes the general situation of Beijing's cultural heritage resources and the status quo of the protection, activation and utilization of cultural resources, and points out the existing problems in the protection, activation and utilization of Beijing's cultural heritage. In view of the problems existing in the protection and activation of cultural heritage in Beijing, this paper puts forward ways to activate IP industry chain, increase capital and talent support, promote cross-border integration, and promote digital protection.

Keywords: Cultural Heritage Protection; Activated Utilization; Beijing City

Ⅲ Special Reports

B.6 A Study on Spatial Distribution Characteristics of Cultural Industries in Beijing *Huan Mei* / 160

Abstract: Revealing the spatial distribution status of the cultural industry in Beijing and optimizing the spatial carrying capacity are conducive to the high-quality development of the cultural industry in Beijing and accelerating the construction of the national cultural center. In this paper, data crawler technology is used to capture the microscopic data of cultural enterprises in Beijing from Tian Yan Cha.com and Baidu Map, and Arcgis software is used to analyze the spatial distribution characteristics of the cultural industry in Beijing. It is concluded that there is a very significant agglomeration phenomenon of the cultural industry in Beijing, and the distribution of the current hot spots of the cultural industry in each administrative region is identified. Based on the cultural industry parks and demonstration parks of each administrative region and the spatial pattern of cultural tourism in the "14th Five-Year Plan Period of Beijing Culture and Tourism Development Plan", the corresponding development suggestions are put forward.

Keywords: Cultural Industry; Spatial Distribution; Data Crawler; Space Autocorrelation; Beijing City

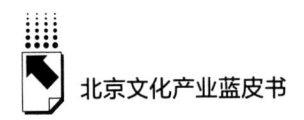

B.7 Research on the Evaluation System for the Construction of Beijing National Cultural Center

Cao Yu, Wang Tao and Liu Zirui / 188

Abstract: In recent years, remarkable achievements have been made in the construction of Beijing national cultural center, but there is still room for improvement. It is a great significance to construct an objective, comprehensive, flexible and dynamic evaluation system for the construction of Beijing national cultural center. The principles of objectivity, systematicness, dynamics, pertinence and goal orientation should be followed to construct an evaluation system on the construction of Beijing national cultural center. Moreover, the construction of the evaluation system should be based on three dimensions: cultural guiding power, cultural supply power and cultural influence. According to the evaluation index, the construction of Beijing national cultural center can be further promoted in three aspects. First of all, in terms of cultural guiding power, we should strengthen our cultural confidence, play an exemplary and leading role, and build the capital of advanced culture of socialism with Chinese characteristics. Secondly, in terms of cultural supply power, we should comprehensively promote the reform of cultural supply side, improve the quality and the efficiency, and build a high-quality cultural supply system. Finally, in terms of cultural influence, the essence of Beijing culture should be condensed, the cultural characteristics of the capital should be highlighted, and the cultural image of Beijing facing the world should be built.

Keywords: National Cultural Center; Advanced Culture; Cultural Guiding Power; Cultural Supply power; Cultural Influence

B.8 Research on the Integration and Regeneration of Folk Culture Resources in Beijing

Liu Tongxia, Li Yu / 204

Abstract: The value of folk cultural resources has been gradually recognized, but how to promote the virtuous development of resource integration and regeneration is a problem that needs to be explored at present. Many studies both at home and abroad have explored cultural regeneration from multiple perspectives in the field of urban construction, industrial heritage, and cultural tourism in the context of rural revitalization. On the basis of the previous analysis, the author promote that modern communication technology should be used to set up "scenes" fitting folk culture to be embedded in modern daily life through creative communication in new forms of expression of different symbols, so as to promote the integration and regeneration of Beijing's folk cultural resources with the aim to maximize their wide-spread communication through close integration into the current social development.

Keywords: Folk Culture; Culture Regeneration; Creative Communication

B.9 Research on the Construction of Beijing one-stop Public Digital Culture Service Platform

Cai Chunxia, Zhang Haoran, Zhang Qihan and Li Hongyi / 211

Abstract: In the context of the cultural digitalization strategy, the digitalization of public culture is of great significance for eliminating the digital divide and promoting the equalization of public cultural services. Although current public digital cultural service platforms in Beijing provide relatively rich digital cultural resources and carry out more active cultural services activities, there are still some problems, such as the fragmentation and repeated construction of digital cultural resources; the scientific and technological connotation of digital cultural resources is insufficient; inadequate publicity of new media platform; the total number of digital cultural resources is not high, the distribution of resources is not balanced, the development of characteristic digital cultural resources is insufficient, and the supply of cultural resources for special groups is scarce. Therefore, we should build a one-stop public digital culture service platform in Beijing to integrate all public digital culture resources into one platform. Users can access public digital culture resources in a one-stop, barrier-free and non-discriminatory way. Therefore, we need to strengthen the top-level design and integrate digital cultural resources as a whole, and make the public digital culture service platform intelligent through technology empowerment; optimize digital cultural resources and create digital cultural service brands; establish all-media publicity and promotion channels, etc.

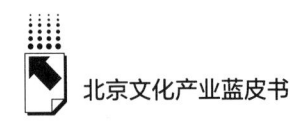

Keywords: Cultural Digitalization; Public Digital Cultural Services; One-stop Public Digital Culture Service Platform

B.10 Research on the Countermeasures for the Digital Development of Cultural Industry in Beijing

Zhang Shuqin, Xu Yinghui and Lyu Mengjie / 234

Abstract: With the rise of digital economy, digitization has promoted innovation in various fields of the cultural industry, and comprehensively enhanced the scientific and technological content and technical level in the cultural field. As the cultural center and scientific and technological center of our country, Beijing not only has rich cultural resources, complete cultural facilities and active cultural market, but also rich in scientific and technological resources, many scientific research institutions, strong scientific research strength and fruitful scientific research achievements. Beijing has unique advantages in promoting the digitization of the cultural industry, and shoulders an unshirkable responsibility. Starting with the present situation of the digitization of the cultural industry in Beijing, this paper analyzes the problems existing in the digitization of the cultural industry in Beijing. this paper puts forward some countermeasures for the digitization of cultural industry in Beijing, such as innovating mechanism and system, relying on 5G for scientific and technological innovation, promoting the upgrading of traditional cultural industry model, cultivating compound talents of culture, science and technology, improving the investment and financing ability of cultural science and technology enterprises, and expanding overseas markets. So as to speed up the process of promoting the integration of cultural industry and digital in Beijing.

Keywords: Cultural Industry; Digitization; Beijing City

社会科学文献出版社

皮 书
智库成果出版与传播平台

❖ 皮书定义 ❖

皮书是对中国与世界发展状况和热点问题进行年度监测，以专业的角度、专家的视野和实证研究方法，针对某一领域或区域现状与发展态势展开分析和预测，具备前沿性、原创性、实证性、连续性、时效性等特点的公开出版物，由一系列权威研究报告组成。

❖ 皮书作者 ❖

皮书系列报告作者以国内外一流研究机构、知名高校等重点智库的研究人员为主，多为相关领域一流专家学者，他们的观点代表了当下学界对中国与世界的现实和未来最高水平的解读与分析。截至2022年底，皮书研创机构逾千家，报告作者累计超过10万人。

❖ 皮书荣誉 ❖

皮书作为中国社会科学院基础理论研究与应用对策研究融合发展的代表性成果，不仅是哲学社会科学工作者服务中国特色社会主义现代化建设的重要成果，更是助力中国特色新型智库建设、构建中国特色哲学社会科学"三大体系"的重要平台。皮书系列先后被列入"十二五""十三五"" 十四五"时期国家重点出版物出版专项规划项目；2013~2023年，重点皮书列入中国社会科学院国家哲学社会科学创新工程项目。

皮书网

（网址：www.pishu.cn）

发布皮书研创资讯，传播皮书精彩内容
引领皮书出版潮流，打造皮书服务平台

栏目设置

◆ **关于皮书**
何谓皮书、皮书分类、皮书大事记、
皮书荣誉、皮书出版第一人、皮书编辑部

◆ **最新资讯**
通知公告、新闻动态、媒体聚焦、
网站专题、视频直播、下载专区

◆ **皮书研创**
皮书规范、皮书选题、皮书出版、
皮书研究、研创团队

◆ **皮书评奖评价**
指标体系、皮书评价、皮书评奖

◆ **皮书研究院理事会**
理事会章程、理事单位、个人理事、高级
研究员、理事会秘书处、入会指南

所获荣誉

◆ 2008年、2011年、2014年，皮书网均在全国新闻出版业网站荣誉评选中获得"最具商业价值网站"称号；

◆ 2012年，获得"出版业网站百强"称号。

网库合一

2014年，皮书网与皮书数据库端口合一，实现资源共享，搭建智库成果融合创新平台。

皮书网　　"皮书说"微信公众号　　皮书微博

权威报告·连续出版·独家资源

皮书数据库
ANNUAL REPORT(YEARBOOK) DATABASE

分析解读当下中国发展变迁的高端智库平台

所获荣誉

- 2020年，入选全国新闻出版深度融合发展创新案例
- 2019年，入选国家新闻出版署数字出版精品遴选推荐计划
- 2016年，入选"十三五"国家重点电子出版物出版规划骨干工程
- 2013年，荣获"中国出版政府奖·网络出版物奖"提名奖
- 连续多年荣获中国数字出版博览会"数字出版·优秀品牌"奖

皮书数据库　　"社科数托邦"微信公众号

成为用户

登录网址www.pishu.com.cn访问皮书数据库网站或下载皮书数据库APP，通过手机号码验证或邮箱验证即可成为皮书数据库用户。

用户福利

- 已注册用户购书后可免费获赠100元皮书数据库充值卡。刮开充值卡涂层获取充值密码，登录并进入"会员中心"—"在线充值"—"充值卡充值"，充值成功即可购买和查看数据库内容。
- 用户福利最终解释权归社会科学文献出版社所有。

社会科学文献出版社 皮书系列
卡号：866478838546
密码：

数据库服务热线：400-008-6695
数据库服务QQ：2475522410
数据库服务邮箱：database@ssap.cn
图书销售热线：010-59367070/7028
图书服务QQ：1265056568
图书服务邮箱：duzhe@ssap.cn

S 基本子库
SUB DATABASE

中国社会发展数据库（下设 12 个专题子库）

紧扣人口、政治、外交、法律、教育、医疗卫生、资源环境等 12 个社会发展领域的前沿和热点，全面整合专业著作、智库报告、学术资讯、调研数据等类型资源，帮助用户追踪中国社会发展动态、研究社会发展战略与政策、了解社会热点问题、分析社会发展趋势。

中国经济发展数据库（下设 12 专题子库）

内容涵盖宏观经济、产业经济、工业经济、农业经济、财政金融、房地产经济、城市经济、商业贸易等 12 个重点经济领域，为把握经济运行态势、洞察经济发展规律、研判经济发展趋势、进行经济调控决策提供参考和依据。

中国行业发展数据库（下设 17 个专题子库）

以中国国民经济行业分类为依据，覆盖金融业、旅游业、交通运输业、能源矿产业、制造业等 100 多个行业，跟踪分析国民经济相关行业市场运行状况和政策导向，汇集行业发展前沿资讯，为投资、从业及各种经济决策提供理论支撑和实践指导。

中国区域发展数据库（下设 4 个专题子库）

对中国特定区域内的经济、社会、文化等领域现状与发展情况进行深度分析和预测，涉及省级行政区、城市群、城市、农村等不同维度，研究层级至县及县以下行政区，为学者研究地方经济社会宏观态势、经验模式、发展案例提供支撑，为地方政府决策提供参考。

中国文化传媒数据库（下设 18 个专题子库）

内容覆盖文化产业、新闻传播、电影娱乐、文学艺术、群众文化、图书情报等 18 个重点研究领域，聚焦文化传媒领域发展前沿、热点话题、行业实践，服务用户的教学科研、文化投资、企业规划等需要。

世界经济与国际关系数据库（下设 6 个专题子库）

整合世界经济、国际政治、世界文化与科技、全球性问题、国际组织与国际法、区域研究 6 大领域研究成果，对世界经济形势、国际形势进行连续性深度分析，对年度热点问题进行专题解读，为研判全球发展趋势提供事实和数据支持。

法律声明

"皮书系列"(含蓝皮书、绿皮书、黄皮书)之品牌由社会科学文献出版社最早使用并持续至今,现已被中国图书行业所熟知。"皮书系列"的相关商标已在国家商标管理部门商标局注册,包括但不限于LOGO( )、皮书、Pishu、经济蓝皮书、社会蓝皮书等。"皮书系列"图书的注册商标专用权及封面设计、版式设计的著作权均为社会科学文献出版社所有。未经社会科学文献出版社书面授权许可,任何使用与"皮书系列"图书注册商标、封面设计、版式设计相同或者近似的文字、图形或其组合的行为均系侵权行为。

经作者授权,本书的专有出版权及信息网络传播权等为社会科学文献出版社享有。未经社会科学文献出版社书面授权许可,任何就本书内容的复制、发行或以数字形式进行网络传播的行为均系侵权行为。

社会科学文献出版社将通过法律途径追究上述侵权行为的法律责任,维护自身合法权益。

欢迎社会各界人士对侵犯社会科学文献出版社上述权利的侵权行为进行举报。电话:010-59367121,电子邮箱:fawubu@ssap.cn。

社会科学文献出版社